普通高等学校学前教育专业系列教材

幼儿园教师专业伦理

步社民 姬生凯 李园园 著

复旦大学出版社

内容提要

本书共四篇九章。基础篇三章,分别阐述专业伦理的基本概念、核心取向和基本要求;建构篇主要阐述境外专业伦理建设的启示以及本土实践的思考;践行篇从保教中最基本的人际关系入手,阐述教师应该承担的责任,特别是师幼关系处理中教师的伦理践行;升华篇阐述专业伦理的内化与超越。

本书可用作大专院校学前教育专业教材,也可作在职幼儿园教师、幼教管理者的培训教材或专业阅读材料。本书配有教学课件,可登录复旦学前云平台免费下载（www.fudanxueqian.com）。

目　录

践 行 篇

升 华 篇

前　言

2016 年的春天,我们完成了本书的初版本。

2019 年的春天,因复旦大学出版社的推动,我们完成了本书的修订本。

我们为在春天里能孕育这样有意义的事情而感到欣慰。

本书初版本在杭州小天使的发行量多次进入销售榜的前列。好多高校的学前教育专业把此书列入专业教材。有些幼儿园还把本书当作了教师教研的必读书目,笔者还有幸应邀亲临了几次专门的读书会。

一本谈论幼教价值取向和幼儿园教师行为规范的书获得如此好的行业反响,这是我们始料未及的。这从一个侧面反映了幼教界对价值思考和从业者行为规范的重视。我们为此感到欣喜。

幼儿园教师专业发展的伦理维度,既是一个古老的话题,也是一个崭新的话题。

说古老,是因为自有教师职业起,"师表"之德的要求就同时兴起了;说崭新,是因为把伦理列入专业的范畴,我们仍没有形成这样思考的习惯。一说"德",往往就是"高山仰止,景行行之,虽不能至,心向往之"。一说"专",就是业务。"德"与"专"是两张皮,一张唱着高调,一张操着实务;一张吊在空中,一张缺失伦理、生命的关照。

长期以来,我们的教研重在探讨"课程怎么编制?""游戏活动怎么组织?""集体教学怎么有效?"等等,较多地在工具理性层面思考。至于课程中的人际关系,保教现场中的诸如"午睡""集体活动""观察记录""家园联动"等的伦理思考,我们似乎觉得还是挺陌生、挺新鲜的。我们尚未把这些环节的伦理思考列入"专业",尚未超越工具理性从而在工具理性与价值理性相结合的层面研讨专业问题。而放眼环球,幼教崇尚价值思考和行为恰当,用专业伦理推升教师整体专业水准,进而推升其社会地位,已经成为教师专业化的世界性趋势。

我们希望中国的幼教界也融入这样的趋势。希望幼教人都来思考"课程中的人际关系""一日生活中的伦理意味",希望价值判断和行为恰当与否的判断成为幼教教研的前提话题,希望高调的师德转化、落地于保教现场,成为教师专业成长进程中与"专业技能""专业知识"相融合的"专业伦理"。这是幼教专业分量、声誉和尊严之所在。这正是本书所作的努力。

本书撰写过程中,有几个镜头特别难忘。

西湖畔的"一江春水",品茶论道。我的同事甘剑梅博士等为本研究提供了很多真知灼见。

　　学院课堂，教学相长。我在承担浙江师范大学杭州幼儿师范学院的学前教育专业本科、研究生教学任务时，常常是白天带着写好的教案走进课堂，晚上把教案润色为本书的某个章节。学生们的智慧丰富了我对专业伦理的理解。本科1201、1202班的学生在课堂上模拟幼教现场的伦理短剧表演精彩到让前来拍摄视频的技术人员也深受感染。对此我印象特别深刻。

　　实践一线，源头活水。很多教师、园长、教研员为本研究提供过案例和案例分析。相关的调研也因为他们的支持而得以顺利进行。

　　本次修订，浙江师范大学博士生、嘉兴学院姬生凯老师协助修订了第三、四、五章，四川师范大学博士生、安康学院李园园老师协助修订了第六、七、八章。同时，作为幼教专业伦理研究的后起之秀，他们对本书所探讨的众多话题贡献了智慧。

　　教育是伦理的事业，它不仅应该有伦理的目标，也应该有伦理的过程。

　　幼儿园教师的专业化呼唤专业伦理。中国的幼教界需要建构一个既能体现幼教专业特点、又能体现中华文化特点、更有现实针对性的幼儿园教师专业伦理规范。我们需要向境内外的同行学习，我们更需要本土行动。

　　春天是播种的季节，我们期待满满。

步社民

2019年1月28日

于杭州兰韵居

专业发展的伦理维度

学习目标

1. 了解专业是一个多维度组合的结构。

2. 结合案例理解幼教专业伦理对促进幼教专业发展的重要性。

3. 了解幼教现实中专业伦理的缺失并思考建构的途径。

先关注和思考三个镜头：

a. 教学观摩现场，台上一位"名师"和十几个孩子，台下许多幼儿园教师。这节课要让孩子们认知"风"。"名师"显然作了充分准备，精美的PPT，精到的讲解辅以生动的肢体语言。孩子们看起来也挺配合，不时被表扬"真棒"。如何评价这一场景？

b. 班里有位特顽皮的孩子，今天欺负这个，明天欺负那个。为了保护其他孩子免受攻击，几位家长联合起来要求这名孩子转校。该怎样应对？

c. 有位老师体罚孩子，受到园长批评。该老师不服，说："家长送孩子来时嘱咐过的，这孩子顽皮，要打要骂随你。"这怎么看？

这三个镜头在幼教活动中应该不会不多见。

a 涉及幼教的价值取向问题、幼儿在幼儿园课程中的地位问题；b 涉及幼教中的人际关系问题以及行为选择的两难问题；c 涉及行为底线问题。

这是"专业"问题吗？通常把专业问题理解为能力、技术问题，有关价值取向问题、行为规范问题，也就是伦理问题，也是专业问题吗？应该是，但我们往往忽视了这个维度。

一、专业是多维度的组合

就行业的专业性来说，有学者认为需要具备八项要件：社会必要性、利他、自主性、伦理规范、与服务对象间保持距离、行为的标准、长期的训练、特殊的知识等。①

就从业者的专业性来说，也是多要素的组合。庞丽娟在谈到实施教育部颁发的《幼儿园教育指导

---

① ［美］丽莲·凯兹. 与幼儿教师对话［M］. 廖凤瑞译. 南京：南京师范大学出版社，2004：229.

纲要(试行)》与幼儿园教师的专业素质时,罗列了六个方面:一是对儿童和儿童发展的承诺。包括对儿童的关爱、尊重和平等对待,对"为儿童一生成长奠基"的负责等;二是全面正确地了解儿童。包括对儿童和儿童发展的认识和对儿童学习和发展规律的把握等;三是有效地选择和组织教育内容;四是创设发展支持性环境的能力;五是领导和组织能力;六是不断地专业化学习。[①]

其实,无论是从行业的角度谈专业性还是从从业者的角度谈专业性,其基本要件都是相同的。专业都需要解决三大问题:对服务对象及其相关事物的认知问题,服务策略和行动问题,服务者的行为取向和行为规范问题。所以,不管是"八项要件"还是"六个方面",行业和从业者的专业性,其内部结构最终可以归并为三个维度:知识、技能和伦理。专业知识解决认知和理解问题;专业技能解决策略和行动问题;专业伦理解决价值取向和行为规范问题。教育部颁发的《幼儿园教师专业标准(试行)》把专业的基本内容分为"专业理念与师德""专业知识""专业能力"三部分,也基本对应这样一个逻辑。

专业的三维度是个整体,相互支撑、缺一不可。专业知识为专业实践提供理性判断,它保证实践建筑在科学的基础上。比如我们的幼教实践要尊重孩子的天性、遵循孩子的成长规律,那我们必须弄明白孩子的天性是什么、孩子的成长规律是什么,这是科学问题;专业技能是实践的"临门一脚",是最显性的专业体现。但与"匠"的技术不同,专业技能是"理智性技能",是建立在"所以然"基础上的技术,因而它必须以专业知识作基础。比如幼儿教育要以游戏为基本活动,其中涉及到许多技术问题,如材料、场地、组织、策划、引导、评价等,但技术问题的背后支撑我们这样去做的是我们认识到游戏是孩子的天性,幼儿充分享有自主游戏的机会是深度学习的前提。有这样的专业知识作支撑并与自身的经验相融合,我们的技术就成了有底气的"理智性技术",成为合理应对幼教现场情景的实践智慧;专业伦理作为专业实践的价值取向和自律性行为规范须有相应的专业知识作支持和论证,否则难以成为有专业特点的行为规范。比如,"尊重幼儿期的独特价值"作为幼儿教育的基本价值取向,就是建立在幼儿期对人一生成长的奠基作用的科学认知的基础上。比如把"无论如何不能伤害孩子"作为行为底线,也是基于这一认知做出的伦理规定。

将专业伦理建立在专业知识、科学判断的基础上,用专业伦理推升从业者的整体专业水准,保证专业技能的运用和展示纳入"幼儿为本"的轨道,从而彰显幼教专业尊严,助推幼儿园教师社会地位的提升。这是专业的内在要素相互作用的过程,也是教师专业化发展的世界性趋势。这启示我们:专业构成中忽略伦理或把伦理从专业结构中抽离,是违背教师专业成长规律的。幼儿园教师的专业,就是我们在幼儿教育方面长期接受教育和实践磨砺,价值取向和行为规范日益明晰和坚定,对幼儿的认识和理解更为充分,已经掌握并进而完善着一整套教育的"理智性技术"。

二、幼教的专业伦理维度尤为重要

专业伦理维度在专业结构中的凸显更体现幼教行业的特殊性。

伦理的基本功能是崇善护弱。行业的服务对象越弱小,其从业者的伦理自律就越显重要。当童叟可欺而无欺时,就是商业伦理的高境界;而面对弱小不仅有"幼吾幼以及人之幼"之共情,更有以幼为师、以幼为信仰之精神,就是幼教从业者最值得让人敬重之处。

伦理的重要功能是价值导向。尽管从陶行知、陈鹤琴等先贤到今天的《纲要》《指南》,历经百年努力,但整个幼教行业的正确的价值取向仍受到各种干扰。我们对于幼儿天性的丰富性和无限可能性的认知仍然很粗浅,我们对幼儿既充满活力又非常脆弱、既充满依恋又趋向自主自由的生命特征的认

[①] 教育部基础教育司组织编写. 幼儿园教育指导纲要解读[M]. 南京:江苏教育出版社,2004:168.

知也很粗浅。幼儿教育的服务对象、人际关系又是多元的,多元则必然面临矛盾与困惑;师幼互动中幼儿园教师的角色扮演也不是单一的,不单一也必面临当与不当的问题。我们的选择需要前方的灯塔。

而从教育者自身的角度看,在我们经历的教育和文化里,整体说来儿童没有得到应有的尊重,我们经验中的教育一般来说都是成人主导、居高临下的。问题还在于,我们的幼教处于市场化的氛围中,幼教现场不时有"风"刮来,似是而非的新名词、新理念随时被制造,而幼教师资整体来说素质还不高,我们常常会感叹"专业定力"的不足。凡此各种,都说明幼教从业者正确的价值守望在今天显得十分迫切。没有专业伦理导引,幼儿园教师就无法展现幼教独特之美,也无法改变幼教行业"婆婆妈妈"的刻板印象,其相应的专业尊严也就无法获得。

专业伦理的另一重要功能是规范行为。伦理是人际关系的道理,幼教中的人际关系包括师幼关系、师师关系、家园关系、园社关系,处理这些关系都需要从业者明白基本的职责与规范。所谓"没有规矩,不成方圆",一套在逻辑上可以得到合理辩护的、切实可行的专业伦理规范,对内让每个从业的个人或团体明确规矩,对外彰显行业的自主和自律,这是幼教专业性的重要特征。若没有自律,就只能他律——接受外部的制约,其专业地位必然无法形成。这几年被媒体曝光的幼儿园里的虐童事件,虽然并不代表行业整体,但这些事件的存在至少说明有从业者底线都守不住。底线是最基本的规范,底线都不能守住,谈何专业尊严。

"道德纲领或行为准则,对维护教职的权威有重大作用。"[①]联合国教科文组织签署的国际性教育文件《关于教师地位的建议》第73条这样明示。幼儿园教师在专业伦理方面富有涵养,意味着我们从事幼儿教育的价值取向和行为准则日益明晰和坚定;意味着我们能自觉地把保教行为建立在对孩子天性的尊重和理解的基础上;意味着我们可以从容地处理好幼教工作中必然会遇到的与幼儿、与幼儿家长、与幼教同事、与幼儿园所在社区的关系;意味着我们对幼儿园一日生活各环节的伦理问题有足够的敏感;意味着我们面对保教中的伦理困惑有理性的判断和应对的依据;意味着在面临对我们的保教工作的各种质疑时我们有充分的辩护理由。也就是说,专业伦理让幼教人更有权威,更有底气和尊严。

三、我们需要补专业伦理的课

专业伦理至关重要,可现实是,我们忽略专业伦理太久了。现实社会讲求所谓绩效,推崇所谓知识含量、技术含量,动辄"量化测评""绩效考核"。站在这样一种工具理性的立场,"伦理"是没有位置的,甚至被认为不属于专业的范畴,只有技能和知识才是"显性"的专业。这样的立场影响了幼儿园教师教育。从职前培养来说,高校学前教育专业庞大的课程体系中,"幼儿园教师专业伦理"课显然长期处于被忽略的地位。从职后培训来说,这几年培训市场铺天盖地,十分火热,但有多少培训方案里有"专业伦理"的内容?幼儿园教师教育的伦理忽视造成的直接后果就是:我们的课程往往"见课不见人",价值思考缺失;我们的教师也会有职责不明、人际关系处理失度、行为规范缺失的问题。

好在改变这种状况现在有了一个很好的契机。2018年11月,中共中央、国务院《关于学前教育深化改革和规范发展的若干意见》提出"强化师德师风建设"。教育部随后出台了《新时代幼儿园教师职业行为十项准则》和《幼儿园教师违反职业道德行为处理办法》。可以说,这是新中国历史上第一次专门针对幼儿园教师制订的行为规范,这些规范不仅含有幼儿园教师作为一个公民、作为一个教师的共

---

① 国际劳工组织和联合国教科文组织. 关于教师地位的建议[J]. 万勇译. 外国教育资料,1984(4):1—5.

性要求,更有了作为幼教工作者的特殊要求。比如把"遵循幼儿身心发展特点"作为方向性要求,把不得"体罚和变相体罚幼儿"作为底线要求等。这些要求体现了幼教的专业性特点。而行为规范的专业性特点正是专业伦理的追求。幼教界贯彻落实这些文件精神,必将使幼教行业的专业伦理建设迈出重要一步。

> **延伸阅读**
>
> 新时代幼儿园教师职业行为十项准则
>
> 一、坚定政治方向。二、自觉爱国守法。三、传播优秀文化。四、潜心培幼育人。五、加强安全防范。六、关心爱护幼儿。七、遵循幼教规律。八、秉持公平诚信。九、坚守廉洁自律。十、规范保教行为。

就专业发展的长远目标来看,有了这些文件精神,幼教行业的专业伦理建设就可以在此基础上进一步向前推进。就专业发展的规律和国际经验来说,专业伦理建设的起点一般是行业面临的困惑。从业者解困的需要,比如说虐童事件引起的思考,比如面对我们前面提到的三个场景如何解释和应对的思考,催生专业伦理的产生。而专业伦理建设的过程,就是本行业的每一个成员明晰特殊的社会使命的过程,明晰服务对象特点的过程,明晰围绕服务对象而形成的人际关系及要承担的相应职责的过程。在这个过程中,汲取全球同行的有益经验,梳理自陈鹤琴"活教育"为代表的先贤的幼教思想到《幼儿园教育指导纲要(试行)》《3—6岁儿童学习与发展指南》的基本精神,总结安吉游戏、花草园(中华女子学院实验幼儿园)生活课程等成功实践,整个行业的价值取向和行为规范就会日益明晰起来。我们需要作这样的努力,并逐步形成和完善具有中国幼教特色的专业伦理文本。这是推进幼教专业化不可或缺的重要环节。

这样的努力需要上下联动。在行业协会的领导层面需要努力,在行业的基础层面也需要努力。高校的职前培养有必要向境外、海外的同行学习。同属中华文化圈的台湾地区,其高校的所有学前系或幼保系全部把幼教专业伦理课置于显著位置。[1] 美国、日本、英国、新西兰、澳大利亚等国的情形也类似。美国幼教协会的《伦理规范与承诺声明》自上世纪80年代初制订以来不断修订完善,这个文本不仅影响了高校的职前培养,更指导了全行业的专业提升;不仅影响了全美国,也影响了全球的幼教业。[2] 我们的高校在重视传统的知识和技能的同时也要培植价值思考和行为恰当思考的种子,并通过幼教实践把伦理、知识和技能融会贯通起来。幼教教研以提升质量、提升教师的专业水准为己任,就应该把专业伦理纳入自己的视野,把教育部颁布的《准则》纳入教研。比如我们在面对镜头a的时候不能只见教师技能表演得如何,更应该思考:课程中师幼的合理定位是什么?教师的专业成就如何呈现更恰当?认知"风"是不是带孩子们到大自然去体验更合适?面对镜头b,我们是不是从幼教中的人际关系的合理定位这个角度去考虑问题了?是不是从孩子成长的大课程观的角度与家长沟通?是不是从伦理两难的角度思考应对策略?面对镜头c,我们是不是有底线伦理的思维?是不是思考过用非专业人士的言论而不是用专业的行为规范作为自己的行为依据刚好证明了我们的非专业?若教研能切入这样的话题,一定会使我们的专业更有分量。

路走对了,我们的努力才会有效。幼教坚持"以游戏为基本活动",充分重视游戏和生活的教育价

① 胡艳,步社民.两岸高校幼教专业伦理课程的比较与思考[J].幼儿教育,2015(11):8.
② 步社民,姬生凯.幼儿园教师专业伦理规范三国品[J].教育发展研究,2014(18):56.

值,这意味着教育者的儿童立场和对生命生长规律的尊崇,意味着教育者明了教育的意义不是一个生命对另一个生命的改造,而是一个生命发现另一个生命的美好,意味着教育者需要通过观察与发现实现自身的专业成长,意味着幼教的价值取向走上正道。这本身就是伦理的,同时对专业伦理的生长也大有裨益。这是令人欣喜的趋势。

在幼教的春天里,我们追求有质量的幼教,而有质量的幼教首先是合乎伦理的幼教。我们期待着这样的思维能融入幼教的每个环节。

思考与实践

尝试评点开头的三个镜头,并把困惑之处记录下来。

01 基础篇

专业伦理概述

对"专业"的解析可以发现,"专业伦理"是"专业"的重要组成部分。对"专业伦理"的解析可以发现,专业伦理一头连着"专业",一头连着"伦理",是"专业"与"伦理"的有机组合:专业是伦理的,伦理是专业的。专业是"伦理"的,专业才是完整意义上的专业;伦理是"专业"的,伦理才能在专业领域落地生根,发挥其应有的价值。专业伦理是由专业的基础理论说明和支撑的,同时又是由伦理学的基础理论说明和支撑的。这是进入幼儿园教师专业伦理领地必须首先弄明白的道理。

第一节 何为专业伦理

一、专业

(一)专业释义

专业是"专门职业""专门技术之职业"的简称,所以对"专业"的理解可以与"职业"相对照。

"专业"与"职业"是两个不同的词语,其不仅仅表现为语义上的不同,实际上也存在本质差别。职业是伴随着收入,完成一项社会分工的连续性活动。"职业"的本质在于"重复"某一个行业的基本操作行为,并不需要过多的"心智"劳动,"专业"的本质却在于不断地改进、完善和创造。因为从事专业劳动主要以脑力劳动为主,其工作对象复杂而多变,需要特定的"专业操守""专业理论"和"专业技巧"。

专业也是一种职业,是一种特殊的职业,是指一群人在从事一种需要专门技术之职业,这种职业需要特殊的智力和能力来完成,其目的在于为社会提供专门性的服务。"专业是指一群人在从事一种必须经过专门教育或训练,具有较高深和独特的专门知识和技术,按照一定的专业标准进行的活动,通过这种活动将解决人生和社会问题,促进社会进步并获得相应的报酬和社会地位。"①

教师职业是不是专业?这在历史上是一个有争议的问题。有学者认为,教师与医生、律师、神甫被并称为"四个伟大的传统专业"。② 但也有学者依据教师职业的现状与专业标准的吻合程度的分析认为,教师职业与"已确立的专业"的专业化程度的要求还有一定的差距,是一种"准专业"或"边际专业"。他们将教师、护士、社会工作三类人员划归"半专业"人员,认为基础教育的教师社会地位还不高、团体专有权难以确立、特有的专业知识较少、专业自主权缺乏。也就是说教师的专业化程度不及典型的专业人员,如医生、律师等,还没有达到完全专业的水准。在这里,争论的焦点不是教师职业该不该成为专业的问题,而是现实的教师职业够不够专业的问题。所谓教师专业化就是要解决这个问题。

(二)专业的幼儿园教师

幼儿教育是一项专业性很强的工作,所以幼儿园教师都应该是专业的。这种专业性源于幼儿身心发展的特殊性及其童年生命之于成长的复杂性与深刻性。幼儿的脆弱、稚嫩,不完善、不成熟,绝不意味着学前教育就是肤浅的教育,恰恰相反,这种脆弱和复杂、稚嫩和深刻、不完善和无限发展可能性的强烈对比,决定了幼儿教育内涵的丰富、形式的多样,决定了幼儿教育应该立足于当前着眼于未来,决定了幼儿园教育看似平凡琐碎的背后具有独特的价值。

什么样的幼儿园教师称得上是"专业"的?

1. 六个特征

庞丽娟教授提出了专业幼儿园教师的六个特征:③

对儿童和儿童发展的承诺;

全面、正确地了解幼儿;

有效地选择、组织教育内容;

创设发展支持环境的能力;

领导和组织能力;

不断地专业化学习。

2. 八个方面

1993年全美幼教协会发表的《早期教育专业化发展的概念体系》提出专业的幼儿园教师体现在八个方面:

对儿童发展有着深刻的理解和体悟,将心理学、教育学知识运用于实践;

善于观察和评价儿童的行为表现,以此作为课程计划的依据和设计课程的依据;

善于为儿童营造和保持安全、健康的氛围;

计划并履行适宜儿童发展的课程,全面促进儿童的社会性、情感、智力和身体方面的发展;

与儿童建立积极的互动关系,成为儿童发展的支持力量;

与幼儿家庭建立积极的有效的关系;

---

① 教育部师范教育司编.教师专业化的理论与实践[M].北京:人民教育出版社,2003:9.

② 赵康.专业、专业属性及判断成熟专业的标准[J].社会学研究,2000(5):25.

③ 教育部基础教育司组织编写.幼儿园教育指导纲要(试行)解读[M].南京:江苏教育出版社,2002:168.

支持儿童个体的发展和学习,使儿童在家庭、文化、社会背景下得到充分的理解;

对教师专业主义予以认同。

3. 四个必备

台湾学者葛婷提出专业幼儿园教师的"四个必备":①

专业准备。包括大专院校幼教系科培训、取得幼教专业资格、实习经验、教学观摩、幼教相关经验。

专业精神。包括精力投入、时间投入、幼教使命感、建立人际关系。

专业进修。包括参与大专院校进修、参加各种演讲培训座谈研讨、制定个人成长计划。

专业参与。包括主动参与幼教专业组织、主动寻求各种幼教资源。

4. 三种素养

台湾"教育部"编订的《幼稚园教师手册》中,强调幼儿园教师应具备三种素养:②

专业智能。包括了解教学原理和方法,了解幼儿各方面的发展情形,运用专业知识设计实施课程,做好班级管理及进行幼儿保育和辅导等方面。

专业规范。

专业精神。

5. 综合概括

学者、专业组织以及教育行政部门已经发表了大量关于专业的幼儿园教师的论述。综合推敲和思考这些论述,我们认为对专业的幼儿园教师可以概括为:

专业的幼儿园教师,就是在幼儿教育方面长期接受教育和实践磨砺,价值取向和行为准则日益明晰和坚定,对幼儿的认识和理解更为充分,已经掌握并进而完善着一整套幼儿教育的"理智性技术"。

这里除了凸显幼儿园教师的专业养成也必须"长期"外,强调了"价值取向和行为准则""对幼儿的认识和理解""一整套幼儿教育的理智性技术"三大要素。"专业"在幼教实践现场表现为应对一日活动各环节的"技术",但不是"匠"式的技术,更不是建筑在个人经验基础上的技术,而是"理智性的"技术,也就是建筑在价值思考和对幼儿的科学认知的基础上的,是以专业判断为前提的。所谓专业判断是指运用专业知识用以判决及分析事情的前因后果,同时思考各种可能的行动,并评估行动及推知可能造成的后果。这种理智性技术,就是一种实践智慧。

美国幼教专家凯茨将专业的幼儿园教师形象地比喻为:能抓住孩子丢来的球,并且把它丢回去,让孩子想继续跟他玩游戏,并在玩的过程中不断创造出新的游戏来。③凯茨认为,"专业幼儿园教师"与"非专业幼儿园教师"的差异在于:专业人员的反应是运用可靠的专业知识及见解做判断,其目的着眼于儿童长期的发展利益;而非专业人员的反应则多视当时的情况,以能在最短的时间内解决事情为标准来决定行为反应,而不是以儿童长期的发展利益为目标。这是理解幼儿教育的"理智性技术"的关键,也是"技术"背后的价值考量,也就是伦理考量。

二、专业伦理

(一)专业伦理释义

先浏览一下专业组织或学者们对专业伦理的阐释。

---

① 陈娟娟等. 新手老师上路啰!——幼儿教师入门必读[M]. 南京:南京师范大学出版社,2003:205.

② 曾火城等. 幼儿保教专业伦理[M]. 台中:华格那企业有限公司,2009:2—5.

③ [美]凯茨. 专业的幼教老师[M]. 廖凤瑞译. 台北:信谊出版社,1986:177.

全美幼教协会对专业伦理的定义是："专业伦理是一个专业领域做出的道德承诺,可以扩展和增强从业者带入工作的个人道德,帮助幼教工作人员关注工作场所中行为的对与错,帮助个人解决在工作中遇到的道德困境。"①

台湾幼改会对专业伦理的定义是："专业伦理是专业行为之规范,任何专业事业行动是否合乎伦理,视其是否符合专业规范而定。"②

王小溪认为："专业伦理则强调某专业团体的成员彼此之间或与社会其他团体及其成员互动时,遵守专业的行为规范,借以维持并发展彼此的关系。主要目的在于维护行业的声誉、保护行业的利益。"③

胡娇认为："专业伦理是专业共同体的共同价值体现,反映的是专业共同体的内部价值。"④

蒋道明认为："专业伦理是专业团体用来规范与专业服务有密切关系的行为,保护被服务者的权利,并解释含混与两难事例的道德伦理规范。"⑤

凯茨教授认为,专业伦理规范是某一团体对下列四个问题的看法:⑥

什么是对的,而非方便行事的。

什么是好的,而不只是实用的。

什么是成员绝不能采取的行动,即使该行动很有效或成员不会受到惩罚。

什么行为是成员绝不可苟同、不可旁观或不可协助的。

所以,专业伦理规范可以定义为协助专业人员克服职业诱惑的行事准则,可以支持专业人员去做他们认为对的而非方便的事情,尤其是在这些"对"的事情带有冒险性或危险性时。因为一般人对有好处或会得到奖励的事情根本就不需要任何伦理规范来激励,大家都会很乐意去做,但是,如果"对"的行为可能使工作人员面临被谴责、失业,或其他更严重的后果时,工作人员就非常需要借助伦理规范来鼓励与协助。伦理规范是鼓舞、支持从业人员依其专业判断采取最有利于服务对象的行动方式,即使这种做法不为服务对象所赞同,而不是采取讨好服务对象的行为方式。伦理规范同时也可以协助从业人员从"对的"与"更对的"行为方式中选择,因为从"对"与"错"的行为中选择,根本不是问题。最后,伦理规范也可以反映该专业团体对社会价值的看法。

综合上述不同侧重的定义,我们可以发现专业伦理内涵的几个"略同":

专业伦理的制定者是专业团队、专业共同体,体现的是专业自律。

专业伦理发挥作用的场域是"专业领域"。

专业伦理的功能是处理专业内部和外部各种人际关系时规范从业人员的行为,维护服务对象的利益。

专业伦理可能帮助从业人员认清"对"的行为并在"对"与"更对"中作出选择。

专业伦理反映专业团队的核心价值观。

专业伦理可以提升专业群体的地位和声誉。

把以上共识概括起来,可以把专业伦理定义为:

专业伦理是专业共同体基于专业领域的共同价值观而提出的处理专业工作中各种人际关系的行

---

① [美]Stephanie Feeney, Nancy K. Freeman,幼儿保教人员专业伦理[M],张福松等译. 台北:五南图书出版公司出版,2007:22
② 《迈向专业的老师——幼教专业伦理工作坊》研习手册,台北:台湾幼儿教育改革研究会,1990:18.
③ 王小溪.幼儿园教师专业伦理研究[D],长春:东北师范大学,2013:34.
④ 胡娇.教师批评权的伦理审视[J].中国教育学刊,2010(1):21.
⑤ 汪慧玲,沉佳生.幼儿园教师专业伦理实践之研究[J].幼儿保育学刊,2007(5):59—74.
⑥ [美]丽莲·凯兹著.与幼儿教师对话——迈向专业成长之路[M].廖凤瑞译.南京:南京师范大学出版社,2005:250—251.

为规范。其功能在于对内帮助每个从业者关注行为的适当与否,为工作中遇到的道德困境的解决提供依据;对外用以彰显专业责任和维护专业声誉。

(二)专业伦理的价值

上述关于专业伦理的定义考量的要点也是专业伦理的价值。专业人员通过发挥其专业知识、专业技能,在专业领域的工作中实现专业理想和专业价值观,达到个人能力的卓越表现与人际关系协调上的圆满。这是专业伦理最主要的价值。

1. 指引性价值

专业伦理用"守则"或"规范"的形式、用明确的语言来表达行业的共识,也就是行业的核心价值观。这对专业人员来说犹如航行中的灯塔,可以凭此认准自己专业活动的大方向;同时,专业人员在从事专业活动时,若面临服务上的道德难题,专业伦理守则也可以提供一个参考与指引的方向。

2. 广告性价值

本行业的专业伦理守则的制定和颁行,实际上起到了向社会各界广而告之的作用,宣示了本专业的服务宗旨、服务精神和服务规格,彰显了本专业的社会责任,社会公众可以通过这个守则来了解这个行业,认识这个行业。这个守则并通过本专业每个从业者的践行,对维护本专业的声誉具有无可替代的作用。

3. 契约性价值

这体现在两个方面:一是全行业讨论通过的本专业的伦理守则并向社会公布,等于是本专业与社会公众签署的一份服务契约,是本专业向社会公众作出的担责和服务的承诺;二是加盟本行业的每一个从业者都应该承诺声明履行本专业的行为规范,这等于是行业与其每个从业者签署的一份契约。

4. 提示性价值

专业伦理守则通过明确的条款鼓励专业人员的服务行为尽力符合专业道德规范;提醒专业人员要在专业领域明确自己的专业形象与专业角色,能随时意识到专业工作中的伦理问题,提升伦理敏感;约束工作人员注意防止行为操守不道德行为的发生。

5. 保护性价值

专业伦理守则不仅是从业者的约束性工具,也是一种保护性工具。凝聚了行业共识的守则体现的是本行业对服务责任和服务规格认识的最高专业水准,从业者可以此为依据展开专业活动,同时也可以此为依据为自己的行为辩护,尤其是对非专业人士的不合理要求或与服务对象发生矛盾时。

以上的分析只是说专业伦理具有这些潜在的价值。由于社会背景不同,也由于守则本身的合理性以及落实过程中的执行力不同,专业伦理潜在的价值转化成现实的价值的情形也会有很大的不同。

(三)专业伦理与相邻要素的关系

在对"专业"的各种释义中我们都会发现伦理的意味,这说明专业的要素是离不开伦理的。专业释义中的伦理意味就是"专业伦理因素",专业工作实践现场的伦理意味就是需要伦理规范来思考、判断和应对的。

"专业伦理"一头连着"专业"。"专业伦理""专业知识""专业技能"是专业人员专业素质结构中的三大组成部分。"专业伦理"在专业结构中起着什么样的作用,占有多大的分量?站在不同的立场对这个问题的回答是不一样的。"专业主义""工具主义"强调知识和技能至上而忽视伦理的作用;社会学者看专业,大都重视伦理的功能。所谓"专业化批判",就是批判单纯的专业技术取向,强调价值思考,注重伦理约束。事实上,既为"专业",与专业实践最接近的要素是"专业技能",而技能的"专业"是因为它是"理智性技术",受"专业知识"的支撑。而真正的专业实践必须有"专业自主",自主就必须有自律相伴,这就离不开"专业伦理"。这是三大要素的内在逻辑关系。

"专业伦理"另一头连着"伦理"。"专业伦理"也是相对"一般伦理"而言的概念,是特定的专业领域为更好地履行服务社会的专业责任,维护专业声誉而制定的自我约束的行为规范。在伦理学的视野中,"专业伦理"属于应用伦理学讨论的范畴;"一般伦理"属于理论伦理学讨论的范畴。"一般伦理"是指那些适用于社会所有成员的规范;"专业伦理"则是指那些适用于特定专业领域人员的规范。例如:"诚实守信"是适用于所有人的一般伦理,而"尊重幼儿,在任何情况下都不得伤害幼儿"则是适用于幼儿园教师的专业伦理。专业伦理是由伦理学的基础理论说明和支撑的,关于这个问题在本章的第三节有详细探讨。

三、幼儿园教师专业伦理

专业伦理既然是适用于"专业领域"的,所以,不同的专业领域应该有不同的专业伦理。教育是个专业领域,所以就会有"教育伦理";教育伦理应该可以涵盖各级各类教育,也可以涵养教育的从业人员:教师,所以就会有"教师专业伦理";教师由于教育对象的不同而分成各级各类,各有特殊性,因而就会有不同的教师专业伦理;幼儿园教师专业伦理就是属于教师专业伦理的范畴。

(一) 教师专业伦理

全美教育协会对教师专业伦理的定义:"教师专业伦理是教师在专业工作中处理与学生、本专业的关系时参考的客观行为法则,目的是保障教师的工作不受外界干扰工作,同时也为教师个人的道德修养提供参考,使自身的专业伦理实践的过程得到升华。"[1]

美国得克萨斯州将教师专业伦理定义为:专业的责任:教育工作者在与学生、同事、家庭和社会人员的关系中要按照工作标准和伦理行为规范行动;专业教育的伦理行为:教育者应该通过诚实的个人素质和遵守法律等德行维护专业的受人尊敬的地位;专业实践和表现:教育工作者通过教师专业的考核后应不断努力提高自身的能力;与同事之间的伦理关系:公平和坦诚地对待同事;与学生之间的伦理关系:教育者应该知道每一个学生都有潜力成为优秀的公民;与家庭和社会之间的伦理关系:作为教育工作者履行自己在社会中的公民使命,与家庭和他人合作为学校的发展作出贡献。[2]

吴清山将教师专业伦理定义为:"教师专业领域中的一套行为规范,借以规范教师执行专业伦理时对其个人、他人及社会的行为,以强调教师专业团体对其成员所进行行为规范,维持发展彼此之间专业关系。"[3]

徐廷福对教师专业伦理的定义是:"教师在从事教育教学这一专业工作时应该遵守的基本伦理规范和行为准则。"[4]

王玉玲对教师专业伦理的定义为:"教师在专业活动领域,为维护专业团体的声誉而必须遵循的一整套的行为规范。"[5]

[1] 申阳春. 美国 NEA 准则教育伦理思想探析[M]. 2012:18—19.
[2] 转引自 Ayla Oktay,Oya Ramazan&Ahmet Sakin. The relationship between preschool teachers' professional ethical behavior perceptions, moral judgment levels and attitudes to teaching [J]. Gifted Education International 2010,26:9.
[3] 吴清山,黄旭均. 教师的专业伦理守则的内涵与实践[J]. 教育研究,2005(4):44—58.
[4] 徐廷福. 论我国教师专业伦理的建构[U]. 教育研究,2006:7—15.
[5] 王玉玲. 中小学教师专业伦理的缺失与重建研究[D]. 上海:华东师范大学,2007:1—34.

关于教师专业伦理的上述定义,大体可以反映专业组织和研究者的基本共识:

教师专业伦理是教师在专业活动中的行为规范。

教师专业伦理用以约束教师在进行教育教学专业活动时对学生、同事、家长、社会以及其他相关人员等的行为。

教师专业伦理有助于教师应对进行教学活动时的个人行为的改善。

教师专业伦理有助于维护教师专业团体的声誉。

关于我国的教师专业伦理研究,有学者认为起步较晚,其实不然,大陆近代学者也有相关的真知灼见。早在 1939 年至 1948 年,常道直、朱炳乾等学者就在《教育杂志》上发表了一系列探讨教师专业伦理的文章。[①] 1946 年,常道直先生曾向世界教育专业会议提出"世界教育专业道德规约"的提案。1948 年由常道直与朱炳乾共同起草的"全国教育专业道德规约"提请中教会第九届年会讨论。[②] 此草案共有 5 章 32 条。其总则明确本规约之宗旨系以教育专业界自身之力量达成下列各项之目标:挽救当前教育界颓风;充实教育专业修养;发扬教育专业精神;加强教育专业组织力量;提高教育专业社会地位。这些观点拿到今天的中国教育界也是非常具有针对性的。真是难能可贵!

(二) 幼儿园教师专业伦理

幼儿教育是个充满特殊性的专业领域,因此,幼儿园教师的专业伦理不同于一般伦理,是由幼儿园教师的专业特性所决定。参照上述专业组织和研究者对专业伦理、教师专业伦理的共识,我们认为对幼儿园教师专业伦理的界定也要注意这样几个取向:

它只适用于幼儿教育领域,适合于幼教工作特点。

它必须是由学前教育专业理论,包括学前儿童教育学、学前儿童心理学、学前教育伦理学等专业理论支撑和论证的,同时又在伦理学、教育哲学等相关理论的指导下体现幼儿教育的共同价值观。

它能给幼儿园教师的保教实践以具体的可操作的指导,构成幼儿园教师的伦理素养。伦理素养,也包括知识和技能,"因为一个人的伦理素养,也就是能够让一个人做出负责的专业决定的那些知识和技能,是一位称职的儿童早期阶段教育工作者最应具备的基本素养之一"。[③]

凯茨教授对幼儿园教师专业伦理的定义为:"幼儿园教师在服务多元对象时应该遵守的一套伦理规范,这个规范可以帮助幼儿园教师克服'诱惑',以服务对象的利益最大化为前提,使幼儿园教师在行为中不受私人情感的约束。"[④]

台湾幼教改革委员会对幼儿园教师专业伦理的定义为:"幼儿园教师在处理各种关系时应该遵循的行为准则,这个准则可以帮助教师澄清自己的角色界限和职责,当幼儿园教师遇到行为两难时,供其以服务对象的福祉为主进行伦理选择。"[⑤]

大陆有研究者这样定义:"幼儿园教师在专业知识、技能和伦理道德基础上,在其专业领域内合理行使其专业权力以完成专业职责与使命的一整套伦理标准和规范,主要包括对专业的道德信念与责任、对儿童及与其有关的教养者的伦理责任。"[⑥]

---

① 王有亮.《教育杂志》与我国对教师专业化问题的早期探索[J]. 教师教育研究,2008(11):50—53.
② 朱炳乾. 全国教育专业道德规约(草案)[J]. 教育杂志,1948(3):33.
③ [美]Stephanie Feeney, Nancy K. Freeman,幼儿保教人员专业伦理[M].张福松等译.台北:五南图书出版公司出版,2007:2.
④ [美]丽莲·凯兹. 与幼儿教师对话——迈向专业成长之路[M].廖凤瑞译. 南京:南京师范大学出版社,2004:252.
⑤ 《迈向专业的老师——幼教专业伦理工作坊》研习手册,台北:幼儿教育改革研究会,1990:21.
⑥ 王成刚,袁爱玲.论幼儿园教师专业道德发展的向度与路径[J].幼儿教育,2009(9):32—34.

还有研究者这样定义："幼儿园教师在从事教育教学这一专业工作时应该遵循的基本伦理规范和行为准则，它用以约束和规范幼儿教师团队在执行相关专业活动时对其个人、他人及社会的行为。"①

还有研究者这样定义："幼儿园教师专业伦理，是调整幼儿园教师人际关系的原则和规则，是对幼儿园教师基本人际关系的规范。它强调群体规范的意味较浓，是幼儿园教师在人、我关系的互动中，合乎专业伦理的行为规范，其规约对象指向幼儿园教师与其在幼儿园生活中互动的人的行为，强调公共意志，多指抽象、客观的'应然'规则。""幼儿园教师专业伦理，是幼儿园教师与幼儿、家长、同事以及社会互动时，需要遵守的专业行为规范，借以维持与发展幼儿园教师与服务对象的关系，是社会分工条件下为了维护职业声誉、保护职业利益，对幼儿园教师进行的伦理约束。它仅在幼儿园教师专业范围内起作用；它的践行主要靠幼儿园教师的自律，它要求幼儿园教师在服务供求及双方责任关系的基础上，自觉地遵守专业的伦理规范；它与学前教育的知识和技能紧密相连。"②

综合上述，我们把幼儿园教师专业伦理界定为：

幼儿园教师专业伦理是基于幼儿教育的共同价值观而提出的处理保教工作中各种人际关系的行为规范。其功能在于对内帮助每个幼教从业者关注保教行为的适当与否，为工作中遇到的道德困境的解决提供依据；对外用以彰显幼儿教育的专业责任和维护幼教专业声誉。

这里的几个关键词值得注意：幼儿教育的共同价值观；保教行为的适当；幼儿教育的专业责任。

（三）幼儿园教师专业伦理在专业发展中的作用

"专业伦理与专业化"重点讨论的就是这个问题。其实，很多研究者就是从专业伦理在专业中的作用的角度来界定其内涵的。参考美国研究者的观点，集中罗列一下专业伦理准则在专业中的作用：③

告诉专业团体内的每一个成员做一个专业人士应该是什么样的人，应该怎么做。

无论一个儿童早期阶段教育工作者在哪一种场所工作，接受的是什么培训，伦理准则是所有这些人的一个共同声明。

为专业人士做出最符合当事人利益的决策提供指南。

帮助专业成员明确他们的核心价值观。

是专业成员之间相互支持的基础，并激励成员的士气，促进成员完成承诺。

为勇于创新的专业人员增添勇气。

为疑难问题提供解决思路。

提供新的研究课题。

让新进入本领域的人明白本专业的道德承诺。

让专业以外的人士明白本专业的信念和价值观以及专业行为规范。

让社会人士明白，本专业的实践者们是以很高的道德标准要求自己的。

---

① 邵小佩. 论幼儿教师专业伦理[J]. 教育导刊[J]. 2009(10)：7—10.

② 王小溪. 幼儿园教师专业伦理研究[D]. 长春：东北师范大学，2013：34—38.

③ [美]Stephanie Feeney, Nancy K. Freeman. 幼儿保教人员专业伦理[M]. 张福松等译，台北：五南图书出版社股份有限公司，2007：15.

第二节 专业伦理与专业化

一、幼儿教育的专业性

谈论"专业",有时针对的是"从业者"的专业问题,有时针对的是"行业"的专业问题。从业者的专业性应该是行业专业性的一个重要因素。我们在上一节讨论"专业的幼儿园教师",指的就是从业者的专业性问题,这里讨论的话题是指"幼儿教育"这个行业的专业性问题。

从不同角度考察幼儿教育的专业性,有三种比较典型的观点,可以概括为:维度说、条件说、特征说。这三种观点可以让我们从三个不同的角度审视行业的专业性,使我们对这个问题的认识更加完善。

(一) 维度说

虞永平教授认为考察幼儿教育的专业性着眼三个基本维度:结构维度、过程维度和结果维度。[①]

学前教育专业性的结构维度包括:专业的房舍、专业的场院、专业的设施和材料、专业的教师、专业的课程、专业的管理。

学前教育专业性的过程维度包括:在行动中学习;为引发儿童积极的相互作用,并为儿童动用多种感官获得有益经验而教;把生活与教育有机结合起来,把幼儿园课程生活化、游戏化;备课就是决定准备让儿童做什么,并为此而确定教师应该做什么。与此形成对比的非专业的表现是学前教育的"小学化""成人化""制度化"和"放任化"。

学前教育的结果维度包括:儿童身心和谐发展;避免仅仅以知识作为衡量标准,也要避免以特长发展作为衡量幼儿发展的标准;在当前的社会背景下,尤其要注重儿童的身体素质、交往能力、基本的行为规范等社会性素质及自由想象和表达的能力等方面的发展。

这是对学前教育专业性的"透视",着眼于学前教育本身的内涵和"应然",与幼儿教育的质量直接相关。这对幼儿园的管理者和评价者来说是十分有价值的。

(二) 条件说

若把某个行业作为社会生态"雀巢"中的某个点来考察,则此行业是否具有专业性的考察要从其与社会生态的其他点的相互关系、相互比较入手。这样的相互关系和相互比较,就可以看出哪个行业更具专业性。

凯茨教授综合了学者们提出的行业的专业性的八项条件:社会必要性、利他、自主性、伦理规范、与服务对象保持距离、行为的标准、长期的训练、特殊的知识,并以此入手对照分析了学前教育的专业性问题。[②]

1. 社会必要性

大部分的学者都将"社会必要性"视为专业的条件之一,指的是专业工作对于社会的运行很重要,

---

① 虞永平.论学前教育的专业性及其专业化发展[J].江苏幼儿教育,2014(1):5.
② [美]丽莲·凯兹.与幼儿教师对话——迈向专业成长之路[M].廖凤瑞译.南京:南京师范大学出版社,2004:229—241.

也就是说,如果缺乏此专业知识与技术,社会的运行会受到某种程度的削弱。幼儿教育对于社会的运作是否必要? 这个问题似乎是确定无疑的。中国民间有"三岁看大,七岁看老"的古话,这句以前常常挂在老人嘴边而后来渐渐被人遗忘的话被现代科学证明它揭示了人在社会环境中逐步成长的规律,道出了早期发展在个体终身发展中的重要作用,涵盖了学前教育微妙而神奇的功能。但凯茨教授认为这还需要大规模的实证研究来证明这一问题,以便政治人物、政策决策者也能充分认识到这一点。

2. 利他

"专业"的任务应该是利他和服务导向的,而不是利益导向的;专业人员服务的是服务对象而非顾客(或消费者),专业人员将他们的工作目标定在让社会更好,而不像商人、业者或工匠等,将目标放在具体、立即可得到的效益上。凯茨教授认为,在这个"利他"的条件上,幼儿教育的表现良好,"专业"所要求的服务理想与以服务对象为中心的精神似乎是幼儿教育的明显特征。

3. 自主性

专业的自主性主要体现在两个方面:

其一,服务对象不能要求或指使从业人员提供什么样的服务或如何提供服务。

其二,雇主也不能决定从业者应如何工作。雇主聘用这些专业人员主要依据其专业特殊的知识、原则与技术来行事并做专业判断。

一位从业人员的行事与表现如果受到别人的控制与指使,其专业性就减低了。凯茨教授认为,幼儿教育的服务对象有其特殊性,因为这个行业至少牵涉三个服务对象:幼儿、家长、社会。幼教要成为专业,就必须学习如何回应服务对象的不同要求与期望,尤其当他们的要求与幼教的专业知识与判断相违背或不相容时。

4. 伦理规范

伦理规范对于专业团体来说,可以保护服务对象的最佳利益,并且可以协助从业人员抗拒专业本身的诱惑,因为"自主"必以"自律"为前提。有了"规矩",专业团体也有一套管束的程序来处理成员的违规。但凯茨教授认为,要形成一套幼儿教育的伦理规范是一件不容易的事。由于地区性的价值观与文化差异对于伦理概念有很强的影响力,因此,不同的国家、地区或文化团体应研发适合自己的专业伦理规范。就中国大陆来说,我们幼教界还缺少一个覆盖全行业的伦理规范。

5. 与服务对象保持距离

医学界有一项禁忌:"医生不能医治自己的家人",就是出于这项"与服务对象保持距离"的专业条件。在"专业"的定义中,要求从业人员能依据特定的知识与原则来解决问题与伦理困境,因此,从业人员与服务对象之间的关系,就应该具有理想的距离、适度的不关心或"疏离性的关注"等特质。

6. 行为的标准

一个行业有自己的行为标准意味着从业人员在做专业判断时能依据标准的程序进行,意味着第一位服务对象都能享受到从业人员起码的专业服务而不会因个人特质(如家庭背景、种族、经济能力或个人素养)的缘故使得到的服务品质受到影响,因而也是其具备专业性的重要条件。我国教育部颁发试行"幼儿园教师专业标准",是提升幼儿教育专业性的一个重要举措。

7. 长期的训练

"专业"的一项很重要的条件是,其成员进入该专业之前需要接受长期的训练。虽然我们并不很清楚高品质的专业行为到底确实需要哪些训练、要训练多久。但凯茨教授认为一个专业的从业人员应该对自己的专业领域有尽可能多的了解,就好像他们也许永远也不会在自己的园所里实施蒙台梭利教学法,但是,他们应该都知道蒙台梭利是谁以及她所主张的教育理论。在这个问题上有个似是而非的说法,说某个幼儿园教师完全没有受过什么训练但很"杰出"。事实上,也许我们都曾经遇到过这种天生当老师的料子。但是,这样的说法很危险。林肯总统是一个自学成才的律师,他几乎任何方面都非常杰出,但是专业训练不是为了一些"例外"而设计定做的,相反的,专业训练的设计是为了能给所有的从业人员提供一些最低的标准,让他们能有效率地工作。如果所有的律师都具备林肯总统的才华与能力,而且能自学得像他那么透彻的话,或许我们就不需要法律系或法学院了!

8. 特殊的知识

以"特殊知识"为基础从事的行为才能称为专业行为,这是学者们的共识。幼儿教育应该有什么样的特殊知识呢? 这是一个迫切需要解决的问题。凯茨教授从"最佳专业行为的理解"出发提出了一些原则,比如教学策略与课程应该在考虑教学法与课程对儿童的当前价值与长期影响后才决定或执行,在此情况下所做的决定对于幼儿的效益最佳;幼儿教育的课程重点应该是协助幼儿对于自身的环境与经验有更佳的理解。学习的环境愈开放、愈不封闭、愈不正式,老师愈能获得有关儿童发展与学习的讯息;而老师知道的讯息愈多,就愈能采取适宜的教学策略,进行适宜的课程活动;当过度重视知识与技巧的习得而伤害到儿童好奇、创意及其他内在动机等气质时,这样的课程与教学就是不适当的,等等。

(三) 特征说

在与其他行业的比较中得出专业必须具备五个基本的特征,就内容看与"条件说"有交叉的地方。这五个特征有助于在作专业化努力的行业认清前进的方向。[①]

1. 具有特殊价值和不可替代性

即这个职业所提供的服务有别于其他的职业,对社会有特殊的价值,能满足社会特殊的需求,为社会提供特殊的服务,这种价值是其他职业所不能弥补的,因而从事这种职业的人是其他人员不可替代的,他们为社会提供的服务也是不可替代的。

专业应该具有较高的门槛,不可替代性正是体现了这种门槛。像医师,今天医师请假,请你帮他代班一下,试问你敢不敢? 因为我们不具有从医资格,多少钱请我们,我们也不敢担任。换言之,如果今天我们幼儿园有老师请假,园长就到马路上随便找个路人代课,幼儿非常喜欢这位老师,上课秩序也非常良好,教育效果也非常好。如果如此,我们的工作就随时可以被取代,那幼儿园教师就不是专业了。

2. 具有特定的专业知识、专业技能和专业伦理

即具有一个专门的知识体系,有一套特定的概念、命题、原理和逻辑体系,能够指导和引领相应的实践。同时,具有一套特定的技能,针对特定的领域和特定的问题,并与专业知识相联系。还有一套特定的伦理,引领从业者的态度、意识和情感,指导和规约从业者的行为。

3. 需要专门培训和持续发展

从事具有专业性职业的人员都需要经过一定的专门培养,系统掌握专业知识和技能,深刻理解专业伦理,并通过一定的实践发展基本的专业能力,为从事专业工作做好专业准备。只有这样,他们才能拥有专业素养,真正成为不可替代的专业从业人员。由于任何专业都是不断发展的,任何专业人员都必须不断地学习和持续地发展,以适应专业的发展变化与不断更新。

4. 具有专业自主

自主性意味着自决权和创新。一个专业的专业知识与技能以及专业伦理,是在实践和理论的共同作用下产生的,它们由专业人员发展而来并受专业人员的支配,专业人员对这个专业体系拥有充分

---

① 教育部教师工作司.幼儿园教师专业标准(试行)解读[M].北京:北京师范大学出版社,2013:6.

的解释权和使用权,外在因素不能对其产生根本上的影响。专业人员也有发展这个专业体系的权利和责任,正是在专业人员不断的研究和创新下,专业的知识、能力和伦理体系才得以不断地完善和发展。

5. 具有权威的专业组织

一个专业一定拥有相应的权威组织,这个组织主要由专业权威人士组成,在专业方向引领、专业问题的咨询和裁决过程中起着重要的作用,甚至引领着一个阶段或一个时代的专业核心精神。有些社会中,专业组织有制定专业规范和标准的功能,是专业人员的专业精神家园,也是专业人员不断前进和发展的助推力量。

二、幼儿园教师的专业化

(一)应然的和实然的

1. 幼儿园教师应该是专业的

这种"应该"主要体现在以下四个方面。

幼儿园教师的教育对象是特殊的。幼儿园教育的对象是3—6岁的幼儿,正处于人一生成长发展中具有十分重要的奠基性影响的阶段。用专业的眼光读懂幼儿,教师需要具备特殊的与幼儿教育相关的知识和技能,充分认识幼儿的年龄特征、身心发展的特点以及个别差异,以指导自己的保教实践。

幼儿园教师面临的教育是情境化的。教育对象的生理和心智水平越不成熟,越决定了教育情境的不确定性。与一般专业相比,保教现场很难有一一对应的普遍适用的程序,幼儿随时会出现让教师始料不及的"种种挑战"。合理应对即时出现的多变的、不同的情境,幼儿园教师的专业是必须的。

幼儿园教师的服务对象是多元的,扮演的角色也是多元的。虽然幼儿园教师有其与一般教师相同的角色特征,但由于其教育对象年龄阶段的特殊性、差异性,决定了其在职业中扮演的角色有别于其他类型的教师。由于教育对象年龄幼小,幼儿园教师必须有家园共育的意识,配合和引领其家长共担育儿的职责,同时还要有效地发掘、利用社区资源。这样,幼儿园教师不仅要服务幼儿,还要服务家长和社区。幼儿的思维方式、情感表达形式、兴趣爱好、对世界的认知以及行为逻辑都与一般成人有着很大差异,幼儿园教师需要扮演好引导者、合作者、支持者的角色,扮演好教师、保姆、伙伴的角色。这种服务对象的多元、扮演角色的多元,决定了幼儿园教师工作的丰富和充满挑战,专业是必须的。

幼儿园教师需要的知识是广博的,技能是多面的,眼光是长远的。幼儿园教育是渗透在幼儿一日生活的各个环节中的,是以游戏为基本活动促进幼儿主动学习的。为了使幼儿获得真正的发展,幼儿园教师不仅需要自然科学、人文学科方面的基本素养,需要教育学、心理学以及有关幼儿发展的各类专门知识,还需要特别丰富的应对保教实践的教育智慧。而且由于早期经验对于个体发展影响的深刻和久远,决定着学前教育从内容到环境、理念到方法,需要最长远的目光和最全局的视野,幼儿园教师必须是专业的。

2. 现实中的幼儿园教师还不够专业

就社会认可度来说,幼儿园教师较低的社会地位依然没有得到很大改善,幼儿园教师的福利保障等也不够健全,人们对幼儿园教师的专业认可度较之其他阶段的老师依然偏低。再加上幼儿园教师专业知识泛而不精和社会大众对幼儿园教师职业的社会功能认识不够,使得幼儿园教师职业与医生、律师和大学教师等职业相比,其专业性仍不被广泛认可。

中国近现代幼儿园教育的历史尽管已逾百年,但直到现在,在不少国人的心目中,幼儿园教育只是母亲、祖母或保姆带孩子职能的一种替代或延伸。把幼儿园当成福利事业来办,只是为在第一线忙碌的大人解决后顾之忧,在有些人看来这是件容易办的事。还有就是教育对象的"小"。不少人仍将"小"和"简单"相提并论。就教育内容来说,在不少人看来也"过于简单"。

再则,幼儿园教师的劳动成果的隐性,很难让人看到即时的"绩效","南郭先生"容易混迹其中。也看不到"技术含量",似乎幼教与科技的大厦相距甚远。何况幼儿教育中还有"小学化""成人化"等非专业倾向,还有不少违背孩子天性的做法,还存在虐童事件等。在各级各类教育机构中,就学历层次来说,幼儿园教师也偏低,尽管这种状况正在改变中。

> **延伸思考**
>
> 　　安吉游戏创始人程学琴这样说:"始终搞清楚,我们是幼儿教育工作者,我们是专业的,我们是这一行的权威。我们这群专业的幼教工作者,是要去影响那些不懂幼儿教育、不做幼儿教育的人。社会大众对我们的认同,是冲我们的专业而来,不是我们去迎合和满足别人的需求。我想,我们以前总是担心,总是害怕,总是被人牵着鼻子走,其实没有别的什么原因,主要是自己的能力弱罢了。等你强大起来,你自然就无烦无忧了。"

(二)走向专业化的努力

1. 走向专业化之不易

随着人们对幼儿期的发展作为一生奠基作用的认识越来越深刻,人们对幼儿园教育也会越来越充满期待,对幼儿园教师的专业化也会提出更高的要求。而走向专业化,也是幼教行业和幼儿园教师承担使命和获得尊严的唯一途径。

早在上世纪教师专业化运动兴起时,就有学者史坦顿用调侃的口吻列数做一个好的早期教育机构教师之不易:她应具有相当的教育程度,意思是说,她应该有心理学及医学的博士学位,最好还有社会学的基础。另外,她也应该是经验丰富的木工、水泥工、水电工,还应该是训练良好的音乐家及诗人。……这样到了83岁时,她就可以当老师了!

> **延伸思考**
>
> 　　上世纪中叶的某一天,爱因斯坦和儿童心理学大师皮亚杰曾作过一次关于儿童游戏的对话。在听完皮亚杰有关儿童游戏研究的发现的介绍后,爱因斯坦深为其中包含的那些隐秘而深刻的生命内容和文化信息所震撼,感慨万千地说:看来,认识原子同认识儿童游戏相比,不过是儿戏![1]
>
> 　　观察游戏、解读游戏,在观察和解读的基础上实施合理的引导和支持,这背后需要广博的背景知识和专业知识,需要应对保教现场的实践智慧,需要价值思考。所以有学者感叹:实在难以想象,还有什么职业会比幼儿园教师有更多的专业素养上的苛求。

---

[1] [美]布林格尔.皮亚杰访谈录[M].刘玉燕译.台北:台湾书泉出版社,1996:218—219.

2. 专业化的涵义及演进

专业化是指一个普通的职业群体在一定时期内不断努力探索，不断走向成熟，逐渐建立起专业标准，成为专门职业，并获得相应的社会地位的过程。教师专业化是教师个体专业水平提高的过程与教师群体争取教师职业的专业地位而努力的过程。

幼儿园教师的专业化，就教师个体来说，则意味着要逐步提高自身的专业水平，由"非专业""准专业"向行业的专业标准靠拢，向更专业努力；就行政部门来说，就是要加强有利于促进教师专业发展的制度和法规建设，采取切实可行的措施激励教师的专业成长，提高幼儿园教师的门槛，用文凭、证书等条件来保护幼儿园教师的专业边界，切实提高幼儿园教师的社会地位和物质待遇。这是教师专业化的两个方面，前者着眼于教师个体的、内在的、主动的专业发展，后者着眼于社会对教师专业发展的促进。

幼儿园教师的这种专业化趋势是与社会经济文化发展相适应的。其实，"保姆式"的幼儿园教师在幼儿园发展的早期是一种较为普遍的现象。学前教育发展史告诉我们，福禄贝尔时期，家庭主妇甚至有了一点文字知识的社会闲杂人员都可以充任幼儿园教师。在中国，长期沿袭的"养生和育幼相结合，师长合一"的古老习俗，教师养成的模式是口耳相传的"艺徒式"。虽然教师职业是人类最古老的职业之一，但在漫漫历史长河中，培养教师并没有专门的机构和特别的制度。百年中国幼儿园的历史，大规模培养幼儿园师资是在新中国成立以后，特别是改革开放以后。把幼儿园当成福利事业来办，用以解决一线劳动者的后顾之忧，也与新中国特定历史阶段、特定区域的社会经济文化的落后有关。随着社会进步和科学技术的发展，对教师的要求也不断提高，教师需要专门机构来培养，幼儿园教师需要经过大学学前教育专业的培养和培训，不仅需要大专、本科层次，甚至需要研究生层次，这是与社会前进的步伐相适应的。

在今天的中国，有一种观念正在深入人心，在互联网和人工智能的时代，优质的教育更成为社会发展的关键。幼儿园教师在这样的背景下发展自我，提高自己的专业水平，用自己优质的教育行为来满足人们对孩子的教育期望，以此体现自身的价值，提升行业的社会地位。这是一种机遇，也是一种挑战。

幼儿园教师应该有这样的自信：专业只是分工不同、专业素养的内涵不同而已，但只要有这个愿望，肯付出努力，大家都可以走到科学的前沿。既然我们已经充分认识到幼儿期是人生的起步阶段，是社会化的开始和人格品质成长关键的奠基时期，对其生理、心理发展特点、规律的观察和研究；对环境和教育如何影响其发展的作用机制的研究；对已有的幼儿教育思想和实践成果——皮亚杰的、陈鹤琴的、蒙台梭利的、瑞吉欧的、安吉游戏的等等，如何运用到自己的教育实践的研究；对自己的教育实践的反思性研究，等等，都有可能使我们成长为幼儿教育的专家。

其实，这样的幼儿园教师在今天中国的幼教界已经不乏其人。

如果有一天，人们感叹当幼儿园教师越来越难，幼儿园教师的专业边界越来越明显，幼儿园教师越来越不可替代，这对幼儿园教师来说，绝对是件幸事，因为这意味着幼儿园教师专业化程度的提高，意味着幼儿园教师的社会地位有了切实的保障。①

三、专业化中的专业伦理

（一）专业内在各要素是相互支撑的

就专业内在各要素相互支撑的角度看，幼儿园教师的专业伦理是由学前儿童教育哲学、学前儿童

---

① 步社民.幼儿园教师成长论[M].北京：新时代出版社，2005：177.

教育学、学前儿童发展理论、学前儿童健康学等专业知识支撑和论证的,是保证基于专业知识的专业判断和专业技能的发挥有益于保障幼儿的主体地位进而提升幼儿园保教质量的。这个判断包括了专业成长中的知识、技能和伦理三要素的相互作用以及专业伦理在其中的统领作用。

专业工作必须建立在专业判断的基础上,因而必须有特定的社会服务各要素的理性认识,这就需要专业知识作基础;而专业技能是社会服务最重要的凭借手段,是最直接最显性的专业体现,因为专业原本就是需要专门技术之职业。不过,这里的技术是指"高度的理智性技术",也须以专业知识作依据;专业伦理作为专业价值导向和自我约束的行为规范,应有相应的专业知识作支撑和论证才能成为有专业特点的规范。专业伦理在业内的自律必然推动其成员专业知识和专业技能的提升。

美国教育协会颁布的《教育伦理规范》就这样指出:"教育职业的服务质量直接影响着国家及其公民的利益。基于这点,教育工作者应该竭尽全力提高专业水平,推动形成鼓励专业判断的风气,以营造吸引贤能加入教育事业的氛围,并协助阻止不合格的人进行教育实践。"①

将教师专业伦理建立在专业知识、专业判断的基础上,同时用专业伦理推进专业水平提升并将专业技能展示纳入正向轨道避免从业人员的为所欲为,这已经成为教师专业化发展的必然趋势。②

(二) 没有自我约束的伦理规范,其专业性也不复存在

幼教专业性在当下还不被广泛认可,原因是多方面的,而缺少系统合理的专业伦理规范来彰显其自主和自律也是重要原因。

"从业者无论个人、集体均具有广泛的自律性"③成为专业的重要特征。一个行业为了争取公众准予广泛而高度的专业自主权,专业团体必须坚持入职、解职的高标准外,还必须推行一套在逻辑上可以得到合理辩护的、切实可行的专业伦理规范。

幼儿园教师的专业自主还有其特殊性。对于各个专业领域来说,这几乎是一条普遍的准则:工作物件越是弱势,工作人员的伦理水平就变得越重要。也就是说,工作人员相对于工作物件的力量越强大,就越有必要对这种强力进行内在的控制以防止权力的滥用。幼教领域的工作人员与服务物件反差悬殊,其伦理水平应该比技术水平更重要。没有自律就只能他律,其专业地位必然无法形成,形成了也必然会丧失。

人们在谈到幼儿园教师的不专业行为时常常会列数这样的现象:班上教师未能公平对待每一个孩子;两个教师理念不合而致影响幼儿上课权益;教师情绪化责罚幼儿;同事间流言多,不想介入却被逼选边站;招生压力;家长要求与幼教理念不合,等等。

游戏展示现场,一个精心排练的游戏表演要上场了。令老师着急的是,一男孩不愿意了,欲跑向门外。老师发威了,一把拽住男孩后背衣服像老鹰抓小鸡般将男孩拎了回来。被抓小孩似乎还不服,老师另一只手举了起来……不过落下去的时候迅速变成了抚摸……家长过来了。这一幕让人们看到了幼儿的弱势和教师行为的无底线。

凯茨教授也指出,幼儿园教师的不专业行为通常包括:对孩子进行严格统一的管理,对待所有孩子都一样,恐吓孩子听从管束,忽视一些孩子或者只关注极少数孩子。④ 请注意,这种"不专业"的现象和行为,大都不是专业知识方面的问题,也不是专业技能方面的问题,而是专业伦理方面的问题。

所以定义幼儿园教师的专业,有必要把"价值取向和行为准则日益明晰和坚定"作为"专业之核"。

---

① Code of Ethics of the Education Profession [DB/OL]. http://www.nra.org//home/30442.htm.
② 步社民. 专业伦理与幼儿园教师的专业成长[J]. 教育发展研究,2013(15—16):70.
③ [日]筑波大学教育学研究会编. 现代教育学基础[M]. 钟启泉译. 上海:上海教育出版社,1986:442.
④ [美]Stephanie Feeney, Nancy K. Freeman. 幼儿保教人员专业伦理[M]. 张福松等译. 台北:五南图书出版公司出版,2007:21.

(三)幼教的专业伦理尤为重要

1. 从幼教行业的角度看

行业的服务对象越弱小,其从业者的伦理自律就越显重要。当童叟可欺而无欺时,就是商业伦理的高境界;面对弱小而能幼吾幼以及人之幼时,就是幼教从业者值得让人敬重之处;还有一个基本的社会现实是,幼教被商品化、市场化侵蚀严重,幼教现场充斥着不当的幼儿发展观,幼教师资整体素质不高,因而幼教从业者的价值观导向和行为引导在今天显得十分迫切。[①]

问题还在于,幼儿教育的服务对象除弱小这一特点外,还有一个突出的特点是服务对象的巨大可塑性。科学和经验都证明,幼儿期对人的一生有着重要影响,却也是易被成人忽视的时期;幼儿期充满活力、蕴藏着巨大发展可能性,却又是一个非常脆弱、非常容易被错误定向的时期;幼儿期需要成人精心照顾和保护,却又是其自理、自立、迈向独立的需要日益增长的时期。幼儿期的这些生命特性使幼儿园教师的作用和责任比其他任何教育阶段更为重大,因而专业伦理更不可或缺。

问题还在于,幼儿教育的服务对象、人际关系是多元的,多元必面临矛盾及其应对;师幼互动中幼儿园教师的角色扮演也不是单一的,幼儿园教师是全职教师,是幼儿成长的引导者,是幼儿生活的指导者,又是家长、社区幼儿教育的合作者。不单一必面临当与不当的问题。没有专业伦理导引,幼儿园教师就无法展现幼儿教育之美,也无法改变幼教行业"婆婆妈妈"的刻板印象,其相应的专业尊严也就无法获得。

2. 从幼教从业者角度看

就工作的场域来说,教室的环境较为孤立,他人不易得知教室里活动的全貌。这种情况可能会导致两种情形。一是幼儿园教师面对教育伦理议题时,往往需要独自解决,无法与他人讨论。这种情况下如果没有专业规范的依据,教师就可能茫然,其专业性就必然会打折扣。二是相对孤立的环境就需要幼儿园教师的伦理自觉,如果没有,即使有摄录监控的情况下,教师还是易于侵害孩子的利益。而这种伦理自觉的有无最能体现幼儿园教师的专业性强弱。

就教育的对象来说,幼儿对于自身所受到的侵害很少知觉,有知觉也无力改变。还没有听说哪个孩子对老师说:老师,我可是处在关键期哦,你待我得谨慎点!老师,你这样的行为对我的伤害可是终身的!相反,即使有孩子告诉家长老师粗暴对待了自己,家长也未必信。幼教从业人员对幼儿的影响力极大,不论在体力上、生理上、心理上或者价值观上,幼儿几乎无力改变或修正老师的行为,除非照顾者或者老师自己愿意,自己意识到。很显然的,幼儿并不能很有效地组织罢工或者怀疑老师的举动,或向有关当局报告园所人员的不当行为。虽然他们可以向家长报告园所人员的虐待或不良行为,但是,他们的话却常常受到成人的怀疑,而且家长对幼儿报告的反应也不一。曾经有一位5岁的幼儿回家向他妈妈说,一整天老师只给他一片面包以惩罚他的不乖,结果他妈妈却对他说:"那你明天就乖一点!"[②]这种情况表明,幼教从业人员需要避免做出对成人有益、但对幼儿不利的事,特别需要专业伦理规范的约束。

2012年教育部颁发了《幼儿园教师专业标准》,其中明确提出:幼儿园教师是履行幼儿园教育教学工作职责的专业人员。这使幼儿园教师的专业身份得以进一步确立。但是,幼教从业者就整体来说素质还不高。这主要还不是指"学历"或"技能",而是指从业者本身经历的教育和接受的文化里缺乏对幼儿的尊重;对幼儿天性的丰富性和无限可能性、既充满活力又非常脆弱、既充满依恋又趋向自

① 步社民. 专业伦理与幼儿园教师的专业成长[J]. 教育发展研究,2013(15—16):70.
② [美]丽莲·凯兹. 与幼儿教师对话——迈向专业成长之路[M]. 廖凤瑞译. 南京:南京师范大学出版社 2005:229—241.

主自由的生命特征的认知尚粗浅。因此,正确的价值导向以增强从业者的"专业定力"在今天显得十分迫切。在这种情况下,通过制定和实施幼儿园教师专业伦理规范,提升幼儿园教师的专业伦理行为与专业自尊,从强自身开始做起,成为可能的也是必要的选择。

第三节 专业伦理与伦理学

"专业伦理"既属于专业的范畴,又属于伦理的范畴。在伦理学的视野中,"专业伦理"属于应用伦理学讨论的范畴。

一、伦理学中的专业伦理

(一)什么是伦理学

"伦理",通常指的是一套规范系统。因为"伦"从词源上解释就是"人与人的关系","理"就是纹理、道理,引申为规则。伦理就是人与人关系的规则。"伦理"与"道德"经常连用,至于它们间的关系,我们在后面的章节中有分析。

而"伦理学",因为加了一个"学",那就与"学问""学科""研究"等有关。伦理学,就是研究"伦理"的学问,是关于道德的科学。以人类道德现象为特定研究对象的科学就是伦理学。

人类社会的道德现象,有道德的意识现象(指道德认知、道德情感和道德意志,如社会公正的观念、个人的爱恨情仇、信仰和价值观的坚守等)、道德活动现象(指道德行为,如雷锋的舍己为人的行为、社会道德楷模的评选、为贫困孩子上学而进行的捐助活动等)以及道德规范现象(指各种形式的道德行为守则、文本式伦理规范等)。

伦理学一方面将道德现象从人类的实际活动中抽分开来,探讨道德的本质、起源和发展、道德水平同物质生活水平之间的关系、道德的最高原则和道德评价的标准、道德规范体系、道德的教育和修养、人生的意义、人的价值、生活态度等问题;另一方面再回到实际生活中,将一般性的道德原则应用到实际生活中,如公共生活中、家庭生活中、职业生活中,以探讨人们在实际生活中某个特定的领域的特定的价值观、伦理责任和人际关系的处理等。

(二)专业伦理在伦理学中的位置

伦理学有一个庞大的体系,按不同的标准划分有不同的分支学科。

从与道德实践的远近角度来看,伦理学可以分成两大部分:一般伦理学和应用伦理学。

一般伦理学探讨伦理的一般问题,如道德的本质、起源和发展、道德水平同物质生活水平之间的关系、道德的最高原则和道德评价的标准、道德规范体系、道德的教育和修养、人生的意义、人的价值、生活态度等问题。

应用伦理学则是将一般的道德原则依据各种应用领域而发展成许多特殊的分支。可以说,应用伦理学架起了一般伦理学和道德实践之间的桥梁。

应用伦理学本身也是一个庞大的体系。自20世纪60年代以来,应用伦理学在西方兴起并迅速发展,到现在已成为伦理学中最重要并探讨得最多的学科分支。现代应用伦理学的分支学科大体可以概括为五个部分：

一是研究人对自身关系的，如生命伦理学、儿童伦理学、老年伦理学等。

二是研究人对人的活动关系的伦理学，如教育伦理学、教师伦理学、家庭婚姻伦理学、性伦理学、企业管理伦理学等。

三是研究人对人工产品关系的伦理学，如广告伦理学、人工智能伦理学等。

四是人对社会组织关系的伦理学，如政治伦理学、经济伦理学、城市伦理学等。

五是研究人对自然环境关系的伦理学，如生态伦理学、资源伦理学、宇宙伦理学等。

每一种应用伦理学都有自己的概念、范畴和体系结构，它们都从各自相关领域里所提出的实际问题出发，然后从伦理道德的立场，从价值观的角度加以观察和分析，几乎每门应用伦理学都是许多科学的交叉，运用着综合的研究方法，构筑成自己独立的框架体系。

应用伦理学的出现，标志着人类在科学研究中，将事实与价值、真理与善恶紧密地结合起来。它摆脱了以往空洞的道德说教，深入到有关的具体科学领域里，用事实材料，甚至用数量关系来证明自己和发展自己。这种事实与价值、真理与善的统一，使人类对于自然、社会和自身的认识更加科学，更加完善。

幼儿园教师专业伦理属于应用伦理学的范畴。它属于研究幼儿教育过程中人与人关系的伦理学，它需要从本领域本专业的价值共识出发，从一般的伦理原则出发，观察、分析和应对幼儿教育领域所遇到的伦理问题。它也是许多科学的交叉，它需要应用一般伦理学的原理和方法，也需要幼儿心理学、学前教育学等科学理论的支撑。在不断地对幼教中的事实与价值、恰当与不恰当进行思考和碰撞中，幼儿园教师专业伦理构建起了自己的原则和规范体系。它的完善代表着幼儿教育专业性的提升，也是应用伦理学的丰富和发展。

二、专业伦理与伦理学理论

专业伦理涉及到专业领域的价值取向问题、伦理责任问题、行为的底线问题等，这背后必然涉及"为什么"的学理思考。弄明白这个"为什么"，专业人员才能更自觉地认同、践行本专业的伦理规范。而事实上，专业伦理规范的制定者在酝酿这些条款的过程中也必然要选取自己的伦理学立场。我们可以把以某某伦理学为立场的专业伦理称作"某某伦理学的专业伦理"。当然，由于不同伦理学的立场优缺点兼有，专业伦理的建构最好是兼容并包、各取所长。

庞大的伦理学体系和众多的伦理学流派都有哪些基本的立场？

按学者沈清松的观点，[①]大体可以把各种伦理学理论依其基本立场归纳为两种主要形态：一种形态是"目的论伦理学"，其基本立场是主张伦理行为是为了追求某些目的，不管是追求利益、追求幸福、追求人生全面的实现或德行的完成，都是根据目的来决定的伦理行为。

在种种目的论伦理学里，就"目的"的理解不同又有立场的不同。有代表性的是这样两种：其一是"效益论"，主张非善要要看行为的效果；其二是"德行论"，主张人生的目的是人性本有的好能力的卓越化以及人与人良好关系的圆满。

另一种形态是"义务论伦理学"。其基本立场是认为伦理行为不应该追求任何目的，而应该为义务而义务，这样才能显示出伦理道德的高贵与尊严。

以下分别分析专业伦理与这三种伦理学理论的关系。

---

① 沈清松. 伦理学理论与专业伦理教育[J]. 湖南大学学报,1996(4)：83—89.

1. 专业伦理与效益论伦理学

效益论(utilitarianism),也译为"功利主义",是一种以实际功效或者利益作为其道德标准的伦理学说。效益论思想作为最具影响力的伦理理论体系之一,其萌芽可追溯至古希腊时期伊壁鸠鲁的快乐主义学说。基本框架形成于18世纪后半叶,由边沁所创立。而后,19世纪,由穆勒修正并发展,标志着效益论理论进入发展的鼎盛期。

边沁将对于快乐与痛苦的体验作为其道德标准,认为苦乐在人的行为中处于支配地位。他在其《道德与立法原理导论》的开篇中这样说道:"自然把人类置于两个至上的主人——'苦'与'乐'——的统治之下。只有它们两个才能够指出我们应该做些什么,以及决定我们将要怎样做"。[①] 以这种苦乐原理为基础,边沁认为,人类行为的基本原则就是对于快乐的追求和对于痛苦的避免,而这就是"幸福""善"。由此他的功利原则指出,"当我们对任何一种行为予以赞成或不赞成的时候,我们是看该行为是增多还是减少当事者的幸福;换句话说,就是看该行为增进或者违反当事者的幸福为准"[②]。

在继承边沁功利原则的基础上,穆勒提倡一种高级的快乐。穆勒指出效益论原则下的快乐并不是像猪一样的快乐,而是理智的快乐、情感的快乐、想象的快乐、道德情感的快乐,是比纯粹感官的快乐高一级的快乐。他把这种永恒性、安全性、价值性等精神上的快乐置于肉体上的快乐之前。穆勒认为,"在自己的幸福与他人的幸福之间,效益论要求当事人严格公正地成为一个无私的、仁慈的观察者。己所欲者,施之于人,爱邻如己,这是效益论道德完善的理想境界"[③]。为了实现这种理想境界,效益论将诉诸法律与社会安排、教育与舆论。它将尽可能地协调好个人利益与社会整体利益,通过个人心灵的培养,使每个人把自身利益与社会整体利益联系起来,并使之形成个人行为的习惯,由此效益论原则便得以实现其实践价值。

效益论尤其是穆勒的效益论思想,对当下的专业伦理建设还是很有启发的。

首先体现在其提倡"爱邻如己",关注个人利益的同时更加注重总体利益。承认每个人都有其个人利益,如幼儿园教师,需要合理的待遇、相应的工作条件和社会声望,这都无可厚非;但每个人不应该至此为止,而应该由此出发,关注"最大多数人的最大幸福"。就幼儿园教师来说,还应该关注本行业的社会责任,尤其是关注孩子的成长,在这种关注和倾力中提升和体现自身的价值,实现个人利益。

其次,穆勒的效益论原则促使人们对自己的行为结果进行思考,在思考其所带来的利益的同时,也对于行为可能带来的损害进行思量,有助于人们确定行为的正确方向,改善行为的方式。

其三,也可以从效益论的问题获得启示。效益论以追求效益为目的,会加剧社会的虚无主义的倾向,为眼前的利益丢失长远的意义。虽然为弥补这一问题,当代效益论提出了所谓的"规则效益论",主张在追求最大的效益时必须遵守规则,如果某些可获得最大效益的行为与某些道德规则(如正义)相抵触时,就不可以做。但这里的逻辑矛盾是:当规则与效益冲突时,"规则的效益论"本身到底应如何主张?如果不论什么事都以规则为优先、遵守义务而放弃效益,如此以遵守规则、义务为要,就变成"义务论"了;若是放弃规则而追求效益,如此一来又变成原来的效益论了。专业伦理也需要解决这个问题:专业的工作效益需要有核心价值观的引领。

2. 专业伦理与义务论伦理学

与效益论相反,义务论认为伦理行为本身不应该含有任何目的,而应该是身为人类的一种与生俱来的义务,如此方能显现伦理道德的高贵尊严。

① 周辅成.西方伦理学名著选辑(下卷)[M].北京:商务印书馆,1996:218—219.
② 同上.
③ [英]约翰·斯图亚特·穆勒.功利主义[M].刘富胜译.北京:光明日报出版社,2007:17—26.

在西方哲学史上,义务论的集大成者是康德。康德认为追求利益的行为就不是道德的,相反,为道德义务本身而做的行为才是道德的。

康德把义务分为绝对义务和非绝对义务,绝对义务是指个人不能因为其个别的喜好,而允许例外的道德,要求每个人严格遵守。例如不得自杀、不得暴饮暴食、不得放纵性欲等,都是对自己的绝对义务;不得做出假的承诺,则是对他人的绝对义务,违反绝对义务则是一种罪恶。非绝对义务,则指可以基于个人之个别喜好而衍生的道德要求。例如"人有责任发展自己,以使自己更为完善",就是对自己的非绝对义务,因为并不一定每个人都有意愿和环境提升以及自我实现;而"帮助他人"则是对他人的非绝对义务,它并不要求我们一定要时时刻刻实现助人行为,但允许能基于个人的能力、喜好或利益,而不从事助人行为。没有履行"非绝对义务"只是缺乏美德而已,不是罪恶。[①]

康德对绝对义务与非绝对义务的区分,对专业伦理的建构与实践有非常重要的意义。绝对义务所要求的专业伦理,具有明确强制性的规范意味;非绝对义务所要求的专业伦理,则具有指引专业人员迈向积极实践专业工作之理想的意味。这样,基本性的、底线的要求和理想性的、追求卓越的要求结合了起来。

"义务论伦理学"对于专业伦理所应遵守的行为规范都加以明确且详细的制定,比较容易明示和学习。例如各个专业团体制定的公约、守则等皆属此类。这些公约守则在专业学会中都有机会让成员讨论、修订、建立共识、订定规章,并经由案例或角色扮演等活泼的教学方式,通过职前培养或在职培训的过程,让学生和从业者学习这些行为规范。

不过也有批评者认为这样太流于形式主义,而且要求成员无条件地以此自律,恐因难以被普遍认同而失去约束力。学者沈清松直言道德义务或法律义务虽然是为了建立社会秩序而提出,有其正面的价值。但若只有义务,便无法与现代社会之追求自我实现和自由创造配合起来。在这种情况下强调义务,不仅人心无法接受,而且会将人人皆推向没有美德的一边。例如如果一个人在工作中迟到早退因没有被发现而暗自窃喜,为了躲过规范而开心,却不会为了这样做是不好的行为而受到良心的谴责。[②]

3. 专业伦理与德行论伦理学

与效益论注重效益、义务论注重原则和自律不同,德行伦理学的立场是注重人本来具有的良好能力的发挥,而且在发挥自我的过程中也注意人际良好关系的圆满。德行论认为能判断是非善恶,有实践智慧,并且养成长久的好习惯,这就是所谓美德。道德判断的训练远胜于义务的学习,良好习惯的培养远胜强调自律。

中国古代的儒家学说和古希腊亚里士多德的伦理主张是德行论最丰富的思想源泉。

儒家并不回避功利。孔子先讲"富之",再讲"教之",孟子更提出的"仓廪实而后知荣辱"。然而,儒家从未将功利视为生命意义之所在,儒家更不以功利为道德之标准。在这点上,儒家完全不同于效益论。儒家区分了"生存"与"意义"二层次,前者为后者的自然条件,后者却是前者的价值目的。对儒家而言,人诚然必须先能生存,但若要生命有意义,则须进而追求卓越,贡献人群,成就德行。

儒家也讲究道德义务,甚至可为道德义务牺牲生命,所谓"杀身成仁,舍生取义"是也。不过,儒家遵守义务的目的并非为了义务本身,而是为让人本有善性展开,并使良好的关系能得到实现。不像康德,一味强调克制欲望,服从义务。

儒家所言的"德行"基本上可以归纳为二点:一是本有善性的发挥和实现。例如仁、义、礼、智四种

① 颜士程等.教保专业伦理[M].台北:华腾文化股份有限公司,2013:17.
② 沈清松.伦理学理论与专业伦理教育[J].湖南大学学报,1996(4):83—89.

德行正是恻隐之心、羞恶之心、辞让之心、是非之心等四端,每一个人本有的能力可以自由发挥,追求卓越,实现善性。二是良好关系的圆满。不管是朋友、夫妇、兄弟、长上、属下,甚至陌生人,不管是否是同一家族或同一族群,皆可以仁相待,四海之内皆兄弟,这种良好关系圆满,也是一种德行。

亚里士多德也有同样的主张,他强调伦理的终极目的在于追求幸福,而所谓的幸福,就是人类本身具有的能力的全面展开。同时他也强调,个人的能力必须在人群里展开,也就是说,人一定要有良好的关系。

德行论的这些立场对当下的专业伦理建设是特别需要的。

今天的社会是一个多元的又充满竞争的社会,专业伦理若过多地强调规范约束和遵守义务并不一定能为专业人员从内心里认同和接受。但强调个人能力的发挥以追求卓越,关注人与人、人与社会、人与自然的关系以实现和谐,相信大多数人是乐于接受的。同时,现代社会崇尚自由和创造,这个精神与德行论伦理学的基本主张也是吻合的,专业伦理建设也应该融进这种精神,而不是动辄得咎,一味约束。

德行论强调道德判断能力的训练远胜于义务的学习,良好习惯的培训远胜于强求自律。判断能力和良好习惯就是一种"实践智慧",这是人生幸福的基础。所以,专业伦理的教育,不管是职前培养还是在职培训,均应该引向专业现场,多进行情境认知和案例剖析,多提供交流和碰撞的机会,如此才能激发专业人员的卓越能力和促进关系的圆满。这才是德行论立场的专业伦理教育。

思考与实践

1. 尝试着解析幼儿园教师专业伦理内涵和三个关键词(幼儿教育的共同价值观、保教行为的适当、幼儿教育的专业责任)之间的关系。

2. 举例说明专业伦理在幼儿园教师专业化过程中的作用。

3. 你觉得要建构幼教专业伦理规范,哪些伦理学主张值得借鉴?

第二章

专业伦理的核心取向

学习目标

1. 初步建立起幼儿教育的价值意识。
2. 理解"幼儿为本"的涵义及其在教育中的价值。
3. 理解"幸福从教"的涵义及其在教育中的价值。

所谓取向,即选择的倾向性,与主体的价值观有关。核心取向乃是价值主体在实践过程中对核心价值的一种心理倾向与行为趋向。行业的核心取向代表行业对核心价值的共同认知,是从业者前行的灯塔。既然从事此业,每个从业者就需要理解、认同并践行此业的共同认知。从事学前教育,从业者的核心取向应该是什么呢? 从"双主体"这一逻辑出发,我们认为这两个方面是重心:一是对童年价值的充分认知和尊重;二是对自身价值的充分认知和尊重。这两方面应该成为幼教人的精神追求:幼儿为本和幸福从教。这是幼儿园教师"专业性"最显著的特征,是最彰显其尊严和声誉的地方,也是履行其他专业伦理规范的基础。

第一节 价值守望

一、价值释义

(一)价值

之所以讨论价值和价值观问题,是因为我们的行为选择深深地受此影响。

价值属于关系范畴,是在相对应的"关系"中讨论的。在价值的世界里,人们是根据自身的需要和主体的选择来活动的。价值就是一个与主体的情感、意志、选择有着密切关系的概念。所以,所谓价值,就是指作为主体的人的需要和作为需要对象的客体的属性之间的一种特定关系。"主体需要""客体属性"是价值的两个关键词。客体的"好",客体的"真""善"或者"美"等属性满足了主体的人的需要,就被认为是有价值的。

理解价值概念须把握住两个基本点:一是价值具有客观社会性,价值反映的是人的需要和物的属性的关系,而人的需要是被社会历史客观地决定的,物的属性是客观存在的。二是价值存在于客体与主体的关系之中。人所认识的客体具有多种属性:物理属性、化学属性、价值属性等。物理属性、化学属性等完全取决于客体的自身结构,不以人的活动、人的认识为转移。价值属性则不同,它的产生不仅取决于客体自身的结构,还取决于主体的需要。如果没有主体的需要,不与主体需要发生联系,客体就不会有价值属性。从客体与主体需要的关系中理解价值是价值取向的本质所在。

在人们的日常生活里,价值的探讨无处不在。经济、政治、法律、伦理、文学、艺术、宗教、教育等领域,就其本质来看,实际上就是人们在对价值进行选择和甄别,并追求和实现在特定的主体看来是有价值的目标。在学科研究的理论视野里,探讨价值问题是跨越一切边界的,整个人文学科都有价值思考的内涵,整个自然学科也需要价值追寻和价值引路。所谓"经济价值""文化价值""人生价值"等,任何领域无不含有现实和价值的碰撞,无不含有作为主体的人和客体的属性的价值思考。

教育价值,也就是作为社会实践活动主体的人的需要和作为客体的教育现象的属性之间的一种特定关系。探讨教育价值,就需要从社会实践中主体的人的需要和教育现象这个客体的属性两个主要方面入手。对这两个方面关系的不同认识和评价就构成了人们的教育价值观。①

人们认为教育是有价值的,是因为教育现象中客观地存在着一种内涵于其中的"好"的属性,这种属性满足了人们让生活更美好、让社会更文明进步的需要。所以,教育自产生以来,一直是影响人类社会生活的重要活动。有了教育,人类文明才得以传承、创造和转化。教育价值在本质上反映的是一种积极的、向上的、肯定的、好的方面的含义,也就是说,研究探讨教育价值,就是在"真"的基础上去追求教育中的"善"与"美",使人们在教育实践中通过改造教育客体最大限度地满足主体的需要。尽管在教育研究过程中,可能要分析某些负面价值或消极价值,但其宗旨在于揭示人们积极的价值意向活动规律,从而使人们对教育价值有一个比较清醒的认识,并在教育实践中、社会生活中自觉地维护教育价值,坚持不懈地追求美好的教育价值。显然,在这一过程中,人的合理需要不断得到发现和满足,客体的属性不断得到认识和改造,教育也因此在推进人类社会进步的过程中不断发挥"正能量"。

(二)价值观

对价值的看法和观点构成价值观。对客观事物的属性及自己的行为与自己的需要、自己的理想、计划和期待等的关系的思考,会产生意义、作用、效果和重要性等评价,会有好不好、当不当、满意不满意、重要不重要等看法,这些评价和看法,就是价值观。

我们为自己设立什么样的目标,在一定时期内优先考虑做什么事情,都反映了我们的价值观。进入学前教育专业学习,或者加盟幼儿园教师队伍,常常被问及为什么作这样的选择? 回答这个为什么,一定会涉及价值观问题。

价值观是个"很文化"的话题。所以,个人的价值观与特定的社会文化、家庭背景、生活经历、学习经历及个性特征等的综合影响密切相关。就如我们在说到为什么选择幼儿教育这个职业时,往往会与某个人、某本书、某次活动等联系起来。我们可以想一想,从个人生活到职业生活,无论大事小事,我们的价值观总是在影响着我们的行动。选择专业,选择工作场所,选择朋友,选择目标,甚至对明天的期望,无不受我们的价值观影响。

所谓"仰望星空",就是不要忘记问问自己"我从哪里来"、"要到哪里去"、"什么是我们所期望的"

---

① 王坤庆.教育哲学——一种哲学价值论视角的研究[M].武汉:华中师范大学出版社,2006:171.

这样的问题,就是在平凡、琐碎的生活和工作中不要忘记清理一下自己的价值观,明白价值观对我们生活和工作的影响有多大。如果我们对自己的价值观不明确,那么在每天处理和孩子、和孩子家长、和同事的保教事务时,就很难想象我们是否真的清楚地知道自己在做什么,做到什么程度了。

我们要想达成什么样的目标?这样的内容适当吗?这样的活动站得住脚、经得起质疑吗?作为一个专业的幼儿教育工作者,这样的思考是非常必要的。

在幼教场所,人们在有关孩子的成长什么最重要,幼儿园应该为孩子提供什么样的教育对孩子的未来最有益,对孩子的行为或成人与孩子的相互影响方面如何评价,父母如何引导孩子的行为问题,如何让孩子尊重长辈问题,如何看待父母管束孩子的方式存在着的文化差异问题,自由和规则的问题,等等,这些问题因为价值观的不同而会有很大的理解和应对上的差异,因而幼儿教育中充斥着困惑和"伦理两难"问题,随时会遇到因为价值观的不同而引起的与自我的冲突、与同事的冲突、与家长的冲突,甚至与幼儿园管理者的冲突。幼儿园教师要"专业"地从容地处理这些问题,就必须使自己的理解和应对是"站得住的",经得起价值拷问的。

(三)价值观澄清

价值观会自动过滤与自己目前理念不合的观念或行为,而强化吸收与自己理念相同的观念或行为。不了解自己的价值观,就好像在黑暗中走路一样,虽然不停地向前走,却看不见也控制不了自己的方向。价值观的不当运作往往是使人停滞不前的主因。一位不太清楚自身价值观的老师,常常不能做出前后一致的判断;面对不同想法时,往往左右摇摆难以作出自己的决定。所以,随时反思自己行为与价值观的一致性,是专业的幼儿园教师应该具备的能力。理清自己的价值观,再检讨自己价值观的适当性,才能望见前方的灯塔,我们在专业上才能走得更远。

仔细回顾自己的生活与受教育经历是理清自己价值观的途径之一。

我们不妨静下心来,细细回想自己的求学经历,在小学、中学或大学,在某一个阶段,有什么特殊的人或事件影响了你对人、对事的看法?在每一个阶段中,你喜欢(与最不喜欢)的科目或老师是什么?为什么?他们给你的影响又是什么?或是想想自己为何会选择幼教,是什么人或什么事件影响了你这个决定?

有这样一位教师,她一直希望实施民主开放式的教育,给孩子更多自由。但是她发现自己无法让孩子自己做决定、选择活动。她对自己如此知行不一的现象感到不解。直到她开始回顾自己的生活经历以后,她才了解到自己一生的各项重大事情,包括求学、就业,都是听从家人的决定,可能因而形成了孩子应该听大人的话的潜在价值观,使她无法实践开放式教育中尊重孩子意见的原则。

阅读、思考及与同行讨论也是理清价值观的重要途径。

广泛地阅读《幼儿教育》等相关幼教期刊,阅读名家的"幼儿教育新论"类的书籍,阅读《幼儿园教育指导纲要(试行)》、《3—6岁儿童学习与发展指南》、《幼儿园教师专业标准》等幼儿教育法规性文件,了解幼儿教育的最新发展趋势及不同学者对幼儿教育的看法,这也是澄清自己的价值观的重要途径。

试着就以下问题思考自己的看法,并与同行、资深教师、幼教专家讨论:

我适合在幼儿园工作,是因为什么?

我能否对幼儿教育提出比较完整的看法?

我认为幼儿教育的目的是什么?

我认为孩子入幼儿园最大的好处是什么?

我认为什么样的幼儿园环境和课程对幼儿发展是最有利的?

我认为现在幼儿园一日生活中的哪些环节可能是不合适的,原因是什么?

我相信幼儿在某些状况下,会有最好的学习效果,这些状况是什么?

我认为家园合作共育最需要解决的问题是什么?

类似这些问题的思考和讨论对澄清个人价值观是有益的。这不仅对新入职的教师有必要,对资深教师也是必要的。

二、学前教育的核心价值

(一) 学前教育的价值

前面提到,教育价值是指教育作为社会系统中的一种客体,对社会主体和个体主体发展需要的一定满足。教育价值反映的是教育能满足主体的一种积极的、肯定的需要。由于主体的不同及需要的多样性,因而教育呈现出多重价值。

学前教育价值由学前教育在社会系统中的特殊地位以及学前教育实施过程中特定的主客体关系所决定,反映的是学前教育既能满足幼儿综合素质的和谐发展需要和幼儿园教师的专业发展需要,又能满足社会对人的起点教育促进社会进步的需要。

从人和社会这两个教育需求的主体来说,学前教育具有双重价值:个体价值和社会价值,或称为内在价值和外在价值。个体价值是指学前教育促进幼儿发展和学前教育从业者发展的价值;社会价值则指学前教育为家庭和社会服务,改善社会整体受教育状况、促进社会进步的价值。人们在谈论学前教育对于个体的身心发展的价值,对于人的社会性、人格品质发展的重要性,对于人的认知发展的重要性,就是在肯定学前教育的个体价值或内在价值;人们在谈论学前教育对于教育事业的发展、家庭的幸福和社会的稳定与进步所具有的重要作用,就是在谈论学前教育的社会价值或外在价值。

由于外在价值是通过其内在价值实现的,我们这里重点关注其内在价值。而认清其内在价值需要梳理学前教育内部的主客体关系。

学前教育本身也是一个系统,就主客体互动的关系层面来说,其过程是由教育主体、教育客体、教育情境三个基本要素相互联系、相互作用所构成。[①]

学前教育的师幼双方都具有主体和客体的双重地位,教育情境则是联结教育者和受教育者的纽带,是学前教育得以实施的重要平台。它既是学前儿童作用的对象,又是师幼共同建构的条件和结果,最能体现学前教育过程的特殊性,因而也是学前教育过程的一个基本要素。

学前教育这三个基本要素的互动是一个复杂的过程。为了认清这个问题,我们根据价值的主客体关系模式对此进行一个由繁入简的抽象剥离,就可以看到学前教育活动中构成的三重价值关系:

第一重,师幼皆为主体,教育内容和手段以及教育情境则为客体。主客体之间构成一种认识关系。这时候,学前教育的价值就体现在作为教育资源的内容、手段、情境是否满足了师幼发展的需要以及满足的程度。

第二重,师幼互为主客体。师幼在教育情境中所提供的教育资源平台上,有不同的目的需要。教师对幼儿施加有目的、有计划的教育,而幼儿为了获取身心的全面发展,需要教师所提供的这种教育。这时候,对幼儿来说,教育活动中教师作为客体满足了自己学的需要,其价值得到了体现;而对教师来说,作为主体的教的需要是在教育活动中通过客体的幼儿受教育而实现的,其价值也得到了体现。

第三重,是主我与客我之间的关系。师幼在教育活动中分别既作为主体又作为客体,始终处于主

[①] 薛超.学前教育价值的哲学思考[J].辽宁教育行政学院学报,2009(9):47.

客体之间的对立和统一关系之中。教师作为主客体的对立和统一，表现在教育活动对于自己是一个促进和提高的过程。幼儿作为主客体的对立统一，表现在通过教育活动实现既有状态和新生状态的代谢。

（二）学前教育的核心价值

1. 核心价值释义

区别于个人价值观，核心价值是共同体的共同认知。一个国家需要倡导核心价值观以凝聚和引领国民，彰显一个国家的国民的精神状态；一个专业共同体也需要倡导核心价值观以体现本专业的追求和承担的社会使命，彰显本专业的"专业性"，引导本专业的每一个成员。

核心价值观是相对于个人价值观而言的。某个专业的核心价值观不同于个人价值观，它不是个人某种偏好，而是专业人士愿意共同遵守的一些重要意向和声明。各个专业都需要认真考虑并清楚地表明其核心价值观，这是进一步探讨专业伦理的基础。①

2. 核心价值的各种表述

虽然中国大陆的幼教专业共同体尚没有提出有关核心价值的共识，但近十年来，幼儿园教育的基本价值取向可散见于《幼儿园教育指导纲要（试行）》《幼儿园教师专业标准（试行）》《国家中长期教育改革和发展规划纲要（2010—2020）》及《中共中央、国务院关于学前教育深化改革规范发展的若干意见》等法规性文件：

为幼儿一生的发展打好基础；以儿童全面和谐发展为本；注重幼儿身心健康、习惯养成以及智力发展；遵循幼儿身心发展规律，坚持科学保教方法，保障幼儿快乐健康成长等。

这些表述可清晰地看出其幼儿园教育的重心在于促进幼儿作为人的内在价值的实现。

台湾幼儿教育改革研究会颁发的幼教专业伦理守则开宗明义：本守则之建立系基于下列共同认知：②

（1）幼儿期是人类生命周期中独特且重要的阶段。

（2）幼儿教育工作乃是以幼儿发展的知识为基础。

（3）尊重及支持幼儿与家庭之间的亲密关系。

（4）了解幼儿的最佳方法是由其家庭、文化和社会脉络着手。

（5）尊重每个个体的尊严、价值和独特性。

（6）在信任、尊重和关心的关系之中，最能帮助幼儿和成人发挥其最大的潜能。

全美幼教协会颁发的《幼儿园教师伦理规范与承诺声明》更具有"母本"的色彩，几乎影响了全球的同行，几十年来经历多次修改，其2011版本的核心价值是这样表述的：

（1）儿童时期是人的一生中一个独特的、殊为重要的阶段。

（2）我们的工作应该建立在掌握儿童发展和学习的知识的基础上。

（3）重视并协助促进儿童和他们家庭之间的联系。

（4）在儿童的家庭、文化、社区、社会的背景下，尽最大努力理解和支持他们。

（5）尊重每个人的尊严、价值和独特性（包括每位儿童、家庭成员和同事）。

（6）尊重儿童、家庭之间和同事们所表现出的差异与多样性。

（7）在相互信任和尊重的关系中，才能让儿童和成人发挥出全部潜能。

---

① ［美］Stephanie Feeney, Nancy K. Freeman. 幼儿保教人员专业伦理［M］. 张福松等译，台北：五南图书出版社股份有限公司，2007：12.

② 《迈向专业的老师——幼教专业伦理工作坊》研习手册，台北：台湾幼儿教育改革研究会.

3. 核心价值中最需要尊崇的重心

学前教育核心价值的探讨离不开幼儿这个主体。上述这些核心价值的表述都把满足幼儿个体发展需要放在核心的位置,体现了学前教育"幼儿为本"的本质所在。但有一点值得思考的是,学前教育的另一个主体——幼儿园教师的价值实现问题,似乎没有得到应有的关照。

在关于学前教育活动所构成的三重价值关系中,幼儿和幼儿园教师是两个重要的主体。学前教育当然要以满足幼儿身心的和谐发展的需要作为根本,并在这一点上体现学前教育的质量和学前教育的独特价值。但是,幼儿园教师专业发展的需要的满足也应该作为幼儿教育的独特价值。学前教育的三重价值关系,无论哪一重都需要有教师这一主体需要的满足。第一重中教育情境中的教育资源是师幼共同创建的,反过来也是满足师幼双方教的需要和学的需要的;第二重中师幼互为主客体,教师的教满足幼儿发展需求,幼儿的发展又反过来满足教师专业成就的需求;第三重中自身的主我客我、新陈代谢,教师也要满足自我发展的期望。所以,幼儿园教师这一学前教育中的主体在专业认同、专业发展、专业效能感的基础上幸福从教,就能有效地满足另一主体发展的需要,师幼互为主客体就这样相辅相成。

依据上述逻辑,学前教育核心价值的重心应该是两条:幼儿为本和幸福从教。这是我们要重点阐述这两个核心取向的理由。

三、学前教育的价值守望

（一）价值守望的意义

> **延伸阅读**
>
> 二战后,一名纳粹集中营的幸存者,成为美国一所学校校长,每当有新老师来到学校时,校长就会给这位老师一封信,这封信是这样写的:
>
> 亲爱的老师,我是一名集中营的幸存者,我亲眼看到人所不应该见到的悲剧:毒气室由学有专长的工程师建造;妇女由学识渊博的医生毒死;儿童是由训练有素的护士杀害。所以,我怀疑教育的意义,我对你们唯一的请求是:请回到教育的根本,帮助学生成为具有人性的人,你们的努力,不应该造就学识渊博的怪物,或者是多才多艺的变态狂或受过教育的屠夫。我始终相信,只有孩子具有人性的情况下,读书写字算术的能力才有价值……

这几年我国的学前教育事业获得明显进步,但因受"市场化"等因素影响,学前教育的"低质"状况仍没有根本改变,价值守望仍显其紧迫。

1. 维护学前教育公平

教育公平体现在课堂内外。就课堂外的宏观公平来说,有研究者就"最近十年来,你所在的地区幼儿教育在公平方面的主要发展趋势是什么?"问题作调查时,高达74%的家长和幼儿园教师认为"越来越不公平"。[①]

教育公平的核心一是教育机会均等,二是教育选择的自由,即"资源分配的公平"。幼儿教育公平主

---

① 步社民. 学前教育的"市场化之伤"[J]. 新华文摘,2009(2):118.

要表现为社会成员(包括幼儿及其家长)平等地享有幼儿教育资源(包括其质量和数量)。市场化推动下的幼儿教育公平失衡主要表现为幼儿教育资源配置严重不均,使生活在同一片蓝天下的幼儿享受不到相当的学前教育。"择园"和"高收费"所带来的幼儿入园机会的不平等是这一问题的集中表现。

促进学前教育公平最需要解决的是弱势群体幼儿的入园问题。显然,市场或者说民间资本难以满足他们的需要。资本运作的最终目的是赢利,其原则是等价交换,所以,简单地把学前教育推向市场对公平性必然带来损害。

改变这种状况需要政府出手,需要合理的学前教育资源配置政策和公共服务政策。

就课堂内的微观公平、教育过程公平来说,体现在教育者对待每一个受教育者的公平。

课堂内外的公平都需要教育者的努力。

2. 坚守学前教育的"教育性"

学前教育应该体现其独特的教育性,这本是天经地义的。但在"市场化"状态下,在赢利驱动下,学前教育的身份会变得模糊,其教育功能会退化而赢利功能会得到强化。屡禁不止的幼教"小学化"等问题,就是学前教育迎合市场、迎合家长,说到底是迎合经济利益而导致的问题。令人担忧的是,由于绝大部分购买学前教育服务的家长为非专业人士,他们并不懂科学的学前教育应该是什么却望子成龙心切,因而极易被一些蛊惑人心的市场宣传所诱惑,使一些反教育的思想和活动流行。

改变这样的局面特别需要幼教专业的力量。

3. 明确教师专业发展的基本方向

经济利益的驱动会使幼儿园管理人员和教师的价值观、行为重心从教育角度转向经济角度。教师专业发展在这样的背景下容易迷失方向。一些幼儿园教师会为了追求较高的工资待遇而频繁跳槽或改行。而频繁流动对职业人员的专业成长也是有害的。

教师待遇确实需要提高,这有赖社会公众对幼教行业的重视和幼教专业性的认可,更有赖学前教育立法的保障。作为幼儿园教师个人,有赖通过个人的努力来体现自身的价值。而个人努力要获得专业上的有效提升,特别需要明确前方的道路。

(二) 价值守望的实践

1. 做个有价值思想的教师

思想构成一个人的全部尊严。如果教师没有自己的教育价值观,没有对专业的核心价值的认同和尊崇,就不知道为何而教,保教行为就会成为无魂行为。没有自己的价值定力,就会被家长牵着鼻子走,被市场牵着鼻子走,被非专业人士牵着鼻子走,不知道或知道了也做不到守望幼儿教育的基本价值。幼儿园的"小学化"倾向是个顽症,就体现了行业和行业内的从业者对这种守望的缺失。缺少了专业中最重要的素养,就创造不了优质的幼儿教育,从业者也就不可能赢得尊严。

2. 在保教行为中珍视童年价值

当孩子无忧无虑地玩耍时,不要用你眼中的正经事去打扰他。当孩子编织美丽的梦想时,不要用你眼中的现实去纠正他。如同纪伯伦所说:孩子虽是借你而来,却不属于你;你可以给他爱,却不可给他想法,因为他有自己的想法。如果你执意把孩子引上成人的轨道,当你这样做的时候,你正是在粗暴地夺走他的童年。①

对童年价值的珍视说说容易,认同并不容易,落实于日常保教行为那就更不容易了,但那才是对真正的"专业性"的考验。

---

① 周国平. 童年的价值[J]. 中学生阅读(高中版)2005(4):2.

"让每个幼儿充满活力地按照自己的方式生活,是决定教育质量的标志。""教育要帮助孩子形成自我。让每一个孩子找到眼前的生活目标,并帮助他们实现,这才是教育。""每天和孩子生活在一起的教育工作者不能放过孩子任何一个细小的自发行为,因为只有通过孩子的自发活动才能引导孩子达到成人的目标。"我们的教育常常让孩子不能按自己的兴趣、想法去做事情,有的中学生、大学生都说不出自己的兴趣是什么,不知道自己该干什么,不会规划自己的生活,这正是因为他们从小接受的教育使然。我们的孩子一直严格地按照教师、家长的规定去做,只能按照成人拟定的目标走,这样的教育是值得我们认真反思的。[①]

比如,教育要帮助幼儿建立规范,但在建立规范的过程中,依据成人的意志还是幼儿的意愿,也就是把规范放在第一还是幼儿放在第一? 这在保教实践中常常引起教师纠结。这涉及到对幼儿生活和幼儿成长的理解。幼儿生活是由其生命成长的内在需求驱动的各种活动的总和。因此,生活不是别人的,而是幼儿自己的,生活不是外在力量驱赶的,而是内在力量引导的。维护幼儿的童年生活,是学前教育的重要使命。游戏、主动探究、交往、合作、分享等是幼儿生活的重要内容,幼儿有权享受自己的生活,计划自己的生活,反思和改进自己的生活。不能理解幼儿生活的特殊性,就很难与幼儿共同生活,所谓规范也是很难真正建立起来的。教师充分考虑到幼儿的身心特点和生长规律,让幼儿在生活和游戏中以自己的速度去发展新认知、适应新环境、建立新规矩。以幼儿为本的核心价值就是这样落实在保教行为中的。

> **▶ 延伸思考**
>
> 陶行知当年"朝夕祷祝"追寻这样的幼儿园:"运用科学的方法来建设一个省钱的、平民的、适合国情的乡村幼稚园。将来全国同志起而提倡,使个个乡村都有这样一个幼稚园,使个个幼儿都能享受幼稚园的幸福。"
>
> 这个伟大理想明确宣示了陶夫子的办园价值取向:省钱、平民、适合国情,要遍及每个乡村、惠及每个幼儿。他还强调,"我们对于幼稚园之种种理论设施都要问它一个究竟,问它一个彻底。我们要幼稚园里样样活动都要站得住"。[②]

第二节　幼儿为本

一、幼儿为本释义

(一)幼儿为本的核心内涵

"幼儿为本"是"以人为本"理念在幼儿教育上的逻辑延伸和具体体现。

---

① 李季湄. 做有思想的幼儿园教师[J].幼儿教育,2011(1—2):23.
② 陶行知.创设乡村幼稚园宣言书[J].新教育评论,1926-10-26,第2卷第22期.

以人为本的本，不是"本原"的本，而是"根本"的本，它与"末"相对。提出以人为本的问题，就是要回答在我们生活的这个世界上，什么最重要、什么最根本、什么是最值得我们关注的问题。以人为本，就是说，与神、与物相比，人更重要、更根本，不能本末倒置，不能舍本逐末。

"幼儿为本"就是"幼儿本位"的意思。这里的"本"也可解释为：主体、根本、基础、本质、出发点、目的等。

幼儿教育中的"幼儿为本"意味着：幼儿的存在是幼儿教育的第一要素，是幼儿教育最基本的构成；幼儿是幼儿教育的主体和中心，必须尊重幼儿的主体地位；幼儿教育的一切工作必须以促进每一个幼儿的身心全面和谐发展为出发点和落脚点；意味着幼儿园教师在保教工作中要以"幼儿为本"作为最高价值准则，以促进每一个幼儿的全面和谐发展为神圣使命，珍惜幼儿的生命，尊重幼儿的价值，满足幼儿的需要，维护幼儿的权利，保教行为都是基于对幼儿天性的科学认识，并始终以此来理解幼儿教育的本质、原点和最根本的价值所在。这是"幼儿为本"的核心内涵。

（二）幼儿为本与成人为本

幼儿教育中首先应该关注幼儿的需要还是成人的需要，是尊重幼儿的天性还是成人凭想当然实施，这是幼儿园教师的一个价值立场问题。

真正以"幼儿为本"，就是要反对"成人为本"。强调以幼儿为本，其用意在很大程度上是针对成人为本的。幼教现场幼儿园教师的许多不专业的行为，往往是因为以成人为本而造成的。在具体的保教行为上，是尊重幼儿的天性、遵循幼儿身心发展的规律科学地开展幼儿教育呢，还是完全凭借成人自己的想法来主宰幼儿教育，把成人的意志强加给幼儿；是把成人视为可以任意塑造幼儿的设计师、工程师呢，还是认为"儿童的灵魂不是一堆无生命的建筑材料。儿童的灵魂是一种生气勃勃的精神、激情、改变和创造的力量。他们需要的不是塑造，而是丰富、发展……"①这反映出"幼儿为本"与"成人为本"两种不同取向在幼儿教育行为中的巨大反差。理念不同，取向不同，行为就截然不同。

➡ 延伸思考

中国自古有"不打不成才"式的强制教育。直至今日，幼儿教育实际的主流，或者实际的大部分幼教现场，是否仍然坚持着"以成人为中心""知识为重心"的取向？恐怕是。当今中国社会转型，特别是受市场的冲击，幼儿教育价值观面临着前所未有的挑战。带着急功近利倾向的"成人为本"的威胁比过去任何时候都严重。以"不要输在起跑线上"为"理由"，从家庭到幼儿园到社会，成人实施"强加"的行为可能有增无减。

看看铺天盖地的所谓"特长班""兴趣班"出现在幼儿园里和小区周边，这些"兴趣"和"特长"对绝大部分幼儿来说恐怕是不适合的，是"被特长""被兴趣"。这种所谓"兴趣班""特长班"就是成人主宰幼儿的具体表现形式。问题是，幼儿园和幼儿园教师能在这样的氛围中保持头脑清醒，坚守"幼儿为本"吗？

家长把孩子送到幼儿园，自觉的或盲目的、有意的或无意的都有自己追求的目标，而这些目标比较容易为社会上流行的、时髦的、有近期效果的目标所左右，如培养神童、培养某种特殊技能、进入重

---

① ［苏］阿莫纳什维利. 孩子们，祝你们一路平安！［M］. 朱佩荣译. 北京：教育科学版社，2002：9.

点小学,等等。于是,家长作为一个对幼儿园最有影响的社会群体就可能成为"幼儿为本"教育实施的强大干扰力量,支配和控制幼儿的发展方向,有时甚至以"幼儿园家长委员会"的名义让园方实施这个实施那个。另一方面,在复杂的社会环境中生活的教师也经受着各种社会思潮的冲击并承受着来自社会、家长的压力。如果教师自身的教育价值观不明晰、不坚定的话,就很可能偏离甚至背离"幼儿为本"的教育理念,去迎合那些看来"受欢迎"的、能为幼儿园赢得眼前声誉或财源的现实目标,实施"成人为本"的幼儿教育。这告诉我们,以"幼儿为本",并让每个幼教从业者认同并坚守这一核心取向,是不容易的。但专业的、有质量的幼儿教育却必须坚持。

（三）幼儿为本与社会为本

落实"幼儿为本",还必须处理好与所谓"社会为本"的关系。

幼儿教育历来有"社会本位论"和"幼儿本位论"的争论。[①] 前者认为教育的目标应由社会的需要决定,幼儿教育的价值就是为社会服务;后者则认为应由幼儿的需要决定,幼儿教育应该为幼儿自身的发展服务。二者由于立足点不同,在教育理解、教育行为上就会出现明显的分歧。应当看到,毫不考虑教育对象的极端的"社会为本"教育,不仅达不到教育的目的,甚至根本不能被称为教育。同样,完全脱离其所处社会的政治、经济、文化的影响,所谓遗世独立的"幼儿为本"教育也是不存在的,完全脱离社会的封闭式教育对幼儿个体的长远发展也是不利的。

> **延伸阅读**
>
> 人类发展生态学家勃朗芬布伦纳将人的行为和发展放置于一个相互联系、相互影响和相互作用的稳定的生态系统之中,探究生态系统中的各种生态因子对人的行为和发展的作用以及人与各种生态因子的交互作用,提出了"雀巢"式的生态理论。勃朗芬布伦纳认为,生态环境包括小系统、中间系统、外系统和大系统,这些不同层次、不同性质的系统相互交织在一起,构成一个具有中心又向四处扩散的网络,前者逐个地被包含在后者之中。

社会发展与人的自身发展应该是辩证统一的。根据勃朗芬布伦纳提出的人类发展生态学理论,幼儿教育只是隶属于大系统中的较低层次的系统,它必须与大系统保持一致。事实上,世界上不存在一种最好的能适应不同社会文化背景中的所有儿童的教育方案,而各种不同教育方案能很好地适合不同社会文化背景中的儿童。因此,脱离社会文化及其变化去探讨幼儿教育是没有意义的,完全不受社会影响的个体发展也是不存在的。从这个意义上可以说,"幼儿本位"和"社会本位"两大价值取向本来就不是对立的,二者不是、也不应当是有你无我、有我无你的关系。事实上,两大价值的功能实现往往具有同时性和不可分割性,是个"生态"的概念。教育价值取向可以在这种辩证统一的关系中找到最恰当的表达方式。所以,今天我们倡导"幼儿为本",绝不是反对幼儿教育为社会服务,而是强调教育要以人的自然发展节律为基础,通过培养身心健康、全面发展的幼儿,在既体现幼儿教育的人本取向的同时,又体现幼儿教育自身的社会价值。

---

① 教育部教师工作司组编.幼儿园教师专业标准解读[M].北京:北京师范大学出版社,2013:37.

二、幼儿为本的追求史

（一）欧美的"儿童革命"

古代斯巴达,所有的新生儿都要被遗弃到野外,让弱者死去,活下来的则作为未来有竞争力的公民被捡回来,并且很快就离开父母进入集体的训练营地。这样的教育,是不折不扣地从孩子一出生起就让他们服务于成人的目标的教育。后来西方的精英教育,也就是让孩子反复诵读拉丁文、希腊文的古代经典的教育,无视孩子的独特性。17 世纪法国哲学家笛卡尔就曾说:儿童无可救药地被感性所束缚。一个新生儿不过是一堆本能反应之集合,所能做的不过是吃和哭而已。成人的优越感,由此可窥一斑。但是,"儿童革命"摧毁了这一成人优越论,也把早期教育从"以成人为中心"转化为"以孩子为中心"。①

我们有必要来追寻一下欧美推动"儿童革命"、发现儿童价值、确立儿童中心的先驱者们前赴后继的足迹。

1. 卢梭确立了"儿童本位"的教育学说

"儿童革命"乃是伴随着 19 世纪欧美工业革命的一场文化和社会革命。这一革命的土壤,首先是母亲地位的变化。在工业革命前夜,欧洲发达地区的城市工商阶层日益富裕。其家庭主妇已经不必像传统农业社会的妇女那样从事繁重的生产和家务劳动。这不仅使她们能够更专心地养育儿女,而且也有越来越多的时间从事社交,由此塑造了母亲的崭新文化认同:母亲对婴幼儿的成长发育有着最强大的塑造力。一个心智健康的儿童,不仅反映了其家庭的良好品性,也是对这一家庭前途的最好保障。早期教育被提到议事日程上来。在欧美中产阶层中,精心养育孩子成为母亲的天然使命,并被卢梭等哲学家所大力鼓吹,成为深入人心的主流意识。

卢梭的《爱弥儿》无疑是"儿童革命"的开山之作。他称这本书是为善于思考的母亲写的,并哀叹"我们对儿童一点也不理解",在教育儿童时只致力于研究成年人应该知道些什么,总是把小孩子当大人看,根本不考虑孩子的特点。这样,他就把儿童和成年明确地区分开来,并确立了"儿童本位"的教育学说。

卢梭所谓"儿童本位",就是通过给孩子最大限度的自由来调动其自身的潜力,把他们从成人的束缚中解放出来,追寻着内心的渴求,大胆任意地探求世界。学校里老师的使命不是传播知识,而是帮助孩子们发现这种内心的渴求。所以卢梭说:"我们的第一位哲学老师就是自己的手脚和眼睛。"儿童时期是人类生命中神圣的时期。在此期间,孩子通过观察自然、运动肢体,获得对世界第一手的实证经验。这种实证的经验,恰恰是孩子心智生长的动力。书本则是邪恶的二手知识之集合,孩子在 12 岁前要从自然中学习,不应该读书。"凡是出自造物主之手的东西,都是好的,但到了人的手里,一切就都蜕化了。"可以说,现代西方"以孩子为中心"的基本教育观念,卢梭都论述到了。

2. 裴斯泰洛齐的"实物授课"

在教育实践中应用"儿童本位"原则的,是瑞士教育家裴斯泰洛齐。他在瑞士的伊弗东创办实验学校,收纳包括孤儿和农民子弟在内的各类学生。他的第一个原则就是自然教育:培育孩子们内在的学习冲动。当时欧洲的教育方法和现在中国的主流方式并无太大区别,都是老师无休止的满堂灌式授课外加学生背诵课文所组成,不好好读书的学生甚至要面临体罚的威胁。裴斯泰洛齐则彻底废止

---

① 薛涌. 中国需要一场"儿童革命"[N]. 南方周末,2009 - 07 - 23.

了这些,代之以"实物授课"。书本的重要性被降低了。算术课引进了石头、苹果等实物,用以发展孩子组合(加法和乘法)、分离(减法和除法)、对比(多和少)等概念。地理课以野外考察为主,孩子们要自己测量地形、收集矿石和植物,并在课堂上进行描述。大些的孩子(八到十岁)则用泥塑制作周围乡间的立体地模。当他发现孩子们普遍喜欢绘画而讨厌识字时,就和助手创造了综合绘画因素的特别识字法,即"实验字母",通过把字母分解成几类基本线条,以图像化的方式帮助孩子识别(实际上中国的象形文字运用这个方法更有天然优势)。总之,裴斯泰洛齐反对从概念到概念,要求学生在理解术语以前必须知道这个术语所指涉的实际形态。

这种先实物、后词语和概念的教学原则,符合卢梭所谓以孩子自己探求世界的欲望为核心、把自己的手脚和眼睛当成第一位老师的精神。用裴斯泰洛齐的话来说,孩子们在亲身的经验中要"首先形成自己的心智,然后再去丰富它"。裴斯泰洛齐的追随者、德国教育家福禄贝尔将这些原则进一步发展,最终创立了幼儿园,改变了人类的教育体系。

3. 福禄贝尔的幼儿园

在教育史上,幼儿园相对于大学来说一直受到不公正的冷落。大学在拓展人类的知识边疆方面有立竿见影的功能。幼儿园和文化巨人的创造顶峰则相去甚远,人们很难追踪其间的关系。然而,正如建筑师和木雕家诺曼在其研究福禄贝尔的著作中所指出的,现代建筑运动和现代艺术运动的主要代表人物,如格罗庇乌斯、柯布西耶、莱特、康定斯基、蒙德里安、布拉克等,大都是第一代在幼儿园里长大的孩子。福禄贝尔的教育,塑造了我们现代世界的空间和视觉。甚至连普罗斯特、斯特拉文斯基、弗洛伊德、爱因斯坦、普朗克、波尔、卢瑟福等的成长,都和福禄贝尔的幼儿园有关。

福禄贝尔出身于乡村牧师家庭,自幼丧母,对母爱极度渴求。其父曾试图以传统的方法教他阅读,但似乎没有什么效果。到了青少年期,他发现了自己在几何、制图等方面的才能。这些才能全依赖的是图像思维而不是语言。这样的早期经历,对他日后的教育哲学影响非常大。1837年,福禄贝尔开始筹建自己的早期教育学校。两年后在当地的森林中跋涉时,他突然想出了这所学校的名字:"幼儿园"(kindergarten),直译是孩子们的花园。1840年,他正式建立了"全德意志幼儿园"。他还向全德的妇女发出号召,让女性承担起在民族教育上的使命感,突破了妇女不出头露面承担公共角色的社会成见,募集了大量女教师。到1847年,全德有7所幼儿园,次年又冒出44个。到1851年,他开办了第一所培养幼儿园教师的师范学院。

幼儿园是教育史上的一大创造。在此之前,7岁的孩子是不上学的,一上学就要学习读书写字。福禄贝尔则第一次把学龄前儿童组织进课堂。但他不是让孩子们读书写字,而是强调他们自发、自由活动的重要性,把游戏作为幼儿教育的核心。为此,他发明了"恩物",即12种手工材料,作为幼儿园的核心"教材"。

在恩物中,占最重要地位的就是积木,其功能是让孩子们利用几何立方体来构造自己的世界。这一教育手段不仅和福禄贝尔早年对几何、实体的痴迷有关,更来源于他在大学中的学术经验。他本来是可以成为矿物学教授的。在晶体学的研究中,他深信世界就是由那些微小的几何形粒子的不同组合而构成的,就像我们知道万物是由原子构成的一样。让孩子如此开始自己的认知过程,不仅是自然的,也是科学的。恩物鼓励孩子用周围的环境作为自然的教育工具,就像科学家们在没有 X 光技术发现原子之前用自然的晶体作为科学研究的工具一样,向孩子显示人和自然的关系,也帮助孩子建立与那些和他们一起玩的成人之间的纽带。不仅把裴斯泰洛齐实体教育法发挥得淋漓尽致,而且还把其中的实物抽象化为代表几何元素的积木。这样成长起来的孩子,后来不管是在建筑、绘画、物理学,还是精神分析学中,恰恰是特别喜欢把世界还原成基本元素的一代。"福禄贝尔的恩物"由此成为世界上最著名的教育玩具系列之一。1852 年,福禄贝尔去世。但幼儿园的影响渐渐遍及全球,成为主流的学前教育机构。

4. 蒙台梭利的"蒙氏教育"

福禄贝尔逝世几十年后,意大利女教育家蒙台梭利崛起。如果说福禄贝尔是早期教育的教父的话,蒙台梭利就是教母。也许是因为女性对儿童独特的洞见,在"以孩子为中心"的教育理念上,蒙台梭利比卢梭、福禄贝尔恐怕走得更远。她是彻底颠覆"成人优越论"的人。

蒙台梭利指出,一个孩子在生命头三年的学习成就,要成人奋斗60年才能达到。孩子学习最有效率的时期,也恰恰是他们还不能和成人进行有效的语言交流、成人无法对之施加直接影响的时期。一言以蔽之,婴儿比成人聪明得多,他们能在短短几年无师自通地掌握语言等最复杂的交流工具。这是成人在有老师的情况下也望尘莫及的。成人在婴幼儿期不能指导孩子,实在是孩子之幸。这样他们就可以免于成人的污染,按照自己更聪明的方法来学习。因此,一个人教育的最关键时期是零到六岁,而不是大学。创造了一个人的,是零到一岁的孩子,而不是其父母。因此,父母不要试图当自己孩子的老师,而要当他们的伙伴,满足他们的需要、为他们提供自然生长的环境。

应该说,蒙台梭利为后来的"早期教育决定论"播下了种子。而现代心理学的奠基人弗洛伊德动辄以儿童经验来解释成人的种种心理问题,也间接地强化了人们对早期教育的信念。

5. 杜威等"以儿童为中心"的确立

在大致差不多的时间(也就是十九和二十世纪之交),以哲学家杜威等领导的"进步主义教育"运动在美国兴起。杜威强调,传统的死记硬背方法压抑了学生的智力发育。他要求学校从教材中心、成人中心转化到儿童中心、创造中心。儿童是教育的出发点,社会是教育的归宿点,在这两点之间形成教育过程。他批评传统的教育过程强迫儿童死记硬背,填鸭式地灌输书本知识,这种教育无异于牛不饮水强按头,是对儿童天性的摧残和压迫。杜威呼吁把儿童从传统教育中解放出来,提出从儿童的现实生活中进行教育,激发儿童的学习需要和兴趣,调动他们的学习自觉性和积极性。围绕儿童组织一切教育措施,教师应是儿童生活、生长和经验改造的启发者和指导者,彻底改变压制儿童自由和窒息儿童发展的传统教育。杜威还提出:"教育是一个对经验不断重组或重构的过程。"[①]杜威的经验论,就是强调做中学,强调生命的体验。正如罗伯特·B.塔利斯所指出的,在杜威那里,"经验是活的,它主要是一种生命现象,而不是一种认识现象"。[②] 孩子需要通过与自然、社会环境的互动而不是成人的灌输来丰富自己的生命经验之河。"以儿童为中心"的教育,自此以后渐渐确立为主流。这也是战后西方的早期教育的哲学基础。

(二)中国的"祖国花朵"

1. 鲁迅等的"幼者本位"

在我国几千年的封建社会中,幼儿是没有作为独立的人的地位的。幼儿存在的价值和权利未被承认,被视为父母的隶属品。"父叫子亡子不得不亡",封建的观念一直从根本上支配着我国的儿童观。在这种儿童观占统治地位的封建主义教育中,幼儿自身的特点和价值是完全被忽视的,更谈不上有独立的人格,而且有学者认为,中国近代几乎完全错过了西方的"童年革命",从来没有通过改造童年来创造"新民"。[③]

然而在这样的文化背景下,鲁迅却热诚地崇尚儿童,认为儿童会超越成人,代表着人类的进步。[④]

① [美]杜威.杜威全集中期著作第九卷[M].徐陶译,北京:中华书局,2002:65.
② [美]罗伯特·B.塔利斯.杜威[M].彭国华译.北京:中华书局,2002:54.
③ 薛涌.中国需要一场"儿童革命"[N].南方周末,2009-07-23.
④ 刘晓东.儿童精神哲学[M].南京:南京师范大学出版社,1999:389.

1919 年,鲁迅在《新青年》第六卷第六号上发表了《我们现在怎样做父亲》一文,针对中国封建社会"父为子纲"的"人伦"法序,提出了重构父子常伦的新思想。鲁迅从自然定律和生物逻辑出发,尖锐地抨击了中国社会人伦的"逆天行事",明确宣称中国社会"本位应在幼者,却反在长者",他指出"以幼者弱者为本位,便是最合于这生物学的真理的办法"。很明显,这既是一种呼吁——呼吁建立一种儿童本位、儿童"在先"的新伦理新文化,又是一种批判——批判成人本位的旧道德和旧社会。

鲁迅以生物学的概念和进化论的观念来观照儿童与成人的关系,来论证儿童在成人之先的位置:"后起的生命,总比以前的更有意义,更近完全,因此也更有价值,更为宝贵……"为了人类"去上那发展的长途",则必须尊崇"后起的生命",挚爱年轻的一代,以幼者为本位。他甚至提出"前者的生命,应该牺牲于他"。鲁迅认为:"我们从古以来,逆天行事,于是人的能力,十分萎缩,社会的进步,也就跟着停顿。"很明显,鲁迅已明确地认识到中国社会中传统的成人与儿童的关系是"逆天行事"的,认识到了儿童在这种违反天道的关系中的悲惨命运,认识到了儿童的受害最终是产生出病态的成人和病态的社会。所以在此文发表以前的《狂人日记》中,他便发出了"救救孩子"的呐喊。

"幼者本位"就是把儿童作为世界的中心,了解儿童心理,尊重儿童人格,培养儿童兴趣,发展儿童个性,丰富儿童的物质文化生活。"幼者本位"的主张,是当时先进儿童教育思想的代表。它彻底否定了封建"杀子"文化,首次发现了儿童作为生命主体的独特心理世界和精神需求,在人类发现自我、认识自我的道路上迈出了重要一步。

丰子恺也对传统文化中的父子伦常进行了反思与批判,他热情地指出儿童超出成人的地方、儿女超出父亲的地方,认为父亲应当尊重子女。丰子恺在 1928 年曾发表《儿女》一文,他认为:"天地间最健全的心眼,只是孩子们的所有物,世间事物的真相,只有孩子能最明确、最完全地见到。我比起他们来,真的心眼已经被世智尘劳所蒙蔽,所斫丧,是一个可怜的残废者了。"可以看出,这种说法与卢梭《爱弥儿》一书的第一句话是相通的:"凡是出自造物主之手的东西,都是好的,但到了人的手里,一切就都蜕化了。"[①]它与鲁迅所提倡的"幼者本位"的思想也是相通的。

2.　新中国的"祖国花朵"

"我们的祖国是花园,花园里花朵真鲜艳,和暖的阳光照耀着我们,每个人脸上都笑开颜。"新中国成立之后的历史时期中,儿童作为祖国的花朵受到了全社会的爱护。但是,在对幼儿独特性的理解上、在其作为独立的人的地位上、在保障其个体的合法权益上,伴随着社会的变化,也经历了一个比较漫长的发展过程。在当今时代,特别是改革开放近 40 多年来,我国社会发生巨变。2003 年,中共中央提出了"以人为本",并将之作为科学发展观的核心和执政的重要理念,这是我国社会发展中具有里程碑意义的大事。这一社会进步的大背景决定了社会价值观的总格局,从而使我国基础教育进入了"为了每一位学生的发展"的新时代,"幼儿为本"也作为"以人为本"理念的具体化,与时俱进地成为我国幼儿教育的理念基石。

2018 年,中共中央、国务院发布《关于幼儿教育深化改革、规范发展的若干意见》第 27 条提出:坚持以游戏为基本活动,珍视幼儿游戏活动的独特价值,保护幼儿的好奇心和学习兴趣,尊重个体差异,鼓励支持幼儿通过亲近自然、直接感知、实际操作、亲身体验等方式学习探索,促进幼儿快乐健康成长。认真贯彻落实此精神,"幼儿为本"定会获得实质性的落实。幼教界能充分认识到这一意见的重要性并能付诸行动,就会开创幼教的新局面。

3.　《专业标准》中的"幼儿为本"

2012 年,教育部颁发《幼儿园教师专业标准(试行)》。这是推进幼儿园教师专业化进程的一件具

---

① ［法］卢梭.爱弥儿[M].李平沤译.北京:商务印书馆,1994:5.

有划时代意义的事件。《专业标准》由基本理念、基本内容与实施建议三大部分组成。其中基本理念提出教师要"师德为先、幼儿为本、能力为重、终身学习"。"幼儿为本"作为专业的基本理念写入"国标":"尊重幼儿权益,以幼儿为主体,充分调动和发挥幼儿的主动性;遵循幼儿身心发展特点和保教活动规律,提供适合的教育,保障幼儿快乐健康成长。"

2015年,教育部颁发《幼儿园园长专业标准》。这是推进幼儿园园长专业化进程的一件具有划时代意义的事件,其中同样强调了坚持幼儿为本的办园理念:"把促进幼儿快乐健康成长作为幼儿园工作的出发点和落脚点,让幼儿度过快乐而有意义的童年;面向全体幼儿,平等对待不同民族、种族、性别、身体状况及家庭状况的幼儿;尊重个体差异,提供适宜教育,促进幼儿富有个性地全面发展;树立科学的儿童观与教育观,使每个幼儿都能接受有质量的教育。"

从"以人为本"到"幼儿为本",从执政理念到行业理念,相信这种国家层面、官方层面的推动能够弥补"儿童革命"的启蒙缺失,真正在中华大地上改变幼儿的"小人儿"地位,至少在幼儿园里因为从业者的坚守和践行而先行改变。若能如此,实乃社会真正的文明进化。

三、幼儿为本的践行

(一)尊重幼儿权益

信守"幼儿为本"要作出的第一个承诺就是尊重幼儿权益。

1990年,联合国召开世界儿童问题首脑会议,会议通过了《儿童生存、保护和发展世界宣言》和《执行90年代儿童生存、保护和发展世界宣言行动计划》两个文件。《宣言》庄严承诺"儿童幸福需要最高一级的政治行动。我们决心采取这样的行动……对儿童的权利,对他们的生存及对他们的保护和发展给予高度优先。"中国政府总理正式签署了上述两个文件。"最高一级"在行动,幼儿园更应是天经地义、责无旁贷。

幼儿哪些权益需要得到成人尊重?联合国《儿童权利公约》中确定了儿童的四大权利:生存权、发展权、受保护权和参与权。生存权主要指儿童的生命权和健康权;受保护权主要指儿童有不受歧视、酷刑、虐待等的权利;发展权主要指接受教育的权利以及享有能够促进其身心健康发展的生活条件;参与权是指儿童参与家庭、文化、社会生活的权利。《公约》并确立了儿童权利保护的四项基本指导原则,分别概括为儿童最大利益原则、尊重儿童意见的原则、确保儿童的生存发展的原则和非歧视原则。我们的《幼儿园教育指导纲要(试行)》也体现了《公约》的精神,强调"幼儿园教育应尊重幼儿的人格和权利"。遵循《公约》、落实《纲要》,关爱幼儿,尊重幼儿,维护幼儿合法权益,保障幼儿参与与自身有关的一切活动并发表自己意见的权利,让每一个幼儿愉快地、有尊严地度过童年生活,这应当成为每一位幼儿园教师的一种信仰。

"忽视和忘却儿童的权利,折磨和践踏儿童,无视儿童的价值、权利和本性,应该引起全人类最强烈的反对。"这是蒙台梭利在《童年的秘密》中强调的。[①] 作为独立的"人",幼儿具有人格尊严,他们不是成人的附庸,不是成人可以随心所欲地支配的道具,不是成人为实现自己的想法或需要而任意训练、拿捏的对象;幼儿有自己的精神世界,有自己的对周围世界、对他人、对自己的各种认识与理解,而不是一个只能接受成人灌输的空容器;幼儿有作为"人"的主体性,他们主动参与自己的生活与活动并自由地表达意见与思想,成人有义务、有责任认真地倾听、认真地看待,为幼儿创造更多的参与社会活

---

① [意]蒙台梭利.童年的秘密[M].霍力岩等译.北京:光明日报出版社,2013:176.

动的机会,以关怀、接纳、平等的态度与他们"对话",而不是只让他们"听话"。

但令人遗憾的是,幼儿园里忽视、践踏幼儿权益的事件还是时有发生。这表明,"幼儿为本"作为幼教专业伦理的核心取向,由理解到认同到落实于每个幼儿园教师的行动,还有很长的路要走。

(二)调动幼儿主体的主动性

以幼儿为本,就是要以幼儿为主体,充分调动和发挥幼儿的主动性。

皮亚杰认为,儿童的学习是个建构的过程。所谓"建构"则是指儿童通过活动在与环境的相互作用中,产生了认知冲突(新的情景与原有的认知结构之间失去平衡),个体凭借原有的认知结构进行同化和顺化以求新的平衡,因此"建构"的能动作用并不是在头脑中简单累积外部信息,而是掌握认识外部信息的一种程序。也就是说,儿童在主动建构知识的过程中,并不满足于"知其然"的知识,其能动性主要体现在追究"其所以然"的知识,"所以,皮亚杰派学者在研究学习时,他们常常问:'你是怎么知道的?'而不是:'你知道吗?'在他们看来,如果儿童不能解释他是怎么知道的,就说明他实际上还没有学会。"[①]

以维果斯基的认知发展观为基础的社会情境观强调与儿童最接近的成人是"认知发展的推助器",在儿童发生认知冲突的时候,鼓励成人在"指导性参与"中与儿童互动,进而激起并引导儿童达到其所能够发展的水平。社会建构主义学者们进一步认为"在一起学习的儿童中,幼稚的儿童也能激发起认知冲突"。从皮亚杰到维果斯基,对儿童认知发展的认识从个体建构走向了社会建构。今天的许多幼儿教育改革实践,包括很有影响的瑞吉欧方案、安吉游戏课程、花草园课程等都既强调幼儿个体对环境的主动作用,也强调了教师的作用,还强调了同伴之间的相互作用。[②]

就是说,通过生活活动和游戏活动,引起幼儿与环境、教师、同伴的互动以激发幼儿主体的主动性,这既是落实"幼儿为本"的价值观,也是幼儿认知发展所必须。

(三)遵循幼儿身心发展特点和保教活动规律

保教活动建筑在对幼儿天性的科学认知的基础上,这是"幼儿为本"的题中应有之义,就是说,幼儿园教育应促进每个幼儿获得与其发展特点、发展水平和发展速度相适应的发展。《幼儿园教育指导纲要(试行)》指出,"幼儿园的教育是为所有在园幼儿的健康成长服务的,要为每一个儿童,包括有特殊需要的儿童提供积极的支持和帮助","尊重幼儿身心发展的规律和学习特点,以游戏为基本活动,保教并重,关注个别差异,促进每个幼儿富有个性地发展"。

教师需要细心观察、了解每个幼儿现有的发展水平和发展潜能,这是促进幼儿有个性地发展的基础。平时的保教实践中,许多幼教工作者往往不注意了解每个幼儿的经验基础和能力基础,一切教育活动都是在假设幼儿为"零基础"或相同基础上进行,这样统一要求的教育,很难使得每个幼儿都得到应有的发展。

还有,我们不能想当然地误读幼儿的身心特点。如小朋友们喜欢玩"娃娃亲"游戏,成人就想当然地认为幼儿处在"婚姻敏感期"。郑州一家幼儿园竟然由园方出面为幼儿举行"集体婚礼",还广邀家长和各路"嘉宾"到场。有学者尖锐地指出,这场闹剧是利用了童心而成就了大人们的游戏,"不是儿童游戏而是在游戏儿童",是对于儿童的本能、冲动与活泼天性的肆意践踏,是对于儿童的幻想、涂鸦、

---

① 施良方.学习理论[M].北京:人民教育出版社,1994:192.
② 教育部基础教育司组织编写.《幼儿园教育指导纲要(试行)》解读[M].南京:江苏教育出版社,2002:33—34.

嬉戏的恶意亵渎;是对于儿童的爱憎情感、好奇与困惑、探究与自由的恶劣嘲弄与戏耍[①]。所谓幼儿阶段的"婚姻敏感"仅是带有幼儿阶段特点的幻想与好奇,而绝不是说他对于婚姻有着成人式的真正认识与理解,如此隆重而正式的"集体结婚典礼"只会导引儿童"婚姻意识"的错乱与异化。这种对于幼儿身心特点的误读且由此导致的误导,每个幼教从业者都该当戒。

（四）提供适合的教育

"为每个幼儿提供适合的教育"直接体现了"幼儿为本"的价值取向。

适合的教育要求教育者始终关注教育的"价值取向"问题。"适合"是教育资源和幼儿发展的动态匹配,它要求教育者强化主体性教育的理念,通过科学的设计使教育的内容和方法适应孩子发展的需求,而不是反向的削足适履。突出孩子在幼儿园一日生活中的主体地位,把幼儿积极主动的发展作为一切教育活动的出发点和落脚点。教师在构建教育内容和选择教育方法时,要充分考虑幼儿的发展需求,要以幼儿潜力的发展和个性的成长作为衡量幼儿教育质量的标准。

适合的教育是一种个性化的教育。它要求教育者先要明确"适合谁"或"为了谁"的问题。幼儿教育的终极目的是促进孩子的发展。这就要求幼儿园教师克服目中无"人"的倾向,把每个孩子视为一个个鲜活的生命个体,根据每个孩子的兴趣、特长和发展水平设计相应的教育方案,尊重和保护每个幼儿发展的差异性。

适合的教育是一种多样化的教育。它要求教育者认真思考"如何适合"的问题。这就需要幼儿园教师充分发掘各种资源,精心选择和不断优化教育的内容和方式,为每个孩子提供最大可能的发展空间。孩子个体的复杂性和差异性决定了教育内容和方式的多样性。对于园方来说,要充分利用园内资源和园外资源,满足孩子多样化的需求。

适合的教育是一种"既符合幼儿的现实需要,又有利于其长远发展"的教育。这就要求幼儿园教育不但要讲究即时效应,更要讲究长远效应:要用长远的眼光来看幼儿今天发展的价值,今天的幼儿教育不仅要着眼于当前,还要着眼于未来,幼儿今天的发展不能成为其明天发展的障碍。急功近利的"小学化""特长化""超前教育"等既不适合幼儿的现实需要,更有害于其长远发展,专业的幼儿园教师不仅自己要用专业的判断力杜绝此类现象,还要引领家长和社会改变育儿观念。

第三节　幸福从教

一、幸福释义

（一）幸福的本质

每个人都希望幸福,社会不断进步的重要标志之一也应当是越来越多的人获得越来越多的幸福。"幸福指数"正成为社会发展的重要尺度而日益受到重视。

什么是幸福?这是一个古老的话题,又是一个常新的话题,从百姓到哲人,无不思考着这个命题。

---

① 丁海东. 敬畏童年是现代启蒙的根本立场与专业操守[EB/OL]. http://www.cnsece.com/article/9406.html.

当然,不同的人对幸福的理解是不一样的,不过,推敲这些不同的理解我们还是可以看到些许共同点。

不管是感性主义幸福观、理性主义幸福观,还是宗教幸福观以及近现代以来的享乐主义幸福观,它们对于幸福的主张大体可以分为这样几种:

强调人的精神快乐和理性能力,认为人的幸福必须在理性指导下才能实现。亚里士多德的德性幸福论可谓理性幸福观的典型代表。

主张肉体的快乐、物质需要的满足高于一切,强调人类行为的唯一目的是求得快乐。快乐主义幸福论可谓感性主义幸福论的典型代表。

认为幸福在天堂,在来世,以尘世的禁欲来换取来生的幸福。这一般是宗教幸福观主张。

马克思主义从唯物史观出发,为我们理解幸福提供了新的视角。

马克思在《关于费尔巴哈的提纲》中说:"人的本质并不是单个人所固有的抽象物。在其现实性上,它是一切社会关系的总和。"①在另一篇重要著作《1844 年经济学—哲学手稿》中说:"一个种的全部特性、种的类特性就在于生命活动的性质,而人的类特性恰恰就是自由的、自觉的活动。"②

从这样一种对"人的本质"的认识出发,马克思等人主张个人的幸福只有在社会关系和历史发展的进程之中才可能真正实现,人类社会的不断文明、自由是人的幸福得以实现的重要基础。这是幸福的社会性和历史性。基于这种幸福的社会性和历史性,马克思主义者主张个人幸福与社会幸福的统一,只有将个人幸福与社会幸福相结合,才会有真正的个人幸福。马克思主义幸福观的这两大特点是马克思等人在幸福观上区别于历史上许多伦理流派的贡献所在。它让我们知道,关于幸福的本质的理解应该与人的本质的理解逻辑地联系在一起,这是我们正确理解幸福的重要思想基础。

正是在这样的思想基础上,有学者定义幸福:"幸福是人的目的性自由实现时的一种主体生存状态"。③

理解这一定义的关键是:"人的目的性"和"自由实现"何以解读?

关于"人的目的性"。人作为一个生物体,生命过程如同其他生物体一样生老病死;人作为动物界的一部分,也与其他动物有共同的生理规律和生命现象。但是,人如果以满足生理需为目的,那就是将自己与动物界混为一体,那就离开了马克思所说的"人的本质"。人的本质既然是"一切社会关系的总和",人的类特性既然是"自由的、自觉的活动",那么人应该是有目的的(自觉),同时,所追求的目的应该是社会性的。青年马克思在《青年选择职业时的思考》一文中就这样认为:"那些为共同目标劳动因而使自己变得更加高尚的人,历史承认他是伟人;那些为最大多数人带来幸福的人,经验赞扬他们为最幸福的人。"青年马克思还这样主张:"我们在选择职业时所应遵循的主要方针是人类幸福和自我完善"。④

关于"自由实现"。所谓自觉,就是人的活动的目的性;所谓自由,就是人的活动合目的性与合规律性的统一,这是康德的观点。人的真正的自由的状态是幸福的状态,但这种自由与目的性的实现密切相关,而目的性的实现是建筑在对规律性的把握的基础上的。人类在自然和社会面前的茫然不知所措是一种不自由的状态,原因是我们没有把握自然和社会的规律。从必然王国走向自由王国,前提是对"必然王国"的认识和把握。一个幼儿园教师在幼教职场感觉烦恼和不"自由",很大的原因也是因为我们对幼儿教育的规律、孩子成长的规律的认识和把握是有限的。这种不自由让我们的目的无法实现,我们的幸福也就无从获得。

① 马克思恩格斯选集(第 1 卷)[M].北京:人民出版社,1972:18.
② 马克思恩格斯全集(第 42 卷)[M].北京:人民出版社,1979:96.
③ 檀传宝.教师伦理学专题[M].北京:北京师范大学出版社,2010:23.
④ 马克思恩格斯全集(第 40 卷)[M].北京:人民出版社,1979:7.

中国古代对幸福的理解与以上的解读也有相通之处,我们可以从解字中品味。"幸",上土下干,中立羊角,指的是人在土地里辛勤劳作,"福",神示旁左立,右边由一、口、田组成,一字可代表天、地或房屋,口字代表人口,田即田地,意思是追求田地和丰收可达致幸福。这是农耕社会的幸福观。《辞海》中载明,"幸":幸福幸运;"福":福气、福运,与祸相对。"幸""福"二字指向一种美好的生活状态,它不仅是状态本身,更是状态的持续。

从这种解字中我们可以品味出关于幸福的理解的社会性、历史性和目的性:幸福有农耕时代的特征;幸福是指向一种美好的生活状态。

(二) 幸福与德性

德性,即道德品性,也用以泛指一切事物之优秀的性质或品质。分析幸福与德性的关系有助于提升对幸福的理解。

德性好一定幸福吗? 幸福一定需要好的德性吗? 回答好这两问,就理解了幸福与德性的关系。

1. 德性与幸福的割裂

德性好一定幸福吗? 不一定。这是德福的矛盾之处。

现实生活中常有"好心不得好报"的事例,也有"逍遥法外"的事例。说明什么? 德性好,却没有得到应有的好报;而无法无天,也许还在逍遥。这就是德性与幸福的割裂。这如何理解呢?

孔子的解释是:"时"不好,"君子博学多谋,不遇时者多矣"。《墨子·公孟》中记载:有一次墨子鼻子患病,公孟问他,既然鬼神都能够赏善而罚恶,为什么像您这样的圣人还生病呢? 墨子的回答是,人生病的原因很多,就像一个家有一百扇门,关闭一扇,小偷还可以从其他门里进来。人们常说的"善有善报,恶有恶报",似乎德福永远是一致的,但不要忘了后面还有八个字:"不是不报,时候未到。"

这里说的"时候",与孔子说的"时",墨子说的"门",都是一个意思,就是机遇与条件。因为许多主观和客观的原因,德与福被割裂了。从逻辑的角度说,德性只是幸福的必要条件而不是充分条件,也就是说,幸福必然需要以好的德性为前提,而德性并不必然带来幸福。

2. 德性与幸福的一致

幸福一定需要好的德性吗? 是的,德性是幸福的必要条件。

孟子认为君子有三乐:"父母俱在,兄弟无故,一乐也;仰不愧于天,俯不怍于人,二乐也;得天下英才而教育之,三乐也。"[1]乐者,幸福也,其来源在于家庭之德、社会之德和职业之德。这是由幸福的社会性决定的,也就是由人的本质决定的。德性的善最基本的表现形式就是为他人谋利益,而在这种谋利的努力中实现"自我完善"。就如青年马克思所说的,那些为最大多数人谋利益的人才是最幸福的人,所以选择职业时应遵循的主要方针是人类的幸福和自我完善。那些生活中真正幸福的人,总是富有理想和追求的人(生活趋向目标),同时又是脚踏实地努力探寻和实践的人。

德性是幸福的源头。道德作为利益调节器,为拥有道德的人分配利益。"善有善报,恶有恶报",这里的第一个"善"即指合乎道德的行为,第二个"善"指带来的好的后果。"德以延年""君子坦荡荡,小人长戚戚"等古语说的也是道德为生活带来的福祉。"不做亏心事,不怕鬼敲门。"在现实生活中,道德沦丧的人总是不受欢迎的,活在他人的批评和指责之中何谈幸福? 欲做亏心事,心中就有鬼,何来幸福? 可见,过德性生活才能拥有幸福生活。

只有德福一致才能创造好社会、好生活。如果德福长期割裂,这社会还会有好人吗? 如果无视道德,在追求所谓幸福的过程中道德沦丧、逾越底线,那还是一个好社会吗? 如果只强调道德,而无视幸

---

① 孟子·尽心章句上.

福,有道德只是一种纯粹的牺牲,那道德还有什么吸引力呢? 因此,德福一定要相伴。

(三) 幸福与快乐

与幸福最接近的词莫过于"快乐",因而深入理解幸福,可以与快乐作一番比较。

1. 幸福与快乐的相通

幸福与快乐都指的是一种愉悦的状态,因而有相通的地方。历史上,快乐主义作为对禁欲主义的批判的产物是具有积极意义的。古希腊的德谟克利特就说过,"人生没有宴饮,就像一条长路没有旅店一样",[1]强调了快乐在人生中的重要意义。"祝你幸福快乐!"现代生活中人们就是这样祝福亲人和朋友的。快乐主义在历史上有过积极意义,快乐在人生中也有重要意义,生活中人人都乐于追求快乐,因而幸福与快乐似乎没有必要作严格的区分。

但幸福与快乐还是不能简单等同。

2. 幸福与快乐的区别[2]

有无目的性的区别。幸福是"人的目的性的自由实现",更多地具有理性主义色彩,而快乐是感官和欲望的实现,更多地具有感性主义色彩。我们常说有信仰的人更幸福,有理想的人更幸福,因为幸福是生活目的的追求和实现,在亚里士多德看来,幸福可以作为人生活的终极目标。"追求幸福是人生最终的唯一目的",这是卢梭的名言。什么叫终极目的? 就是"为了什么"追问的终点。幸福为了什么? 不用再问了,就是幸福本身! 快乐则不然,因为感官快乐只是生理欲求的满足,作为人肯定还要问: 吃饭为了什么? 工作为了什么? 活着为了什么? 雷锋说吃饭是为了活着,当然还有人说吃饭是为了享受,都可以说。但"活着可不是为了吃饭"说出了人之为人的本质,这种理性的思考才能探讨人生的意义,才会有人的行为的对错和善恶的区分。

无限和有限的区别。幸福与目的性相连,因而有意义感和价值感;同时因为这种目的是基于对规律性的把握,包含自由意志,因而总是信心满满。期待一直充盈于胸,过程总是坚定不移,过程结束有成就感和欣慰感,那种幸福会持续伴随整个人生。就如幼儿园教师在创造优质幼教,在看到孩子幸福成长的过程中那种成就他人又自我实现的幸福状态一样。而快乐则不然,快乐因为与感官的欲望相连,因而一直在"满足—消退"中摆动,而且满足过度的话不仅不快乐还会走向痛苦,比如纵欲、暴饮暴食带来的后果。快乐的有限性是因为其无目的性或无价值性的结果,就人的本质来说,它不是追求的目的。说自己吃得很多吃得很好而很有成就感到处炫耀,那恐怕是猪的哲学。

有无超越的区别。人在追求人生目的和价值的时候,可能会遭遇痛苦和牺牲,可能需要作一些放弃,放弃某种利益甚至生命,但因为意义感一直相伴,让人觉得这种放弃和牺牲是"值得的",因而仍然会获得幸福的体验,这就是超越。而感官的快乐无法实现这种超越。人一旦把快乐作为生活的目的,那就成为欲望的奴隶,享乐越多越好,结果走向纵欲;财富越多越好,结果成为守财奴。而由于欲望的无度性决定了声色和财富永远不能满足欲望,决定了人生一直生活于"满足—消退"中而无法自拔、无法超越,追求快乐反倒成了人生的不幸。

幸福与快乐的区别还可以深入探讨,这对深入思考和理解幸福具有重要意义。人是社会的人,我们需要物质生活,但我们更需要在社会上有所作为,在为社会和他人带去利益时实现自我、成就自我,这是人应该有的幸福观。

---

[1] 北京大学哲学系外国哲学史教研室编译. 古希腊罗马哲学[M]. 北京:商务印书馆,1961:108.

[2] 檀传宝. 教师伦理学专题[M]. 北京:北京师范大学出版社,2010:27.

（四）幸福与辛苦

幸福就是要逃避辛苦吗？可以回答"是"，也可以回答"不是"。这对关系也是理解幸福的一个纽结。

1. 幸福以辛苦为前提

不经历风雨怎能见彩虹？有一首歌唱得好：幸福在哪里？朋友哇告诉你，它不在月光下，也不在温室里。幸福在哪里？朋友哇告诉你，它在你的理想中，它在你的汗水里。

幸福是以辛苦为前提，原因是幸福的人总是有理想期待，有目标追求。理想、目标都不是现成的，都是指向未来的。未来是明天的现实，但却不能自然而然到来，所以需要付出努力的汗水。这种努力包括两个方面：一是对规律性的探寻，二是基于规律性的行动。前者是解决"知"的问题，后者解决"行"的问题。

"知"的过程不易。理想、目标的形成进而成为坚定的人生追求，这个过程是艰辛的。你对世界简单，世界对你也简单；你要有所作为，你就要苦苦追寻。有大目标者成就大事业，人生才有大格局，但所有大目标的形成无不经历"众里寻他千百度""为伊消得人憔悴"的过程。目标形成了，"知"的过程并没有结束，因为"自由"是"合目的性和合规律性的统一"，把握目标实现过程中的规律性还是需要我们持续地"上下求索"。

"行"的过程更不易。理想境界的实现需要我们付出辛苦的劳动，那是因为指向未来的目标总是要与今天发生很多矛盾，生出很多障碍。阻力有时来自观念、习俗层面，有时来自人性层面，有时来自物质条件层面，有时还来自社会体制层面。需要冲破重重阻力而前行，其中之不易就可想而知了。

在科学上从来没有平坦的大道，只有沿着崎岖小路攀登的人，才有希望到达光辉的顶点。马克思的名言导出了一个真理：幸福从来是辛苦得来的。正是因为有许多不易，到达光辉顶点的那种愉悦状态才无与伦比。

2. 辛苦当以幸福为终点

幸福以辛苦以前提，但辛苦却不能成为终点，幸福才是人追求的终极目标。我们需要沿着崎岖的小路攀登，但我们的目标是"光辉的顶点"而不是"崎岖的小路"。这是伦理的人性和伦理的魅力，这对理解"幸福从教"作为幼儿园教师专业伦理的核心取向也至关重要。

在传统文化里，对教师的礼赞常常用这样的隐喻：春蚕、红烛、渡船、人梯、工程师……所谓"春蚕到死丝方尽，蜡炬成灰泪始干""老师是渡船，送我们到知识的彼岸""甘为人梯""老师是人类灵魂的工程师"……

这些隐喻的共同点都是塑造老师是成就别人、牺牲自己的悲剧形象。总认为老师牺牲了自己，学生一定幸福，老师生来就是苦行僧。

干嘛苦行僧般呕心沥血做教师？干嘛蜡炬成灰泪始干？本身没有光芒哪能照亮别人？本身没有幸福哪能带给孩子们幸福？而孩子们在园没有幸福的童年体验能说给他们提供了优质保教吗？思考这些问题就能渐渐明白，辛苦能得来幸福，但人生的追求却不能停留于辛苦。就教师的"从教"来说，更是如此。

二、幼儿园教师的幸福及其价值

（一）什么是幼儿园教师的幸福

幼儿园教师的幸福，是幼儿园教师有目标、有期待地从事幼儿教育专业活动，并基于对幼儿天性、幼儿成长规律以及幼儿教育中各种规律性的认识和把握不断实现这种目标和期待,从而产生的自我实现的愉悦状态。

幼儿园教师的幸福从教,其幸福具有专业的特性,体现的是幼儿教育的本质特征。幼儿园教师追求和创造一种优质的幼儿教育,其基本点是为幼儿的成长提供科学的服务。因为有明确的价值认同和目标期待,因而幼儿园教师的保教实践是自觉的;同时,这种目标期待又是建筑在幼儿教育规律性的认识和把握的基础上的,为幼儿成长提供的科学服务是"合目的性和合规律性的统一",因而也是自由的。人的目的性自由实现的那种状态是幸福的状态,幼儿园教师的保教实践进入了这样的状态,就是幸福的状态。

幼儿园教师的幸福从教为何应该成为幼儿园教师专业伦理的核心取向?

一是因为在幼儿教育过程中,幼儿是教育对象,是发展对象,确实应该放在教育的本位。幼儿是否发展、是否幸福,是幼儿教育活动成败的根本尺度。但对于社会来说,每个人都是本位,社会应当关心每个人的发展和幸福,关心每个人的自我实现和自由权利。所以专业伦理不仅要强调幼儿为本,也要关注教师是否幸福从教。

二是因为幼儿教育过程主要是师幼互动的过程,不能为了确保"幼"而忽略了"师"。幼儿教育中幼儿是主体,应该得到充分的重视,但幼儿教育的另一个主体——幼儿园教师的幸福从教,也需要在核心取向中加以体现。要知道一切教育活动的真正组织者是教师。

三是因为幸福本质上是一个伦理命题,先哲们把幸福看成人生追求的终极目标。幼儿园教师是否幸福从教,关系到其是否以良好的状态出现在保教现场,关系到幼儿是否可以在教师身上获得幸福的感染。在这里,幸福不仅成了教师的一种应该得到的权利(幸福的主体性价值),也是一种为保证幼儿教育质量应该承担的义务(幸福的工具性价值)。

(二)幼儿园教师幸福的主体性价值

幸福是"主体的生存状态"。幼儿园教师投身于幼儿教育应该获得属于自己的幸福,应该在服务幼儿、服务家庭、服务社会的过程中实现自我,在为他人谋幸福的过程中实现自己人生的精彩。这是幼儿园教师幸福的主体性。

这种幸福的主体性其价值体现在三个方面。

1. 教师的自我认同

自我认同是一种对自己生命状态的肯定。人们对自己的所作所为是否满意,是否认同,取决自己的愿望是否在努力中化为现实,也就是说自己是否幸福。有成就感,有幸福感,就会有一种自我肯定,自我满足,主体就会持续地、乐此不疲地去继续从事这种所作所为,并争取在其中获得更多的自我实现。

孔子曾说自己"学而不厌""诲人不倦"。怎能做到"不厌""不倦"? 一定是自己发现并感受到了其中的乐趣,如果没有乐趣,他看到学生就会生厌,一讲课就会生倦,何以坚持长期从教呢。

这种自我认同是自信和自尊的基础。没有幸福感,只有烦恼、琐碎、挫败,一直身处崎岖的小道而看不到光辉的顶点,即使看到了也无到达的希望,人们就会怀疑自己,就会否认自己,就会丧失坚持下去的勇气。

幼儿教育是很容易因为陷于琐碎而烦恼的职业。所以,幼儿园教师是否幸福,关系到其是否自我认同,关系到其是否有坚持下去、乐此不疲的动力。

2. 教师的专业认同

自我认同与专业认同密切相关。对自己所作所为的满意其实就是一种专业认同。专业认同,源于专业效能感和专业价值感。专业效能感,也就是主体在专业领域的如鱼得水、得心应手;专业价值感,也就是主体在专业领域的目标明晰、取向坚定。目标体现的是人的愿望,效能意味着愿望可以自由实现,这不是一种幸福的状态吗? 所以,在专业领域是否有效能感和价值感,决定了主体是否有专业幸福感,而专业幸福感又决定了主体的专业认同。

幼儿园教师的幸福要建立在自己自由地驾驭保教工作这一基础上,建立在呵护小天使并使幼儿幸福这一取向上,意识到自己的生命和学识投注到了幼儿身上从而找到了人生的安身立命之所。这种专业认同是一种佳境,它会形成一种良性循环:幼儿园教师因专业认同而全身心投入保教工作,因为全身心投入而成就感、幸福感提升,从而更强化了这种专业认同。幼儿园教师因此而获得了专业发展的不竭动力;幼儿教育因此而获得了不断优化的基础。

只有专业认同才能"择善而固"。在今天,幼儿园教师整体来说还是一个流动性很大的群体,在关于幼儿园教师从业状况的各项调研中,"职业倦怠"率也居高不下。为什么? 那就是专业的认同度低,归根结底还是从业的幸福度低。

3. 幼教职业的社会认同

幸福的职业才能让社会认同。幼儿园教师若是幸福的,脸上总是洋溢着微笑,身上总是透出亲和、活泼、仁爱的气质,和谐的师幼互动总是受到家长、同事、幼儿的认可和赞赏,这种认可和称赞在口耳相传中让幼儿园教师获得良好的声誉。这是一种理想的状态。问题是,我们离这样的状态还有多远?

"要让教师职业成为令人羡慕的职业!"这样的口号曾经赫然写在政府的文件里。今天,教师职业令人羡慕了吗? 至少就幼儿园教师来说,还远没有达到这个程度。

教师职业能否让社会认同取决于多个因素,而教师的从业状况肯定是一个重要因素。"从业状况"指实际状况,也指传统观念和社会宣传的状况。流动性大、职业倦怠率高、工作琐碎,这是幼儿园教师从业的实际状况;教师要无私奉献,教师是蜡烛、人梯,这是社会宣传的状况。这种实际状况能让幼教职业获得社会认同吗?

改变幼儿园教师从业状况既是幼儿园教师自身的事情,更是社会的事情。社会应该通过物质待遇的改善和就业门槛的提高双管齐下促使幼儿园教师群体的优质化。同时,社会宣传也要改变关于教师的传统观念。教师职业本来是一个可以使人自我实现获得无上幸福的职业,幼儿园教师职业本来是一个可以通过呵护我们的小天使而获得人生精彩的职业,然而"牺牲自己、照亮别人"等说法,让整个社会都觉得教师职业是一个纯粹自我牺牲、为他人作嫁衣的所谓"崇高"职业。这种宣传没有让教师觉得自己崇高,也没有使社会觉得教师崇高。

"口惠而实不至"不解决任何问题,何况"口"也不"惠"。幼教职业的社会认同最终取决于幼儿园教师的从业幸福度的提升。

(三) 幼儿园教师幸福的工具性价值

伦理命题说到底也是利益命题。"幼儿园教师必须幸福"之所以是一个伦理命题,是因为它不仅关涉幼儿园教师自身的利益,也关涉其服务的对象——幼儿、幼儿家庭乃至社会的利益。后者就是所谓"工具性价值"。

人类文明的薪火相传有赖于学校教育,而一切教育都是教育者学识、人格的外化。教师的工具性体现在其不仅是知识的传递者,而且由于教育是人际互动的过程,其整个人格面貌都具有教育的功能。而幸福——主体的生存状态,是教师人格面貌中的核心要素。所以,幸福从教,就不是教师愿不愿意的问题,而是一种必须。

幼儿园教师幸福从教的品格对于幼儿教育更具有特殊的价值，这是由幼儿教育的专业特殊性决定的。

1. 幼儿的学习特点决定其价值

幼儿是幼儿教育过程中最重要的主体。幼儿天性是好模仿的。正如儿童心理学家布鲁诺所说的那样："儿童的选择很少是基于正确与错误，而是根据'谁使他同情，谁让他厌恶'的情绪。对一个儿童来说，问题不是'我想成为一个好人'，而是'我想成为谁'。"孩子是稚嫩的、单纯的，但对教师的一言一行、一颦一笑却是敏感的。作为幼儿生活中的"重要他人"，幼儿园教师的一切都会成为幼儿模仿的对象，这种模仿是无意识的、潜移默化的，因而更具有"高染性"。所谓"亲其师、信其道"在幼儿那里会表现得更为突出。幼儿园教师身上洋溢着的阳光的、仁爱的、知性的幸福之光，每时每刻在为幼儿生命的成长指明着方向。

2. 幼儿教育的目标特点决定其价值

优质的幼儿教育，其出发点和归宿都应该是幼儿的幸福；优质的幼儿教育，其内容和过程应该能够激起幼儿的幸福感受，这些内容和教育的过程能让儿童感到满足和兴奋。所以，呵护童年的幸福应该成为幼儿教育的首要目标，而幸福只能靠幸福去造就。幼儿园应该成为孩子成长的乐园，理应充满爱和幸福。只有保证幼儿徜徉在幸福之中，幼儿教育的优质才有基本的前提。

陈鹤琴等先贤曾批评过当年的幼儿园犹如儿童的监狱。成人用自己狭隘的、急功近利的短视行为强行干预着幼儿的成长，于是，幼儿园不再是孩子的乐园，而是充斥着强迫、压力、竞争的失乐园。这时候，最需要的是充满幸福感的教师，有正确的幼儿教育价值观，深知幼儿需要"静待花开"；对孩子天性有充分认知，懂得幼儿需要宽容和尊重；能把握幼儿教育规律，反对用成人意志为幼儿的成长定调。这样的幼儿园教师能让孩子重新找回他们失去的乐园。

3. 幼儿教育的情境化特点决定其价值

幼儿教育也需要计划、预设、规范、体系，但一进入保教现场，常常会遇到"异常"，遇到"始料不及"，于是，一切预设都要让位于情境。这是幼儿教育与其他教育阶段所不同的地方，这也是由幼儿的好奇、好动、好异想天开等教育对象的特殊性决定的。

教育的情境化，说明教育更富有感性色彩，说明教育者需要更多的实践智慧以应对即时的教育问题。那么，问题就来了：教师预先准备好的东西常常被情绪化的孩子所打断。为了维持"秩序"，有的教师就想着要控制孩子，不许他们"乱说乱动"。为完成自己的预设，有些教师甚至会采取"非常手段"，剥夺那些"不乖的"孩子参与活动的权利。于是，孩子被压服了，孩子的幸福也被剥夺了。这时候的教师幸福吗？其实，不了解孩子的特点，不了解幼儿教育的规律，只知道"高控"而不知道"顺应"和"引导"孩子的教师也是很不幸的教师。他们恼怒于孩子的"不乖"而不知道改变自己。幼儿教育的情境化、生活化更需要幼儿园教师读懂孩子，更需要自身有积极向上的生活状态、温柔的笑脸、充满爱意的语言、细心的呵护、耐心的引导以及和谐友爱的园所文化。这让幼儿园教师的幸福作为一个教育工具的价值更得以凸显。

三、幼儿园教师幸福的获得

幼儿园教师必须幸福，这不仅关涉教师自身，也为创造优质的幼儿教育。所以，社会对幼儿园教师是否幸福应该给予关切，创造必要的物质条件和政策条件提升这个群体的专业素养和从业幸福度。

当然，幸福从来就是"主体的生存状态"，幸福不是外铄的而是内生的。幼儿园教师的幸福最终需要我们自己去创造。我们需要不断提升自己的幸福能力——感受幸福、创造幸福的能力，在保教工作中发现最美的自己。

一位幼儿园教师的保教日记：

我跪在床上擦席子，穿的长裙拖到地上，只见露露和欣欣一人捧起裙子一角，就这样帮我提着。我从床这头爬到那头，她们也跟着我一起爬来爬去，一句话没说。我看着她们，她们却相视一笑。突然间我的内心充满幸福，这就是与我朝夕相处的孩子们。每天和他们在一起，快乐充溢在心里，笑容写满在脸上。幸福就是如此简单。我可爱的孩子们，感谢你们时常能带给我惊喜，带给我快乐，也带给我很多的感动，更多的是那种简单的幸福——纯净，没有一丝杂质，让我拥有一颗永远不老的童心。

（一）提升专业的价值认同度

幸福与"人的目的"有关，因而人的行为越具有"自觉""自为"的特点，行为过程中的自我实现感也就越强，其幸福度也就越高。因而幼儿园教师需要常常梳理和反省自己的专业价值观，使自己的保教行为有明确的方向。

这样的思考要与专业的阅读相结合，在相关的纲要、指南、标准中找找答案，也可以借鉴一下国外同行的一些研究成果，比如全美幼教协会的《伦理规范与承诺声明》中的核心价值观。尽可能多地了解整个幼教行业的基本共识，这是我们梳理和反省自己的专业价值观的重要依据。这种思考和阅读有必要在教研活动中集体碰撞，在同行的不同观点的交锋中加以明辨。

专业价值观的明辨还有助于"琐碎的圣化"。幼儿园里有什么神圣吗？看不到。我们面对的都是琐事，都是具体的、零碎的，哭和笑、吃喝拉撒闹，我们可以陷入无穷的烦恼。但价值感有了，情况就大变了。面对吵闹，我们忽然发现了一个教育的契机；面对零乱，我们想到了因势利导。一切都"值得"了，琐碎也神圣化了。正所谓"担水砍柴，无非妙道"。

专业价值观的明辨让幼儿园教师更有思想和主见，更体现专业性和自主性。明辨进而笃信，就不会为社会上似是而非的幼教观念所左右，就可能建立起一种专业自信，这种自信可以转化为尊严感和自我实现感，幸福感也由此而生。

（二）提升专业效能感

如前所述，幸福是人的目的性的"自由实现"。"自由"是什么？是"合目的性和合规律性的统一"。那就是说，幸福的获得除了主体要有目的性以外，还需要以规律性的把握为前提。规律性的把握和基于规律的行动是专业知识和专业能力问题，但因为与主体的目的性的"自由实现"有关，因而它就成了"幸福能力"了。

就幼儿园教师来说，专业效能感是一种在保教实践中左右逢源、得心应手的感觉，是一种自己的学识和能力投诸保教实践而使其发生了所期望的变化的那种感觉。

想要拥有这种感觉，幼儿园教师需要有丰富的关于幼儿教育规律的认知，即幼儿教育的专业知识。比如：关于孩子的生理、心理特点及其成长规律的知识；关于环境、课程、游戏、一日生活的特点与活动组织的规律的知识；关于家园联动合作、园区联动合作的特点和规律的知识；关于幼儿园教师处理幼教工作中各种人际关系的知识即专业伦理知识，等等。

想要拥有这种感觉,幼儿园教师还需要具备各种专业能力,比如:环境的创设与利用的能力;一日生活的组织与保育的能力;游戏活动的组织与引导的能力;教育活动的计划与实施的能力;与孩子、家长、社区沟通与合作的能力;处理保教过程中各种伦理问题的能力,等等。

(三) 提升幼教研究的兴趣和水平

幼儿园教师只有对自己的幼儿保教领域充满探索、研究的热情,对支撑自己完成教育任务的专业理论非常熟悉,才有希望使自己的工作在社会上保持某种专业权威,才能做到专业价值明晰、专业效能提升。

有人提出给幼儿园教师"松绑",原因是幼儿园教师已经够忙了,还要叫他们搞研究。这个问题怎么看? 如果研究不切合幼儿教育的实际工作,如果研究不是出于教师的内在需要,如果研究仅仅是为完成一个自上而下的任务,那么,这种所谓的研究只会给幼儿园教师带来负担,带来额外的压力。但是,我们却不能因此而否定研究的必要。忙乱而不能得心应手地工作,把工作视为机械地重复而找不到任何乐趣,这种现象是职业倦怠之源,而避免这种情况出现的最好良方就是研究。研究让我们读懂儿童的世界,研究让我们在日复一日的平凡生活中找到色彩,研究让我们在幼儿教育天地里游刃有余。教师的幸福就是要建立在自己自由地驾驭自己的工作这一基础上,而只有研究能让我们做到这一点。就此而言,研究也是幸福之源。

幼儿园教师只有给幼儿创造幸福,自己才能得到幸福。幸福的幼儿教育一定是基于对幼儿天性、幼儿身心发展规律的认识而实施的教育,是确实有助于幼儿生命潜能激发的教育。而创造这样的教育就应该潜心研究幼儿。研究幼儿,可以在幼儿心理学、学前教育学的教科书中研究"一般的幼儿",但更重要的是从一日生活中研究一个个"特别的幼儿"。当我们在探索和审美的目光中发现"孩子有一百种语言,一百只手,一百个想法,一百种思考、游戏、说话的方式",发现幼儿强大的生命力中潜藏着无数的惊喜。当我们每天面对幼儿都感到其灵动生命的活力和张力,感到其个性的日渐形成,感到其身上折射出的我们的教育的痕迹,然后我们想记下点什么、改变点什么的时候,我们就开始进入了研究的境界,这样的幼儿园教师将在孩子的欢声笑语中拥抱幸福。

❧ 思考与实践 ❧

1. 进一步解析幼儿园教师专业伦理内涵和三个关键词(幼儿教育的共同价值观、保教行为的适当、幼儿教育的专业责任)之间的关系。

2. 谈谈自己的幼教价值观,并分析这样的价值观与自己的生活与受教育经历的关系。

3. 举例说明"幼儿为本""成人为本""社会为本"这三种理念的区别,并说明对幼儿教育质量的影响。

4. 结合自己的保教实践或采访几位资深的幼儿园教师,分析思考幼儿园教师幸福的主体价值和工具价值。

第三章

专业伦理的基本要求

学习目标

1. 理解并认同幼儿园教师专业伦理的基本要求。
2. 理解专业伦理基本要求中"不逾底线"的内涵及意义。
3. 理解专业伦理基本要求中"直面两难"的内涵及方法。

不逾底线,直面两难,这是专业伦理的基本要求。底线的规定也是专业伦理规范所呈现的基本形式。"价值"如前方的灯塔,需要守望,而"规范"和"底线"如前行的轨道,不得偏离;"两难"则如前进道路上的挑战,需要直面并巧妙化解。所谓幼儿园教师在专业伦理素养方面是训练有素的,也就集中体现于此。

第一节 不逾底线

一、伦理规范、伦理底线的含义

如果说,上一章所谈的价值守望是仰望星空,那么,"行合规范、不逾底线"就是脚踩大地。

(一)规范、底线的差异和同一

"规范"就语言学角度来分析有多种词性。名词意指群体所确立的明文规定或约定俗成的行为标准,如:道德规范、技术规范等;动词意指按照既定标准、规范的要求进行操作,使某一行为或活动达到或超越规定的标准,如:规范管理、规范操作;形容词意指按规定的标准来衡量某一行为或活动达成的状态或程度,如:行为很规范,幼儿园管理非常规范,这篇文章行文比较规范,等等。

就词源来说,"规"是尺规,"范"是模具。这两者分别是对物、料的约束器具,合用为"规范",引申、拓展成为对思维和行为的约束力量。党纪、国法、家规,都是广义的"规范"。

在"规范"庞大的家族体系中,伦理规范当然是最重要的成员之一。图1大体可以看出规范与专业伦理规范的关系以及底线在专业伦理规范中的位置。

56

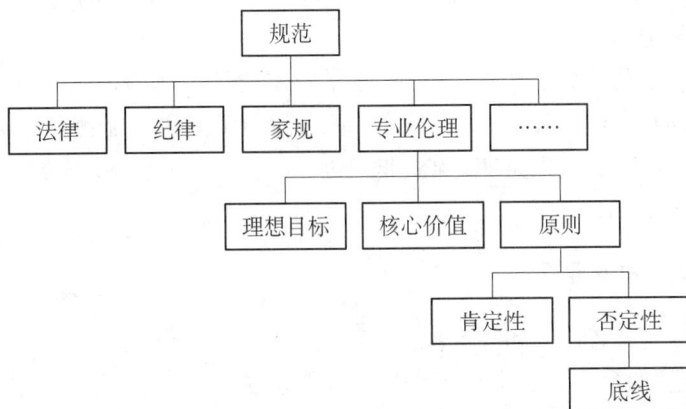

图1　"规范"示意图

专业伦理规范在全美幼教协会的《伦理规范与承诺声明》的逻辑中分为三个层次：核心价值、理想目标和原则。而原则是从两个方面来展开的：

一是从肯定性的"应当"方面进行规范。即规定了群体中的每一个成员应当做什么。这个"应当"从广义上说包括了三个部分：核心价值、理想目标、原则。就是说，这里的"应当"包括了三个层面。价值应当：核心价值是群体的共识，每个群体成员的个体价值观若与这种共识相冲突，就应该服从群体共识；目标应当：每个成员的行为应该朝着理想的目标迈进，尽可能争取最好的结果；原则应当：也就是规定最基本的伦理要求。"原则应当"就是狭义的肯定性规范。

二是从否定性的"不"方面进行规范。"原则应当"一部分是用肯定性语言来表达的，这部分规定在专业伦理中是最基本的要求；一部分是用否定性评议来表达的，"不能""不该""不行"等，这是最低的伦理要求，一般认为，这就是伦理底线。

以上的分析让我们明白了规范与底线的差异：伦理规范包括了三个层面，而伦理底线只是伦理规范的最低要求；也明白了规范与底线的同一：当我们在表达伦理原则的时候，尤其是在用否定性规范表达最低的伦理要求时，说的就是底线。

底线原是指足球、排球、羽毛球等运动场地两端的界线。在运动比赛中，例如排球比赛中，进攻或防守，球超出了边界，是得不到分数的。在社会生活中，底线同底限的内涵是一样的，指最低的条件、最低的限度。超出了这一最低限度，事物的性质就要发生质的变化。伦理底线就是道德与不道德的临界点，超出了此限度，就是不道德的。

这里的底线包含两个方面的意思，一是从道德行为或道德实践的角度，即从"行"的角度来说，针对社会生活三大领域（公共生活、职业生活、家庭生活）内的具体的伦理行为而言，是最低的行为规范要求；二是从道德意识的层面，即从"知、情、意"的角度来说，是从人与人之间关系以及对伦理行为的知觉、对作为一个人、作为一个专业人士"资格"的反思而言的，它既包含了对一定伦理行为的前提预警：我能不能这样做？也包含了对已经实施的伦理行为之后的反思：我这样做内心踏实吗？是人之为人、人之为专业人士的最后的边界。否定性的伦理规范是伦理底线表达的基本形式。[①]

一般说来，从语言的表述上来看，道德的底线一般采用的是否定式的语句或语词，表现为"不××或勿××"。从道德实践的方面来说，可以表述为"不损害××的利益"，体现了道德利益关系中一方利益的优先性。这里的"××"指代的一般是服务对象的利益，如：无论如何我们不能伤害孩子；从道

---

① 郝文清.论教师道德的底线[J].齐鲁学刊,2010(5)：97.

德意识的方面来说,可以表述为"无××或勿××"。这里的"××"指代的是一种道德的认识与情感,如:无羞恶之心非人也,己所不欲勿施于人。

在人类社会众多的道德认识与情感中,"耻"是最基本的情感体验,知耻而后勇,就是懂得什么是该做的,什么是不该做的,人就有底气了。《孟子·公孙丑上》上说:"无恻隐之心,非人也;无羞恶之心,非人也;无辞让之心,非人也;无是非之心,非人也。"不仁、不义、无礼、无智为"非人",逾越了做人的道德底线。

(二)底线的一般性和专业性

底线的一般性指的是其普遍性和基本性。

何怀宏解释,"普遍"的含义一是说它无一例外地要求所有人;二是说它寻求所有人的赞同、所有人的共识。[①] 而要如此,这种道德当然又必须是最基本和最起码的,所以"普遍"与"底线"两者总是互相联系的。

孔子"己所不欲,勿施于人"的忠恕之道,是对这一底线伦理的一个最好概括:你不想被偷、被骗、被抢、被杀、被强制和被伤害,那么,你也不能如此对别人做这些事。

原则的普遍性主要是指它是普遍地适用于所有人,是同等地要求所有人,不允许有任何"主体的例外",即不允许有任何专制者或逃票者的例外。不论是什么人,都不能够无所不为、为所欲为;不管是谁,都要受同样的一些伦理规范的约束。这还意味着我们应当从一种普遍的、一视同仁的观点引申出伦理的原则规范;意味着的确存在着具有某种客观普遍性的伦理原则规范;意味着我们还应当努力寻求对这样一些原则规范的尽量普遍和广泛的共识。

至于说"基本"的,就是人们行为最起码的界线,主要是指这种普遍主义的伦理不再把人们对"至善理想",把"修身、齐家、治国、平天下",把"万世师表"的价值追求纳入伦理原则规范的范畴之内。也就是说,底线伦理是指维护一个社会、一个群体正常秩序所必需的、其所有成员不论何种身份地位都必须遵守的最基本、最低要求的行为规范。

底线的专业性是指其带有专业领域的特殊性。

底线的一般性特征就是一种"通识性"和"通用性"。从逻辑上说,做人的伦理底线,也是社会生活的三大领域——家庭生活、职业生活、公共生活伦理上的最低要求。可是由于社会生活的复杂与多样,"不无耻""己所不欲,勿施于人"等作为"做人"的伦理底线并不能够完全替代不同社会生活领域内各自的伦理底线要求。也就是说,"不无耻""不伤害"等伦理底线在三大社会生活领域中具体的要求是不一样的,并且在同一社会生活领域的不同部门的伦理底线要求也是不一样的。特别是在职业领域,各个行业的性质、工作对象等具有非常大的差异,不同职业内部的职业道德都有特殊的行业特征,故而其伦理底线要求也是不一样的,甚至于某些特殊的行业其职业道德的底线要求要高于做人的底线,例如教师和医生等职业,你总不能把"不无耻"当成从业的底线。在职业向专业提升的过程中,基于专业理论对专业领域的特性和规律的揭示,对专业工作者的最低伦理要求也会有新的认识,因而专业领域的伦理底线也必然带有专业的特征,这就是所谓伦理底线的"专业性"。例如"为人"的伦理底线具有一般性,"为人师"的伦理底线就应该具有专业性。

二、为什么不能逾越底线

人为什么要恪守底线?强调守底线,道德要求降低了吗?

[①] 何怀宏.底线伦理的概念、含义与方法[J].道德与文明,2010(1):17.

（一）守底线的重要意义

1. 就"为人"来说

在人的文化心理和价值意识中,伦理底线是一条基本的、绝对的道德律令,是人把自己与禽兽区分开来的最后分界线,因此,除非社会出现严重的病态和变态,每个人都不可能也不敢越过这一底线。因而伦理底线成了文化和文明中的一种严厉的禁忌。人类的宗教和道德起源于原始的禁忌。通过压抑原始野蛮的兽行和情欲,人类就进入了文明阶段。尽管这条底线在人类文化发展的不同阶段和不同形式中被弄得十分复杂、十分神秘,但它的基本功能就是内化这样一种文化意识:人有人生活的基本样态、标准和价值。

底线伦理由于关涉的不是高级层次的规范(如信仰、社会文化理想、终极关怀),而是最低层次的规范,是作为"人"的最后要求,所以这些规范是文明人都可以、都应该接受的。任何人,无论种族、文化、道德差异如何,都不能拒斥这些伦理规范。

人不是什么事情都可以做的,人文明的一个重要标志是有些事绝对不能做。人脱离动物界,创造和发展文化和价值的历史活动,可以从两极看:一极是创造和建设出理想和应然的状态,解决"人应该是怎样的、应该朝什么状态发展"的问题;另一极是划定文化的下限,解决"人起码是什么样态、绝对不能做什么"的问题。人给自己划定下限,就是经由一些基本的伦理和文化,把自己与自然、与动物区分开来,把自己从蒙昧和野蛮状态提升出来,成为"人""文明人"。这个区分,就是伦理道德的底线。线内的行为是作为"人"至少可以容允的,虽然不一定高尚;线外的行为本质上说不是"人"的行为,否则我们就说他"没有人性","畜生",甚至"禽兽不如",就不齿于人类。

人也不是任何事实都可以接受的。人必须享受"人"的礼遇,人至少应该被当作人看待、对待。就个体来说,当人遭遇到作为"人"所不应该接受也无法承受的事件时(如人被极端地羞辱和折磨),这对主体来说,是莫大的耻辱,是一种罪孽之事。人为了逃避和拒绝非人的遭遇,宁愿选择死亡。对群体来说,当人们经历了或身边发生了"人"所不应该接受也无法承受的事件时,对这些主体来说,也是莫大的耻辱,是一种罪孽。人无法面对这样的行为,就是因为它越过了人之为人应有的底线。

2. 就"为师"来说

"为师"首先应该"为人",这是无需证明的道理。但因为"为师"承担着教书育人的职责,因而其伦理底线应该高于"为人",这也是天经地义的。尤其是教师职业,包括幼儿园教师职业,正越来越走向专业化,专业的教师应该展现专业的伦理素养,应该在孩子面前展现起码的担当之责、敬畏之心、公正之意、宽容之怀,这不仅关涉主体的尊严,而且关涉行业的声誉。尤其重要的是,作为孩子成长的"重要他人",教师能否守住"为师"的底线,关涉孩子是否受到良好的榜样示范。

这几年幼教界频频被媒体曝出虐童事件,胶带封口、拎耳朵、针扎、服药、关禁闭,等等,甚至还发生两个教师当着几十个孩子的面鼓动一个女孩去打一个男孩,让社会震惊,让业界蒙羞,让"人之初"的孩子受害。这些事例说明,幼儿园教师队伍中有些人"为人"的底线也没有守住,更妄论守住"为师"的底线了。看来,底线意识和行为对教师来说是基本的专业伦理素养,应该具有获得的优先性。

（二）守住底线才能走向崇高,且守底线也是崇高的表现

守住底线才能走向崇高。中国文化历来有追求道德崇高的传统,"高山仰止,景行行止,虽不能至,然心向往之"。但在今天的社会中,"不顾一切地号召大家追求崇高"和"首先考虑防止最坏,然后再争取最好",哪一种更合乎实际更能为大众所接受呢?显然是后者。因为我们要先使自己立于不败之地,再考虑各种发展的可能性。底线有了,底气就有了,结果可能反而比一种"高尚"的思维更能争

取到真正的最好。

"底线伦理"确实是"卑之无甚高论",它说的都是一些最简单、最基本的道理,就像游戏的一些基本规则,但如果不遵循这些基本规则,就什么游戏也玩不起来。如果我们不首先坚持这一基础的底线,任何高尚的、美的东西也就不会有着落,有时还可能适得其反,如果我们在追求有的高尚目标时不遵循底线伦理,不让我们的行为受到它的约束,这种追求就反而可能带来残忍的行为,最后使目标也发生异化。①

"底线"有一种"最后的""不可再退"的临界点的意味,这样,它在我们道德要求的次序上倒应该是"最先的""第一位的"。如果一个社会上的人们越来越多地逾越这些界限,这种"恶的蔓延"就很可能造成社会的崩溃;如果一个专业群体如教师群体中的人越来越多地逾越底线,这个群体就不会被社会接受,其必然走向解体和重组。

有时候,守住底线也是一种崇高。

确实,大多数人在大多数情况下都不难履行底线伦理,但在对自己很不利或者已经遭到别人不公正对待的情况下仍然坚持正当的行为,这本身就是一种难能可贵的高尚行为。

> **延伸思考**
>
> 何怀宏说有两个故事一直使我感动。
>
> 一个故事是说,一个人在众多债权人都已谅解的情况下,仍倾其毕生之力,偿还由一个并非他自己力量所能控制的意外原因所造成的一笔欠款;另一个故事是说一个中国记者在欧洲目睹到的这样一幅情景:公园的一处草坪飘动着许多五颜六色的气球,原因是公园规定,当春天新草萌生的时候,这片草坪暂时不许入内,于是人们连孩子玩耍的气球掉入其中也不去拾取。前一种行为难于做到但也难于碰到,而一个社会也许只有少数人能这样做就足以维系其基本的道德了,它展现了底线道德所需的深度;后一种行为则不难做到但也往往为人们不屑于做到,而一个社会却必须几乎所有人都这样做才能维系这些规范,它展现了底线道德所需的广度。② 这种深度和广度正体现了一种守底线的崇高。

三、如何恪守伦理底线

"行合规范、不逾底线"既然很重要,幼儿园教师应该怎么做呢?

(一)守住优先底线

什么是幼儿园教师应该优先守住的底线?

伦理的基本功能是调节人与人之间的利益关系,专业伦理调节的是特定专业服务过程中各种人际之间的利益关系。专业领域中的核心伦理关系是确定伦理底线的基本依据。幼儿园教师专业伦理所要调节的社会伦理关系主要包括:教师与幼儿之间的关系,教师与幼儿家长之间的关系,教师与同事之间的关系,教师与社区之间的关系,等等。在所调整的众多利益关系中,师与幼关系是其中最重

---

① 钟国兴. 底线伦理——道德的最后边界[N]. 光明日报,2013-6-3.
② 何怀宏. 一种普遍主义的底线伦理学[J]. 读书,1997(4):12.

要的、核心的伦理关系,这是由幼儿教育的性质、幼儿园作为教育机构的属性和幼儿园教师的基本职责决定的。维护幼儿的利益就成为幼儿园教师专业伦理要求的底线,也是幼教从业者所必备的资格的最低要求。

师与幼之间的伦理规范的最低要求就是幼儿园教师专业伦理的底线。师与幼之间关系的伦理规范有很多,哪一条是最基本的底线要求呢?

师幼之间的利益关系中,幼儿的利益具有道义上的优先性。呵护幼儿、助其健康成长是幼儿园教师专业伦理的基本要求,是"应当",是肯定性的规范;而不能损害幼儿的利益是否定性的规范,是最低要求,是最后的"临界点",这是幼儿园教师需要遵守的专业伦理底线。若不能够守住这一底线,就说明不具备从事幼儿教育的资格。伦理底线从否定性的角度规定了教师与幼儿之间幼儿利益在道义上的优先性。正是基于此,全美幼教协会制定的《伦理规范与承诺声明》强调:无论如何,我们不能伤害幼儿,这条原则优先于其他所有原则。

这为保教行为的评判提供了一个重要的指南。

某幼儿园教师体罚孩子受到园长批评,该教师还振振有词地说:这是家长关照的,孩子调皮,要求老师严厉管教。这辩解成立吗?没错,家长也是幼儿园的服务对象,家长的利益及其诉求也是幼儿园要重视的,但与孩子的利益相比较,维护孩子的利益更具有优先性,此其一;其二,家长在教育方面一般是非专业人士,关于如何管教孩子若被家长牵着鼻子走,说明教师也不专业;其三,也是最重要的,"无论如何,我们不能伤害孩子",这是无条件的,只要对孩子构成伤害,任何辩解都是错的。

(二)树立底线意识

恪守伦理底线需要教师树立底线意识。所谓底线意识,就是幼儿园教师要时刻牢记保教中哪些伦理规范是最基本的要求;哪些行为是不能有、不应当有的;特别是要铭记的是,无论如何,不能伤害孩子;对保教过程的各个环节有伤害孩子的可能保持足够的预警,并在反思和评价保教行为时把是否守住底线作为优先项目。

幼儿园教师是否有底线意识,主要看三个方面:

一是教师能否控制自己的不良情绪。研究表明,幼儿园教师体罚孩子等逾越底线的行为往往发生在情绪不良的状态下,而幼儿园教师恰恰又是易发情绪不良的群体。相关研究也表明,幼教群体"职业倦怠症"高发,职业压力、家庭生活压力大,是极易导致情绪失调、产生不良情绪体验和抱怨的。一旦把孩子作为发泄这种不良情绪的对象,底线就往往守不住了。情绪是需要靠理智来调控的,这里的"理智",就是"底线意识"。

二是教师能否克服自己的"自然人性"。保教中重视一些孩子、忽略一些孩子;对有些孩子宠爱有加,对有些孩子爱理不理,这可能与孩子的长相有关,也可能与孩子是否乖巧有关,也可能与孩子的家庭背景有关。而这些"有关"都与教师的"自然人性"有关。长相好的、乖巧的、家庭背景好的,人人都爱得起来,而丑的、不听话的、穷的就有可能成为"逾底线"的对象。教师是专业人员,不能仅仅从自然人性出发,需要从专业人性出发。而要从专业人性出发,起点就是"底线意识"。

三是教师在突发性或灾难性事件发生时能否把孩子安全置于首位。呵护孩子的安全是幼儿园教师的天职,在突发事件来临时,要把孩子的生命安全放在优先于自己的地位,这是教师伦理底线要求的特殊方面,是守住底线的崇高。"范跑跑事件"发生后,社会上曾广泛讨论了灾难面前教师应该怎么做的问题。是的,教师自身的生命安全也很重要,任何一个人的生命都是重要的,但相对于教师来说,幼儿园孩子更为稚嫩,更需要呵护。当然,这种突发事件中的呵护也非常需要智慧,但那是守住底线后的事情。

（三）熟记伦理原则

"行合规范、不逾底线"，其前提是不仅知道规范、底线是什么，而且需要"熟记"，乃至"铭记"，特别是那些用否定性语言表达的伦理原则，那是不能逾越的最低要求。

由于大陆幼教界尚没有类似全美幼教协会制定的幼儿园教师伦理规范，因而我们要记住的那些伦理原则还没有得到系统的梳理。但教育部颁布的《幼儿园教师专业标准》等幼儿教育的法规性文件中有类似"不讽刺、挖苦、歧视幼儿，不体罚或变相体罚幼儿"这样的规定，我们需要重视。

在美国、英国、澳大利亚以及台湾地区的幼儿园教师专业伦理规范文本中，我们可以看到许多成熟的关于伦理底线的表述，这些表述反映了在对幼儿教育专业性认识基础上的对幼教从业者的底线要求。这些作为"临界点"的要求，美国教育界是作为教师应尽的"义务"提出的。作为教师个人来说，"熟记"这些义务是从业的基础，因为这不仅有利于我们守住工作的底线，也有利于在保教中明辨基本的是非。

> **延伸阅读**
>
> 全美幼教协会《幼儿园教师伦理规范与承诺声明（2011）》：
>
> 无论如何，我们不得伤害儿童。我们不应参与在情感、身体上伤害儿童，对儿童无礼、不道德的、危险的、过分要求的、威吓的活动。这条原则优先于其他所有原则。
>
> 我们的实践活动不应以孩子无法受益为由而歧视他、也不应给予特殊优待或是根据性别、种族、国籍、宗教信仰、疾病状态、残疾程度或是家庭结构、性别取向、宗教信仰，或其他家庭的隶属关系而拒绝接收他们。
>
> 我们不得参与或支持任何利用儿童家庭谋利的活动。我们不得利用我们与家长的关系来谋取个人利益和好处，不得与家长发展可能对工作成效产生负面影响的关系。
>
> 我们不应该参与那些因为性别、种族、国籍、宗教信仰或者其他隶属关系、年龄、婚姻状况、家庭结构、身体残疾或者性取向而歧视同事的活动。
>
> 我们不得违反保护儿童的法律或规定，当意识到存在违反情况时，我们应采取与本守则相符的恰当行动。
>
> 我们应审慎核查雇员的专业资质，不能雇佣或推荐不具备专业岗位所需能力、资质和性格的人员。
>
> 我们不得参与违反保护儿童的相关法律法规的活动。

第二节　直面两难

一、伦理两难的含义

所谓"伦理两难"即一个人面对相互矛盾的道德原则和伦理责任，要决定什么是恰当行为时所面临的道德冲突。"伦理两难"的解析至少涉及三个层次：这是一个伦理问题；这是一个伦理难题；这是一个能让我们纠结的伦理难题。为了弄清楚这个问题，让我们直奔幼儿园的保教现场。保教实践中我们会遇到各种各样的问题，有些是"纯粹业务"问题，有些是伦理意味的问题，有些是伦理两难问题。

（一）保教实践中的问题

保教实践中我们总是会不断遇到问题，新手教师会遇到，资深的有经验的教师也会遇到，而且可能遇到的更多。为什么会遇到的更多？其道理就是古希腊哲学家芝诺在沙滩上为他的学生画的那个圆圈：知道的东西越多，圆圈越大，圆圈外围的无知的部分也就越多。正是因为问题和挑战，我们才有思考和研究，我们才会不断走向专业，我们的幼教工作才充满生机。保教活动中我们经常会遇到一些什么问题呢？简单罗列一下。

> 学期计划、周计划、一日活动计划如何制订？
> 关于寻找春天的主题活动如何设计和实施？
> 孩子吃饭的时候允许说话吗？
> 有个朋友要本班孩子的家庭资料，可以给他吗？
> 下雨了，孩子们的户外活动只好停止。这时，有同事拿来一部动画片，可以放整个下午。要还是不要呢？
> 有个对幼儿园有重大赞助的家长希望幼儿园对他的孩子重点关照，应该答应家长吗？
> 有个要上早班的家长希望教师不要让他的孩子午睡，怎么回应呢？
> 如此等等。

从伦理的角度分析，可以把这些问题分为两类：一类是不涉及伦理的纯粹的"业务"问题，是知识、技能、经验的问题；一类是有伦理意味的问题。在有伦理意味的问题中，有些是比较复杂的伦理两难问题。当然，涉及伦理的问题，其解析和解决也需要知识、技能和经验，也就是所谓的"伦理技巧"；幼儿保教中的问题不一定全是伦理问题，但保教实践中确实充满伦理意味的问题，有些看起来是纯粹的"业务"问题，如活动设计的问题，但其背后关涉到设计者的价值取向、责任感等，也是有"伦理意味"的。所以在幼教场域，伦理问题无处不在，这也证明一个真理：教育是一项道德事业。

（二）保教实践中具有伦理意味的问题

> **延伸阅读**
>
> 全美幼教协会所制订的《伦理规范与承诺声明》第一句话就是："全美幼教协会认识到了从事幼儿工作的人每天都要面对许多带有道德和伦理意味的事情。"
> 台湾地区制定的《幼教专业伦理守则》第一句话也是："幼教工作者经常都面临很多的难题，会需要基于道德和伦理的本质来做决策。"

当人们面对关涉人的利益的现象进行讨论、判断和行为选择时，就产生了伦理思考。伦理中通常包含了"应当""不应当""这样做是对的""这样做是错的""这是善的""那是恶的""这样做是符合伦理规范的""这样做是不符合伦理规范的"等价值判断的词汇。这表明，不同的价值观在人们的思考和选择中具有主导作用。同时,实践中的伦理意味是以规范、原则、底线等为表现形式的。这为我们思考实践中哪些是具有伦理意味的问题提供了方向。

哪些问题是保教实践中具有伦理意味的问题?

第一,涉及价值观的问题。有关幼儿教育的理念问题、教育目标问题、活动设计和实施的问题、环境创设的问题、游戏中的教师角色问题等,都可以问一个为什么。这对孩子有益吗? 这样的教育是优质的吗? 到底对不对、好不好呢? 这就是陶行知当年倡导的:幼儿园里的活动都要经得起追问,"样样活动都要站得住"。

第二,涉及伦理责任的问题。幼儿园教师明了自己对幼儿、对幼儿家长、对同事、对社区应该承担的伦理责任吗? 在保教实践中尽到了这种伦理责任吗?

第三,涉及规范和底线的问题。伦理规范和底线规定了幼儿园教师在保教活动中应该做什么,不应该做什么,哪些是绝对不允许做的。我们可以以此为尺度衡量保教行为的公正与不公正、合适与否、当与不当。

第四,涉及对幼儿的情感和态度问题。幼儿教育需要一些专业化的"标准",但仅有硬邦邦的标准是不够的,幼儿教育应该充满温情和人文关怀。保教活动中教师对孩子的敬畏、尊重之心,教师的"静待花开"之情,教师的宽容、慈爱之容,这些都体现了教师在伦理素养上的水准。

用以上"四个涉及"来衡量和观察,我们就会发现保教现场充满了伦理意味的现象,同时,还能显著地提升我们在保教现场的"伦理敏感"。

(三)保教实践中的伦理两难问题

1. 伦理两难是个古老的命题

伦理两难问题无论在国内还是在国外都是个古老的话题,它往往以故事情境的形式出现以引发人们的伦理思考。它是伦理学研究所不能绕开的课题,因为对它的不同回答直接反映了各伦理理论的最大不同之所在。同时,在日常的生活中,它几乎也是每个人随时随地都会遇到的难题。因而,关于两难问题的分析和解决,历史上有很多的智者提出过自己的看法,但是对伦理两难问题的解决的答案却一直都是开放式的,没有"标准"的。

> **延伸阅读**
>
> 中国自古就有忠孝不能两全的两难,西方也流传类似的两难故事。法西斯侵略者打进来了,面临国破家亡的危险,小伙子应该上战场,为国尽忠;但年迈的母亲为病痛折磨卧床不起,作为唯一的儿子应该留在家里,为母尽孝。无论是基于生活的常识还是文化的传统,或者基于这两者的逻辑推导,小伙子的为亲尽"孝"与为国尽"忠"都是道德上所肯定的。但这两种正确的取向同时出现在一个时空情境时,小伙子无所适从了,内心极其矛盾。

伦理两难指的就是,在各种可能的情形下,行为主体被认为是具有道德理由去选择两个或两个以上行为中的任何一个,但是不能够同时让这两个或两个以上的行为都发生。

伦理两难最为显著的特征是:行为主体有两个或是更多的行为可能;这些行为可能均可以被选择;但是行为主体不可能让这两个或是多个行为同时发生。由此,行为主体注定在伦理上要遭到挫败和纠结。所以伦理两难现象就是在同一事例上发生不同道德规范相互冲突的情形。

伦理两难困境,就是当事人在对于行为对象作出选择时,无论怎么作为都会对自己带来影响和纠结的道德处境。

2. 保教实践中的伦理两难

虽然幼教中很少会遇到"忠孝难两全"的情形,但既然保教现场面临多个利益主体,各利益主体奉行的价值取向不可能完全一致,就必然会出现同一时空中的保教情境的应对各有主张的局面,让幼儿园教师左右为难、左右难两全。所以,所谓保教实践中的伦理两难,指的是幼儿园教师面对同一保教情境的处理有两个或两个以上互相冲突的行为选择,且都有一定的道理,但只能选择一个应对的行为,因而无论怎么选择都会让某个利益主体的合理要求为另一个利益主体的合理要求让路,由此产生纠结和为难。

保教实践中的伦理两难问题与一般有伦理意味的问题比较起来,有三个方面的特征。

第一,伦理两难问题的应对需要在两个或两个以上相互冲突但都有一定道理的行为选项中作出选择。比如上面提到的这个案例:下雨了,孩子们的户外活动只好停止。这时,有同事拿来一部动画片,可以放整个下午。要还是不要呢?这是一个伦理两难问题吗?不是。虽然选择"放"或者"不放"是相互冲突的,但这是"对"和"错"的冲突,而不是"都有一定道理"的行为,不是"对"与"对"的冲突。若是选择了"放",就有违教师的伦理责任,是对孩子不负责任的表现。负责任的老师应该事先有相应的预案,有计划地开展室内有益的活动以替代因下雨而取消的户外活动。所以,这个案例只是一般的具有伦理意味的问题。

第二,伦理两难问题的冲突是价值观的不同而引起的冲突。往往是因为各自所谓的"好"理解是不一样的。你说这样对孩子更有利,他说那样对孩子更有利;你说这是符合这个价值观的,他说那是符合那个价值观的。比如我们要保护孩子的权利不被侵害,这是我们的核心价值;我们要尊重家庭养育孩子的文化,这也是我们推崇的价值。可是,在面对家长要求园方不要安排他的孩子午睡,面对家长对孩子性别角色期待的不同,幼儿园教师还是犯了难。

第三,伦理两难问题的处理是痛苦而又复杂的。就是前面提到的"纠结"。凭借一条原则、一个规范、一个案例,就能找到问题的答案,那肯定不是伦理两难问题。不同的人从不同的立场、不同的价值观出发有不同的利益主张,这些主张也许都是合理、合法的,但这些主张出现在同一个问题的处理上时,行为主体是很痛苦的。对于幼儿园教师来说,这也许意味着家长的主张要让位于孩子的需要,意味着要保护孩子的权利就有可能限制一些人的权利。这当然是困难的抉择。我们既要抉择,同时又要维护各方良好关系的"满全",这就必须权衡、比较各方的利益和主张,确定优先原则,排出先后次序,这当然不是一件简单的事情。当然,这也才能体现幼儿园教师的专业性,体现在专业伦理方面的训练有素。

二、保教实践中伦理两难的原因和表现

(一)保教实践中出现伦理两难的原因

1. 价值观多元

我们所处的时代是一个价值多元的时代,价值多元也就意味着行为取向的多元。而当我们面对保教中的同一种情境同一个问题时,不同的价值观就会交集而发生冲突。

比如,传统上,教师为抽象的国家负责,肩负主流价值观和文化传承的重任。近年来,由于对儿童权利的发现和强调,又有观点认为教师应该对孩子负责。教师到底应该对国家社会负责还是对孩子负责?也许有人会说这是统一的,但涉及到具体的保教行为,还是有孰重孰轻的问题。当我们面对行

政部门的某些决定有违"幼儿为本"的价值取向时,就会有两难问题产生:是听之任之还是据理力争呢? 是执行还是不执行呢?

再比如,传统的价值观认为教师就应该是"蜡炬成灰泪始干"的,似乎面黄肌瘦、挑灯夜战的才是好教师。现在我们强调"幸福从教"应该成为幼儿园教师的核心价值观之一,教师应该以愉悦的状态出现在孩子们中间,应该有阳光般的性格,这在传统观念里还是个好教师吗? 这种价值观也会影响到教师的保教行为和对自身形象和目标追求的定位,有时也让幼儿园教师左右为难。

价值多元引起的冲突在保教实践中更多地表现为个体利益与群体利益、专业价值与个人价值的冲突。

个体利益需要得到尊重,特殊幼儿在幼儿园的各项权利也应该得到保障,但如果个别的利益与大多数成员的利益相冲突时,如何取舍? 是服务多数原则,还是尊重少数? 例如一个患"多动症"或"自闭症"的幼儿家长,他会认为幼儿园应该多为孩子提供条件来满足自己孩子的特殊需求,但同班其他家长却认为这些需要特殊教育的孩子应该离开,以减少对大多数孩子的干扰。双方的利益立场不同,处在中间的教师应该如何应对呢?

就专业价值来说,我们应该从幼儿的天性出发实施合理的保教,但从"有效性"的角度看,强制孩子服从和听话显然比"拉着蜗牛去散步"更有即时的效果。所以在实际的保教工作中,"静待花开"与"立竿见影"往往是矛盾的,也会引起行为上的左右为难。

2. 服务对象多元

幼儿园教师的服务对象不仅仅是幼儿,还包括来自不同背景家庭的家长、有不同经历、经验和观点的同事和不同要求的社区,这种服务对象的多重性和个体差异更使其容易遭遇伦理两难困境。

幼儿园教师的直接服务对象是幼儿,但是对幼儿的教育权力并非幼儿园教师独有,家长同样有教育幼儿的权力,所以幼儿园教师不仅要满足幼儿的发展要求,还要满足家长的教育要求。且家长和幼儿园教师之间的关系是相互依赖的,幼儿园教师既想保证其专业自主性,又想要获得家长的配合,家长同样对教师也有不同的期望和目标。这就可能出现双方观念、目标冲突的情况,例如有的家长对幼儿园教师的要求就是照看幼儿,有的家长则要求重视幼儿智力方面的发展。同时在保教实践中家长、同事、领导等的观念、行为都会对幼儿园教师的决定产生影响。所谓"众口难调",牵涉的利益主体越多,利益决策者所做的决策考虑的问题也就越多,可供选择的方案也就越多,但同时也越难以兼顾各方面利益。虽然,大部分老师都认同应该优先回应幼儿的需求,但是别的利益主体提出他们的要求也必须考虑,若无法协调各方利益,就会陷入伦理两难。

3. 角色扮演多元

幼儿园教师工作的特性之一是要在幼教实践中扮演多种角色——家长、老师、医生、保姆、教练、厨师、各种动物,等等,每一种角色背后都附带着一系列的义务或责任。儿童年龄愈小,成人所承担的责任就越大,范围也越广。幼儿园教师很难将自己的角色定位仅局限在传授知识技能和促进幼儿社会化上,生活照料和训导、伙伴交往等也必须列入工作职责。角色扮演的多元就会经常遭遇角色冲突,就很容易模糊角色界限。当生活照料的角色与教师的角色、伙伴的角色和教师的角色等发生冲突时,自然就会不知所措,左右为难。

(二) 保教实践中伦理两难的表现

保教实践中的伦理两难困境主要发生在教师与家长间、教师与同事间、教师与行政领导间、教师与幼儿间。有哪些常见的伦理两难现象呢? 综合其他学者的研究,大体罗列如下。

1. 发生在教师与家长间

(1) 幼儿的学习:幼儿学写字、幼儿的作品、幼儿上台讲话、幼儿上才艺班。

（2）幼儿的行为：带玩具回家、说脏话、吸手指、行为举止、哭、幼儿之间的争执、打人、捉弄别人、撞到人、摸别人的生殖器官、幼儿的游戏。

（3）幼儿的生活：对幼儿的生活照顾、幼儿的服装、午睡问题、饮食问题。

（4）幼儿被别人打、家长教幼儿反击或出面替幼儿解决问题。

（5）家长忽略幼儿的心理需求。

（6）幼儿发展迟缓。

（7）家长要求老师特别照顾他的孩子。

（8）家长将教育的责任委托给老师。

（9）父母教养的方式是不适当的。

（10）家长的要求与园方规定冲突。

（11）因个人及时间因素，家长和老师未能有效沟通。

（12）家长干涉老师的教学。

（13）家长批评同事。

（14）老师与家长沟通时会受家长既有看法的干扰。

2. 发生在教师与同事间

（1）对幼儿的看法歧异。

（2）对幼儿的态度彼此不认同。

（3）对幼儿行为的处理方式不同。

（4）处理幼儿的问题重点不同。

（5）对幼儿的餐点看法不同。

（6）同事的工作态度不尽责。

（7）对同事的教学不认同。

（8）家长对同事的批评，同事不能接受。

（9）同事之间沟通不良。

3. 发生在教师与行政领导间

（1）园长情绪不稳定。

（2）园长缺乏教育理念。

（3）对幼儿园教师的工作职责的认知有差距。

（4）园长常借行政之名不参与一线教育活动。

（5）园所活动的安排不采纳幼儿园教师的建议。

（6）在幼儿的餐点方面有不同的看法。

（7）因各种原因超额招生，班级幼儿数大幅超编。

4. 发生在教师与幼儿间

幼儿外在表现的行为，反映其内心的需要、兴趣与目的，幼儿的表现无法符合教师的期望时，幼儿园教师会面临是否要满足幼儿需要、兴趣的伦理两难情境。

三、伦理两难问题的解析与应对

遇到保教活动中的伦理两难问题，我们怎么做才体现出专业水准呢？我们从哪里入手步步推进以"巧解"呢？

伦理两难问题的解析与应对是需要学习的一种技能。通常在问题发生时我们往往情绪激动,若是我们也遇到了一位同样情绪激动的母亲,激动面对激动,我们就无法理性地去思考和应对,我们的做法很有可能显得不够专业。这时候我们特别需要冷静。虽然好多问题我们需要即时地作出反应,但不等于说这可以不假思索,如果我们事先有应对的心理准备、理论准备和策略准备,我们就能从容不迫,即使需要即时作出的反应,我们也能建筑在合理的基础上。当然,大部分的两难问题,我们是可以延时思考,应对得更从容一些的。

(一)问题的思考

当我们遇到了保教中的问题,我们先要思考一下这是一个有伦理意味的问题吗?然后再思考一下这是一个伦理两难问题吗?如果确认这是一个两难问题,我们就要有足够的思想准备去化解。

面对问题的思考要点是:这涉及哪些人的利益?以确认各利益主体;每个人的诉求是什么?以了解各方的需求和主张;我应该对各方尽什么义务?我的职责是什么?以明了自己的角色及行动的初步方向。

对以上的思考心中有数以后,我们需要行动的依据。中国大陆的幼儿教育界还没有自己的专业伦理规范,我们可以参照《幼儿园教育指导纲要(试行)》《3—6岁儿童学习与发展指南》等这些官方文件的精神,还可以参照美国、台湾等地的幼儿园教师伦理守则。这些参照主要是弄明白两点:一是自己应该承担什么样的责任;二是这件事情的处理的优先顺序。就如有学者提出的,走出两难困境的要旨是如何明确地从不可兼得的善或非此即彼的善中选出最当选之善。在左右为难的情形中,这两点明白了,前方的路就渐渐清晰了。

接下来要思考的是:关于遇到的那个难题的背景资料已经充分掌握了吗?我们需要向孩子、家长和同事了解更多关于这件事的准确信息,必要时我们还要了解一下家庭教养方面的一些文化和主张,了解一下园方和行政部门的一些规定。

(二)前期的化解

伦理两难必须要通过非左即右、两者必取其一的方式来解决吗?有没有什么中间道路可走呢?这是前期化解的要旨。关怀伦理学主张协调和和谐,在幼儿教育的场域这是特别需要的,因为毕竟在教育孩子问题上各方没有根本的利害冲突,文化和价值观的不同也不是不可调和。面对要求不安排自己儿子在幼儿园午睡的母亲,我们能否在"要么午睡、要么不午睡"以外找找中间道路,如"睡一小会儿""非睡眠方式午休"等办法解决。面对因孩子之间打架引起的家长矛盾,我们能否在"是与非"以外找找中间道路,各方坐下来协调解决呢?这样,幼儿园教师就可以避免"痛苦的抉择"。

应该创造一种伦理难题化解的"协商模式",或者叫"和谐模式",如此就能解决问题,善莫大焉。当然,这里的关键是幼儿园教师要有能力去创建一种和谐、诚恳的氛围,各方愿意对话和沟通。

(三)行动方案及其选择

问题是,中间道路很有可能走不通,协商模式难以奏效,否则怎么叫两难问题呢?当此路不通时,我们只能面对挑战,审时度势,在"对和对"中、"保护和放弃"中作出权衡和选择。这是最体现我们专业能力的时刻。我们的信心来自于对事实的把握是准确的;对行业的共同价值观是清楚的;对相关的规定是有数的;对曾经过往的相关案例的处理是了解的。当然,我们还可以建立与同事及相关专家的联系,以获得专业的支持。

知道自己应该守望的价值是什么,知道应该固守的底线是什么,还知道在冲突的场景中首先需要的是冷静和理性,那么,我们都能渐渐成为幼教中麻烦问题的优秀化解者。

(四) 事后的反思

一个难题化解了,我们可以很有成就感地长吁一口气。接下来,我们应该就此事的解析和应对作一点反思。

关于此事的处理有何经验和教训。从事情处理的过程和结果看,我们所选择遵循的价值优先顺序是可行的吗? 各方利益主体的反应是什么? 此事如此处理可能会造成的影响是什么? 我们所遵照的那些规范和守则有哪些不完善的地方? 国家的政策法规在本地区执行得怎么样? 还有哪些是需要完善的? 本地的哪些传统习俗和文化传统不利于孩子的保护而需要加以改变?

这些问题的思考可以是个人的功课,更可以作为同事分享的材料。不妨拿到幼儿园教研活动中,也不妨写成文章让更多的同行一起来思考和碰撞。在这个过程中,我们的伦理素养在提升,我们的专业水平在提升。

最后,参照美国学者的研究成果,我们可以更清晰地知道了解伦理两难问题解析和应对的路径。[①] 让我们一起了解一下(见图 2)。

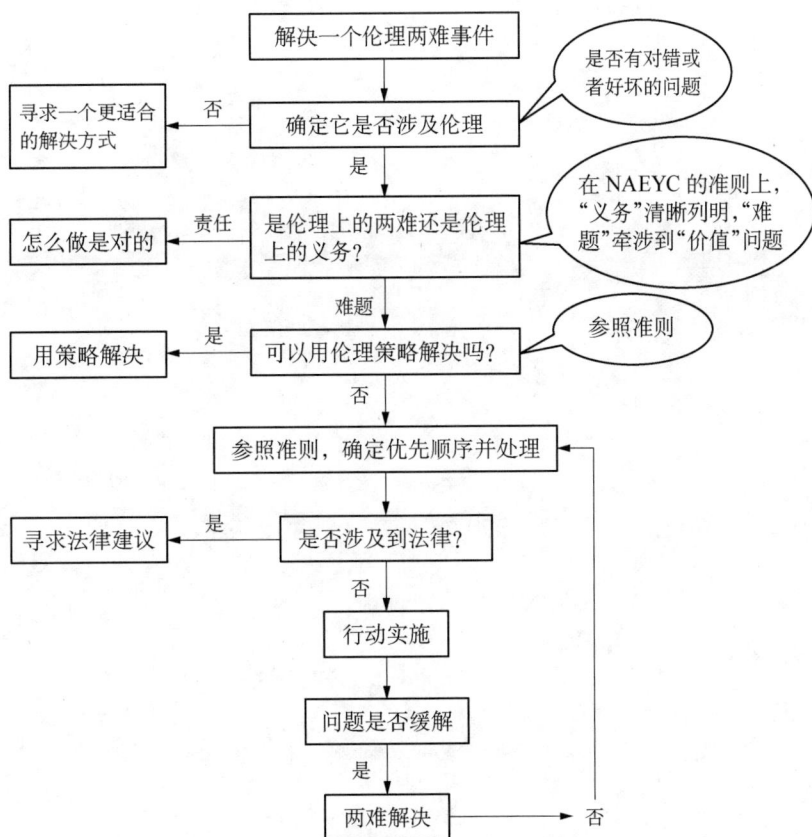

图 2　伦理两难问题应对路径

① [美]Stephanie Feeney, Nancy K. Freeman. 幼儿保教人员专业伦理[M]. 张福松等译. 台北:五南图书出版社股份有限公司,2007:40.

思考与实践

1. 如何理解幼儿园一日生活中充满伦理意味？
2. 你觉得幼儿园教师如何更好提升"底线意识"？
3. 幼儿园教师在解决"伦理两难"问题时可以怎么做？请举例说明。

02

建 构 篇

专业伦理的他山之石

在幼儿园教师专业伦理建设方面,国外、境外的同行先行者已经作了有益的探索。

他山之石,可以攻玉。本章着重切入两个点对此进行述评,一是分析美国、英国、澳大利亚三国幼儿园教师专业伦理建设的观念、做法及其启示,侧重规范本身的制订和实施方面;二是通过对照分析我国台湾地区和大陆地区高校的幼儿园教师专业伦理教育,思考借鉴台湾地区幼儿园教师专业伦理建设的有益经验。

第一节 美、英、澳幼教专业伦理建设及其启示

一、基本概况:全美幼教协会开风气之先

20 世纪 70 年代,水门事件在美国社会掀起轩然大波,尼克松总统因此引咎辞职。此事引发了关于从业伦理问题的广泛讨论。全美各行业都在思考,除了法律之外,专业人员还该受到什么样的伦理规范约束? 这样的讨论也波及幼教行业。幼儿园教师在保教活动中到底应该遵守什么样的伦理规范? 讨论从美国开始,逐渐蔓延到整个西方社会,成为 20 世纪后半叶的一股潮流。

"水门事件"

1972 年的总统大选中,为了取得民主党内部竞选的情报,1974 年 6 月 17 日,以美国共和党尼克松竞选班子的首席安全问题顾问为首的 5 人闯入位于华盛顿水门大厦的民主党全国委员会办公室,在安装窃听器并偷拍有关文件时,当场被捕。由于此事,尼克松于 1974 年 8 月 8 日宣布将于次日辞职,从而成为美国历史上首位辞职的总统。

全美幼教协会制定的幼儿园教师伦理操守准则《伦理规范与承诺声明》(Code of Ethical Conduct and Statement of Commitment)是最早,在今天看来也是最完善的幼儿园教师专业伦理规范文本。该文本从酝酿到出台再到日臻完善,经历了一个长期的过程。水门事件后的 20 世纪 70 年代末叶,在教师专业化和教师专业伦理讨论的潮流中开始酝酿,随后又经历了专家学者的研究、呼吁。20 世纪 80 年代全美幼教协会开始进行了一系列全行业的调查问卷以搜集信息,且在每年定期举行的协会工作会议上组成了"伦理工作小组",专门负责专业伦理规范文本的研制工作。1987 年,"伦理工作小组"发起了包括协会成员、其他关心幼教事业的社会人士广泛参与的积极讨论。这场讨论以保教现场遇到的难题为切入点,引发全行业思考一个专业的幼教从业者在面对这些伦理难题的时候应该怎么办。这些讨论成为专业伦理规范出台的前奏。1988 年 11 月,《伦理规范与承诺声明》的草稿在全美幼教协会的年会上向世人公布。次年,这份伦理规范与承诺声明正式颁布实施。此后,这个文本一直在实践中发现问题而不断完善。协会为此建立了一个重新审核与修订完善的机制,直到今天,这个规范文本仍处于更新与完善之中。

全美幼教协会开了风气之先,相关西方国家紧随其后。

英国早期儿童教育协会、澳大利亚早期儿童教育组织作为各自国家的幼儿教育专业组织,在学习美国经验的基础上分别制定了各自的《伦理准则》(Code of Ethics)。

在我国幼教界处于行业规范提升、队伍专业化的当口,分析品味借鉴这三国规范,有着特殊意义。

二、观念层面:专业伦理规范的必要

(一)权力越大越需要伦理自律

"伦理规范是所有正式组织自己制定的法律制度,它规定了内部人员与服务对象或之外人士的适当关系。"[①]相对于公民来说,总统可谓权力巨大;相对于病人来说,医生可谓权力巨大;相对于幼儿来说,幼儿园教师可谓权力巨大。当服务提供者相对于服务对象的权利和影响力越大时,这种规定"适当关系"的自律性伦理规范也越重要。因为只有约束服务者的行为,防止其为所欲为,才能保证服务对象的利益,同时也维护服务者的声誉。

医学界对从医伦理规范的探讨给幼教界以启示。美国医学协会很早就开始开发并且通过了"医

---

① Moore W E. The Professions: Roles and Rules Russell Sage Foundation [J]. New York, 1970: 3.

生行为指南"伦理规范,这套规范在对 2 400 年前的希波克拉底誓言①讨论的基础上,制定了如"首要考虑病人的身体健康"的要求。虽然职业内容各异,但医学界与幼教界服务对象的弱势和服务提供者的相对强势则是相同的。幼儿弱小稚嫩但具有无限发展的可能性,教师有意无意的言行都潜移默化地影响着幼儿。且幼儿受制于自己身体与心理发展阶段,这种影响力幼儿又无法做出改变与修正。如果教师的保教行为失当,幼儿也只能"默默"忍受。所以,制定一个合理的幼儿园教师专业伦理规范以加强自律至关重要。

在这一点上,三国幼教界在专业协会的推动下渐渐形成共识。澳大利亚早期儿童组织的《伦理准则》在"前言"部分旗帜鲜明地强调了早期教育工作人员必须要通过清晰的伦理规范才能代表儿童及其背后家庭的权利。曾为全美幼教协会主席的丽莲·凯兹在《与幼儿教师对话》一书中用专门的章节论述了保教人员的伦理选择对行业和儿童个体的重要影响。

(二)专业化程度越高越需要伦理规范

职业的社会地位与其专业化程度密切相关。三国酝酿幼儿园教师专业伦理规范之初,有学者提出了一个耐人寻味的研究结论:某职业的女性成员越多,其社会地位就越低。按照这一逻辑,幼儿园教师以女性为主,其社会地位自然不高。社会上还有这样一种观点,为年纪越小的幼儿服务,其服务人员所需要具备的能力也就越低,相应的工资福利也低,工作环境也不佳。职业的社会地位取决于性别?取决于服务对象的年纪?有点不靠谱。但这种结论与观点却反映了某种社会现实。

幼儿园教师的社会地位究竟从哪里来?唯有从该行业专业化程度越来越高、专业边界越来越明晰的过程中来。② 早在水门事件前有关教师专业化的讨论中,人们就意识到专业水准才是决定一个行业社会地位的决定因素。幼儿园教师的社会地位也只能从专业提升中获得。而专业伦理规范的完善是一个行业称得上"专业"的重要标准之一。③ 专业团体制定并且遵守伦理规范,在保证服务对象利益的同时可以有两大作用,一方面可以协助从业人员抵抗来自专业本身的诱惑,另一方面专业团体可以据此来处理成员的违规行为。这两大作用都可以使行业赢得更多社会认可以提升社会地位。所以,"是否拥有一套成熟的教师专业伦理,既关涉到学生教育权利的保障,也影响到教师专业自主和专业形象的维持"④。三国幼儿园教师专业组织均对此有清醒认识:若要提升社会地位就必须更具专业化;若要更专业化,就必须有伦理规范。⑤ 三国幼教专业团体发展的趋势就是这一点的明证:在美国,幼教行业的发展总是伴随着伦理规范文本的完善;澳大利亚早期儿童组织就是以"更好开展专业工作"的名义来完善伦理规范文本;英国早期儿童教育协会则开宗明义提到了"专业工作要由一系列的原则和伦理规范作为指导"。⑥

(三)选择越艰难越需要伦理指引

全美幼教协会的专家认为,没有一个行业像幼教从业者那样需要扮演多种角色,因而行为选择的艰难甚至不亚于握有行政重权者。因为在保教活动中,幼儿园教师对幼儿负有各种责任,多元角色扮

---

① "希波克拉底誓言"是希波克拉底警诫人类的古希腊职业道德的圣典,是两千多年前向医学界发出的行业道德规范倡议书,是从医人员入学第一课的重要内容,也是全社会所有从业人员自律的基本要求,而且要求正式宣誓,这一誓言为所有医护人员所熟知。

② 步社民.幼儿园教师的社会地位从哪里来[J].学前教育研究,2003(2):5—6.

③ Katz L G. Talks with Teachers of Young Children:A Collection [M]. Ablex Publishing Corporation, 355 Chestnut Street, Norwood, NJ 07648,1995:235.249.233.

④ 程亮.规范·专业·实践:当代教师伦理的三种取向[J].教育发展研究,2009(12):71—76.

⑤ Stephanie Feeney. Ethics TODAY in Early Care and Education. Young Children, 2010(3):72-77.

⑥ Early Education (2011). Ethics and principles [EB/OL]. www.early-education.org.uk/about-us/ethics. ,2019-1-10.

演很容易导致自己角色界限混乱。教师在从业中不仅需要和幼儿互动,还要与家长、同事、雇主以及整个社区互动,这就势必需要平衡这些不同关系的不同要求,做出各种权衡。这是幼教职业非常特殊的部分。既然需要处理多种关系,在平衡角色时就会产生类似于"基于专业判断的教育行为和基于家长要求的教育行为"在选择上的困难,形成"伦理两难"。伦理规范则可以帮助教师应对这些两难迷茫,因为规范需要给出教师"可以做"和"不可以做"以及"怎样做"的行为指南。

1984 年,全美幼教协会曾对其成员发放有关"解决专业伦理问题"问卷,收到了 600 多份反馈,其中有 331 位会员的反馈附上了他们在保教工作中遇到的两难问题。收到的来信中还提到了对孩子纪律要求的过于严苛的问题和虐待儿童的问题。回复问卷的人里,有 93% 认为专业组织应该把制定伦理规范作为立即优先解决的问题。这让协会领导者更了解了幼儿园教师在保教活动中需要面对许多伦理困境以及解困的迫切需要。诚如南希・弗里曼所言:"伦理规范标准,不同于个人道德或本能的反应,是解决职场困境的唯一专业路线。"[①]这一理念成了制定伦理规范的基本定位。后来在斯蒂文・菲尼和南希・弗里曼两位学者的《早期幼教工作者与伦理——运用 NAEYC 伦理准则》中甚至把"指导解决伦理两难"作为独立论题来阐述。可以说,这种面对"伦理两难"的选择困惑是各国幼教工作者对专业伦理规范"千呼万唤"的最大动力。

三、行动层面:专业组织持续引领

(一)唤醒行业自觉

专业伦理规范制定的过程是专业组织引领下的行业自觉过程,同时这也保证了规范的可接受和可推广。

三国均有影响力相当强大的专业组织:在美国,全美幼教协会(NAEYC)成立于 1926 年,会员众多,是全美乃至全球最大的幼教专业组织;英国早期儿童教育协会(BAECE)成立于 1923 年,一直致力于通过提供咨询、宣传和建议来实现幼儿教育政策和实践的变革;澳大利亚早期儿童协会(ECA)成立于 1938 年,更成为澳大利亚最大的致力于保护儿童权益的组织。三个组织均在维护幼儿园教师的合法权益以及推动行业发展方面发挥了举足轻重的作用。[②] 其各自的定位均是独立自主、非盈利、非政府的组织。

正是这样的专业组织首先发声,行业内部才能形成制定专业伦理规范的舆论,其后的酝酿、调研、制定和实施才可能有序推进。在英国与澳大利亚,专业组织在明确倡议的基础上发动全行业讨论,然后着手制定准则。这种行业自觉之下的主动行为不仅开启了本行业专业发展的新探索,而且为其他行业类似准则的开发提供了范例。全美幼教协会早在《伦理规范与承诺声明》起草之前,就由专门成立的"伦理工作委员会"在全行业广泛调研和征求意见并达成三点制定共识。[③] 第一,规范必须被广泛传播和运用。为了做到这一点,NAEYC 认为必须让成员感受到"伦理规范"能够反映成员内心深处的信念,让人们发自内心地愿意遵守。第二,必须让尽可能多的成员参与到制定规范的进程中来。第三,要保证规范能够在持续、系统地反映实践中的伦理维度。这三点制定共识成为最重要的行动纲领,确保了整个制定的行动成为全行业专业觉醒的行动。

---

① Feeney S, Freeman N K. *Ethics and the early childhood educator:Using the NAEYC Code* [M]. Washington,DC:National Association for the Education of Young Children,1999.

② 王小溪,姚伟. 美国幼儿园教师专业伦理规范的制定及启示[J].学前教育研究. 2013(4):33—37.

③ Stephanie Feeney. Ethics TODAY in Early Care and Education [J]. Young Children,2010(3):72-77.

（二）把握全程导向

专业伦理规范的制定出台和修改完善大体包括三个基本阶段：第一，酝酿和调查研究阶段。制造舆论，广泛收集幼教实践中的行为困惑，进行大量的实证调查；第二，文本起草和调整阶段。专家团队起草，行业内部人员讨论反映自己实践中遇到的问题；第三，文本出台和反馈修改阶段。保证规范的实施并及时了解实施中的各种问题。这三个阶段是开放和循环的，而无论哪个阶段，专业组织都起着"把舵"的作用。

在酝酿和调查研究阶段，专业组织首先成立了一个专门小组。这个专门小组在澳大利亚被称为"工作小组"，在全美被称为"伦理小组"（在后续的研究中这个小组吸收进更多专家，扩容为一个专门的"伦理委员会"）。这些小组对搜集到的伦理困惑与成员反映的问题进行反复讨论与调查。澳大利亚和英国的讨论小组还专程向美国的专业组织讨教相关经验。在关键的文本起草和调整阶段，各国专门小组都是慎之又慎，邀请不同领域的专家参与其中。

全美幼教协会为使准则更加专业化，除了邀请权威学前专家，还邀请哲学教授、伦理学家参与其中；英国早期儿童教育协会则通过邀请知名大学教授（伦敦大学教育学院早期儿童教授、前早期教育的主席 Iram Siraj-Blatchford 教授）和委员会委托小组的形式进行开发与审核；澳大利亚早期儿童伦理准则在此阶段由多位专家组成的国家工作小组来协同开发。在后续的文本出台和反馈修改阶段，专业组织更是当仁不让地利用自己的优势进行广泛动员，在宣传的过程中发现问题并进行改进。在这一过程中，除了协会内部人员的广泛参与和热烈讨论外，还会同了其他教师组织，如全美幼教协会在开发相应补充条款时就会同美国副学士学位幼儿园教师教育协会（ACCESS）和幼儿园教师教育工作者协会（NAECTE）共同参与讨论。纵观三国的每一个伦理规范发展的重要阶段、每一次关键声明的出台、每一次关键文本的修改、每一次核心内容的宣传，都由专业组织发起、组织并且实际操作。

（三）搭建支撑平台

全行业的动员和引导，全行业的困惑收集和讨论交流，全行业的资讯发布和更新，没有平台支撑是难以想象的。平台的作用主要体现在：一是为行业的规范文本宣传、造势，让更多的人了解并且熟悉规范。二是为行业成员的内部交流讨论提供空间与机会。搭建的支撑平台有三种类型。

一是数据化平台。三国的专业组织均有相应的官方网站，读者可以方便地通过网络登录其官方网页下载伦理规范的相关资料。如登录英国与澳大利亚早期教育组织官网可以免费地订阅电子资讯、浏览最新的行业新闻和事件的更新、查阅大量有质量保证的书籍和资料。[①] 虚拟的宣传平台的一端是广大从业者，另一端是专业组织的专家与工作人员，当读者遇到困惑与疑难时更可以随时通过网站留言、电子邮件等方式获得回应。这是虚拟平台的最大优势。

二是实体杂志。相对于网络资源的虚拟性，实体杂志对规范文本的宣传更易于读者重复阅读与保存。三国组织的实体杂志可谓丰富全面，澳大利亚早期儿童组织甚至根据不同的受众与主题提供多种不同的期刊，包括早期儿童杂志、澳大利亚幼儿教育杂志。这其中的典范当然是 NAEYC 的专业杂志 *Young Children*，在每次新文本修订的呈现与宣传之时，*Young Children* 对新规范的宣传不遗余力，还定期对幼教工作者遇到的一系列的伦理两难问题进行讨论和分析。

三是专业组织每年定期举行的年会。年会给业内人士提供面对面交流的机会，对相关的专业伦理问题进行专题讨论。

---

① Early Education(2011). Code of Ethics [EB/OL]. www.early-education.org.uk/sites/default/files，2019 - 1 - 10.

四、内容层面：直面幼教实践

（一）纵横结构利操作

三国规范文本的内容呈现特点体现在其纵横结构上。以幼儿园教师在职业活动中要处理的各种伦理关系为横，以每一种伦理关系处理的不同层次为纵，构成一张纵横交错的伦理指南网络。幼儿园教师保教行为的当与失当大体可以在这张网上找到相应的坐标。

英国和澳大利亚的幼教伦理准则在横向伦理关系的划分上大同小异，大体是从七个方面展开的，分别是：与幼儿的关系；与幼儿家庭的关系；与同事的关系；与社区的关系；与专业学习者的关系；与雇主的关系；与作为专业人员的自我关系等。全美幼教协会的伦理规范则分别从四个伦理关系维度展开，即：对儿童的伦理责任；对家庭的伦理责任；对同事的伦理责任以及对社区和社会的伦理责任。关系划分虽有不同，但都涵盖了幼儿园教师在工作中所要面对的伦理关系。

纵向结构则体现在每一种伦理关系的处理均有从核心价值观到理想目标再到原则底线的逐层推进。核心价值观是最高行为准则，是专业工作者共同的信念和承诺；理想目标反映了实践者的强烈愿望，[①]属于上位的"好"的层面；而原则则属于"底线"的层面，是更接近于实践行为的层面。以处理与幼儿的关系幼儿园教师要承担的伦理责任为例，在全美幼教协会的伦理规范中，我们可以找到核心价值观："儿童期是人一生中一个独特的、具有重要价值的阶段"（核心价值观第 1 条）；理想目标："认识和尊重每一个儿童独特的品质、能力和潜能"（理想目标第 3 条）；与之相对应的原则是："当我们怀疑儿童受到虐待和忽视时，我们应该向有关社区机构报告并且持续关注，了解有关方面是否已经采取了适当的行动"（原则第 9 条）。这样层层递进，直达相应的实践，让幼教工作者能够选择"应当"的行为，具有很强的操作性。有最高准则照耀，有理想目标引导，有原则托底，幼儿园教师的行为再找不到北，那就是"非专业"了。

（二）直面现实解"两难"

伦理准则类似于一个保教行为指南，一个坐标系统。在复杂的保教过程中，幼儿园教师常常面临着各种境遇和突发问题，在这些问题出现之时，幼儿园教师就可以参照这个纵横坐标系统，确定自己哪些行为绝对不能做，哪些行为必须做，哪些行为力争做。

三国的专业组织均强调规范首先所要解决的问题是帮助幼教工作者解决行动中遇到的专业伦理难题。其相应的伦理规范都是从这个基点出发。其制定的最大动力均缘起于幼儿园教师解决行为困惑的需要；其规范文本均开宗明义提到规范要解决幼儿教育专业人员面临的复杂问题和道德两难；其每一次修订完善均发端于幼教现实中新的难题。[②] 而实施中的伦理规范也确实起到了这样的作用。一名专业组织的成员在写给伦理委员会的一封信中提到："这样一个准则，是复杂情况下对实施最佳专业保教行为强有力的声明，在我遇到难题的时候，我需要它的支持，它的功能像一位指导老师。"[③]

（三）与时俱进保活力

"问渠哪得清如许，为有源头活水来。"时代在变迁，实践在变化，伦理准则应该能够指导教师应对

---

① NAEYC. ABOUT NAEYC [EB/OL]. http://www.naeyc.org/content/about-naeyc, 2019 - 1 - 10.

② Stephanie Feeney. Ethics TODAY in Early Care and Education [J]. Young Children, 2010(3): 72 - 77.

③ Feeney S, Freeman N K. *Ethics and the early childhood educator: Using the NAEYC Code* [M]. Washington, DC: National Association for the Education of Young Children, 1999.

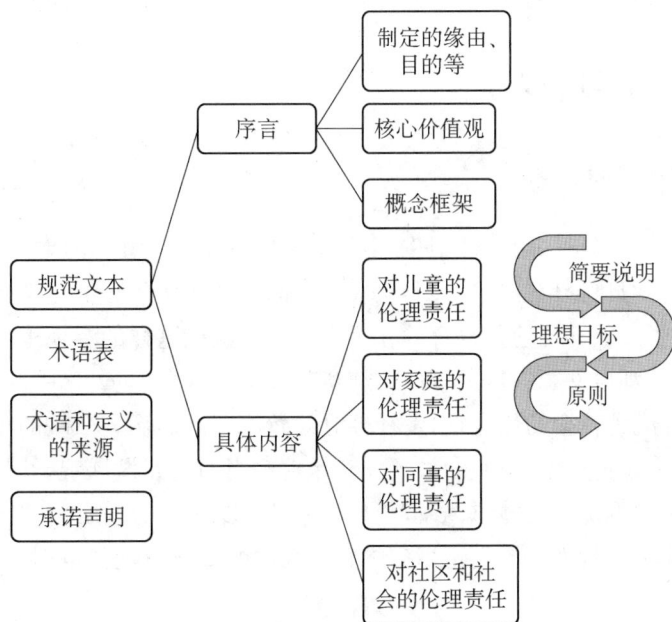

图1 全美幼教协会《伦理规范与承诺声明》内容框架

这些新变化。因而规范制定成文并非万事大吉,在随后的宣传与执行、反馈与讨论的过程中不断获得更新,使之成为一个"活"的文本。

三国都有这样的意识和行动。全美幼教协会的专业伦理规范在最初开发之时就曾定下规矩,要对这一规则进行定期重申和修订,①其最近的一次大的修订是在 2011 年。在澳大利亚,早期儿童教育协会最早的伦理规范于 1990 年开发,在十余年的宣传与呼吁中更是紧密联系时代最新需要进行更新讨论,在 2003 年、2006 年先后又通过了修订完善的准则。澳大利亚新修订的早期儿童伦理准则当中,伦理工作组根据发生在最近十年的早期儿童教育的新变化更是适当增加、修改相应规范条目。英国早期儿童教育协会则利用自己的后发优势,在借鉴和吸纳澳大利亚早期儿童教育协会和全美幼教协会的伦理准则的相关内容和与时俱进的精神后,也在为以后的完善修订做着前期的工作。

我们还可以从相关条款的更改增删看看"活文本"的特征。在准则的适用性问题上,全美幼教协会开发之初只定位在直接面向与儿童及其家庭接触的早期儿童教育工作者,然而随着时间的推移,人们意识到有关项目管理人员以及学前教育成人教育者也在提供学前教育服务的过程中扮演着重要角色,且这些相关人员在实践环节当中也都面临着相应的伦理困惑,同样需要相应的指导。于是 2004 年的修订就讨论了针对这两类人士的补充条款,使文本的适用范围更广;2005 年,为了顺应大量早期教育工作者争取儿童权利的潮流,修订本新增了"通过教育、研究来工作,倡导为儿童建立一个安全健康、充满关怀、衣食充足、远离暴力的和谐世界"的相关描述;②美国社会在移民问题、种族歧视等问题上不断推进多元化进程,这种变化也很快反映到规范文本的变化中。2005 年的修订本加进了一个新的核心价值观"尊重儿童、家庭和同事的多样性"。2011 年的版本则进一步强调:"我们不应该因为性别、种族、国籍、移民地位、首选的家庭语言、宗教信仰、治疗状态、残疾程度或是婚姻地位、家庭结构、

---

① Freeman. N. K. & S. Feeney. The NAEYC Code is a living document [J]. Young Children,2004,(6):12 - 16.

② NAEYC. NAEYCS Code of Ethical Conduct [J]. Young Children,2006(3):56 - 60.

性取向或是宗教信仰和其他的家庭联盟是否相同将他们排除在活动之外。"①

五、启示：他山之石可以攻玉

（一）"规矩"建设应尽早启动

没有规矩，不成方圆。当年水门事件引发了美国各行业对于"规矩"的重视和讨论，今天，从整个中国社会到幼教领域，类似讨论也在发生。自 2010 年全国学前教育工作会议召开，而后国务院颁布学前教育三年行动计划，大家都说幼儿教育的春天来了。但就在这样的春天里，幼教界还是频频曝出类似"胶带封口事件""针刺事件""病毒灵事件""红黄蓝事件""携程虐童事件"等没有规矩超越底线的行为。有些群体性事件成为社会的焦点，引发社会对幼教的广泛诟病。严峻的现实好似在呈现，今天中国的幼教被商品化、市场化严重影响，幼教现场充斥着不当的幼儿发展观，幼教师资整体素质不高。政府需要研究出台吸引大批优秀人才进入幼教队伍的政策以确保幼教质量的提升。当然，现在岗的幼教从业者的价值观导正和行为引导更是当务之急。我们的专业伦理规范即规矩建设应该早日提上议事日程。

有人说，我们不是也有师德规范吗？是的。1984 年以来，教育部曾四次颁布、修订《中小学教师职业道德规范》，最新版本是在新世纪的 2008 年。但这个规范能成为幼儿园教师职业活动的行为准则吗？且不说这个规范的标题里就没有涵盖"幼"，且不说由教育部这个公权力机关为一个职业群体制订规范是否合适，就说这个规范的内容本身，它也无法起到指导幼儿园教师行为指导的作用。那些诸如"爱岗敬业""终身学习"等规定停留在一般号召层面，不具有专业性特点；诸如"甘为人梯""不得敷衍塞责"等规定只有抽象的指向，不具有操作性特点。没有幼教专业特点，又不利于行为操作，这样的规范只会被束之高阁。2018 年 11 月我国教育部出台了《新时代幼儿园教师职业行为十项准则》，不过在对文本进行分析后发现，其在本质上并未改变我国缺乏专门的幼儿园教师专业伦理规范的现实。

（二）专业组织应有所作为

出了问题后，埋怨社会风气，可以理解；呼吁政府更多担责，应该的。但幼教界自身应该有什么样的作为？专业组织担当起制订专业伦理规范的任务以引导整个幼教界自律正是有所作为的表现，这也是品三国规范获得的重要启示。"每一个致力于获得专业地位的行业都尝试发展出一套专业伦理守则。"②

2014 年针对西安等多地曝出的"药儿园"事件，③中国学前教育研究会作为中国幼教界的最高专业协会发出了《告全国幼教从业者书》，④"加强行业自律，严守专业伦理"，"坚守、严守职业操守"，这体现了幼教界的一种行业自觉。但我们要问的是：中国幼教的专业伦理规范、职业操守在哪？若没有，何谈"严守"？在中国学前教育研究会官方网站《告全国幼教从业者书》的跟帖中，有一位读者这么说："高度肯定中国学前教育研究会发出这份告全国幼教从业者书，强烈建议由中国学前教育研究会出面

① NAEYC. Code of ethical conduct & statement of commitment [EB/OL]. www. naeyc. org/positionstatements/ethical conduct, 2014-10-20.

② 拉尔夫·多戈夫等著. 社会工作伦理事务工作指南[M]. 隋玉洁译. 北京：中国人民大学出版社, 2005：32.

③ "药儿园"事件，专指近年来幼教领域发生的一系列教师违背伦理、越过底线、有悖于幼儿教育基本规律的种种行为。诸如幼儿园虐童事件、幼儿园喂药事件等。

④ 中国学前教育研究会. 中国学前教育研究会告全国幼教从业者书[EB/OL]. www. cnsece. com/article/9965. html. ，2014-3-30.

组织制订中国幼儿教育工作者的伦理守则,针对当前我国学前教育队伍中的乱象进行道德治理。"①我们非常认同!

专业协会在当下可以在两个方面开展工作以作为规范制定的前期准备。一是推动政府重视。联合国教科文组织在《关于教师地位之建议书》中明确提出:"由于伦理或行为准则对教师合法之权益与其职业权责之行使有极大影响,这类准则应由教师组织加以制定。"②尽管如此,推动政府重视在中国还是必须的,专业的话语权通过政府的行政权更能发挥效力;二是引领全行业关注。可以从社会诟病严重的幼教现象和一线教师的行为困惑入手发起从业者的广泛讨论,以引起全行业对职业操守的关注和合适的行业规范的思考。也可以广泛收集基层幼儿园园本层面制定的规范类文本进行分析,这些是日后制定全行业专业伦理规范的丰富养料。

(三)内容应着眼外显行为

三国伦理规范的操作性特点都特别明显:根据不同对象与所涉及的人际关系提出不同的行为准则;侧重于个体的外显行为而非内在品性;用"要""应该"等倡导性语言和"不得""不准"等限制性语言来进行表述,易于遵循。

未来我们要制定的规范,在内容呈现上也应着眼于外显行为。这包含两个意思。一是应体现行业"应然"而不是从业者个体内心应如何如何。既然这个行业称得上专业,就应该有一整套完整的专业标准,这套标准可以向全社会昭示,也可以让每个从业者遵照执行。这是一部可以看得见的行规,入行就必须遵守,至于你内心是否"全心全意"则另当别论。传统的职业道德往往强调"高尚情操""甘于奉献",而对外显的行为失范却失语了,起不到规矩的作用;二是要立足实践,体现可操作性。经验告诉我们:仅仅把幼儿园教师专业伦理停留在空泛的号召性口号上,而不与幼儿园教师个人的实际体验、现实的阶段水平结合起来,很难让幼教从业者认同和执行。一种高的伦理品质的形成需要经过由认识到认同、由观念到信念、由行为到习惯的过程。专业伦理规范从悬在半空中的空洞说教落实到幼儿园教师实际操作性的外显行为中,接了地气,才有望根深叶茂。

(四)基点应落于行为解困

三国专业伦理规范均以解决幼教实际问题为首要目标,其在起草文本、制定出台、实施反馈、修订完善各环节无一不是进行了大量的指向实践的实证研究。一系列工作之所以能够进行得比较顺利且有效,其原因主要是满足了幼儿园教师解决实际问题的需要,真正在为幼儿园教师解决实际保教活动中"两难事件"作指引,有重要的群众基础作支撑。

反观国内对幼儿园教师专业伦理的研究,大量聚焦于理论的讨论,聚焦于理想的"应然"状态的讨论,这当然是必须的,但这也是不够的。专业伦理规范的研究和建设应该更多关注实然的状态,关注这个行业实际存在的职业活动中人际关系处理上的"不专业"。诸如"越过底线""规矩不明""左右为难"等当下我国幼儿园教师日常保教活动中存在的"规矩困惑"。③专业伦理规范的制定过程若能充分考虑幼儿园教师的实际需要,就要关注其行为困惑,提供其解困之道,提升其专业水准。

---

① 中国学前教育研究会. 中国学前教育研究会告全国幼教从业者书[EB/OL]. www. cnsece. com/article/9965. html. ,2014-3-30.
② Hoyle E,John P D. Professional knowledge and professional practice[M]. London:Cassell,1995:6-8.
③ 王晓萍,邹惠萍,步社民. 农村幼儿园教师的"规矩困惑"——以浙江嘉善县为例[J]. 幼儿教育:教育科学,2012(10):14—18.

第二节 台湾地区的幼教专业伦理守则及其教育启示

一、台湾地区的幼教专业伦理守则

（一）制定背景

台湾地区幼教专业伦理守则的制定深受国际影响。[①] 20世纪以来，很多国家的很多行业都在制定专业伦理规范。早在1929年，美国全美教育协会就通过了《教学专业伦理规范》。水门事件后，全美各行业都推进了专业伦理规范制定的进程，幼教行业的专业伦理规范也应运而生。全美幼教协会制定并颁布实施的《伦理规范与承诺声明》对台湾地区的规范建设起到了"蓝本"的作用，我们可以从其结构、内容上看到"仿制"的痕迹。

台湾地区幼教专业伦理建设纳入了幼儿园教师专业化的进程。1994年，台湾教育部门颁布《师资培训法》，开启了教师教育开放化的历史，中小学和幼儿园教师师资由师范大学、学院专门培养的局面被打破，人们开始重新认识教师职业的专业性。1995年，台湾地区《教师法》的颁布与实施进一步确立了教师的专业地位。在此背景下，为了确保幼儿园教师的专业地位，幼教专业的形成，不仅要靠外在制度的建立，更需要幼儿园教师本身的行为表现。作为一个有专业知识和技能的保教人员，在处理与幼儿、同事、家长及社会的关系和解决所遭遇的困境时，也需要幼儿园教师能够以专业的观点来进行思考和判断，以表现出符合专业人员水准的行为。于是，根据幼儿园教师专业化的要求，幼儿园教师专业伦理逐渐成为教师专业化的一个重要维度。

台湾地区幼儿园教师专业伦理建设是对台湾幼教现实的深切反思。现代教育在市场经济条件下，受到商业利益的驱动、功利主义的冲击，致使有些教育活动偏离了教育向善的伦理价值取向。"师道尊严"至高无上的教师形象和地位已不复存在，教育领域的道德问题凸显出来。幼儿教育方面也是如此。社会大众除了重视孩子的教育品质外，更要求教师的工作态度。而在幼教机构中，幼儿教师对幼儿、对同事、对领导、对幼儿家长或对社区（社会）等方面经常会衍生出一些问题，幼儿教师也时常会遇到这些方面所谓的"两难问题"。而专业伦理可以协助幼儿园教师克服职业诱惑，并在面对伦理两难问题时能够做出合理的、符合伦理道德的决断，从而保障服务对象的最大权益。

（二）主要内容

与美、英、澳的做法类似，1998年，台湾幼儿教育改革研究会组成专门的"幼教专业伦理守则"拟定小组以推动"幼教专业伦理守则"的建设。专门小组迅即开展调研和起草工作，于次年的年会上提出了守则草案。2001年，台湾地区幼儿教育改革研究会正式出台《幼儿教育专业伦理守则》，其内容结构包括了前言和正文的四个部分。

---

① 索长清.台湾地区幼儿教师专业伦理的特点及其启示[J].早期教育，2015(1)：25—28.

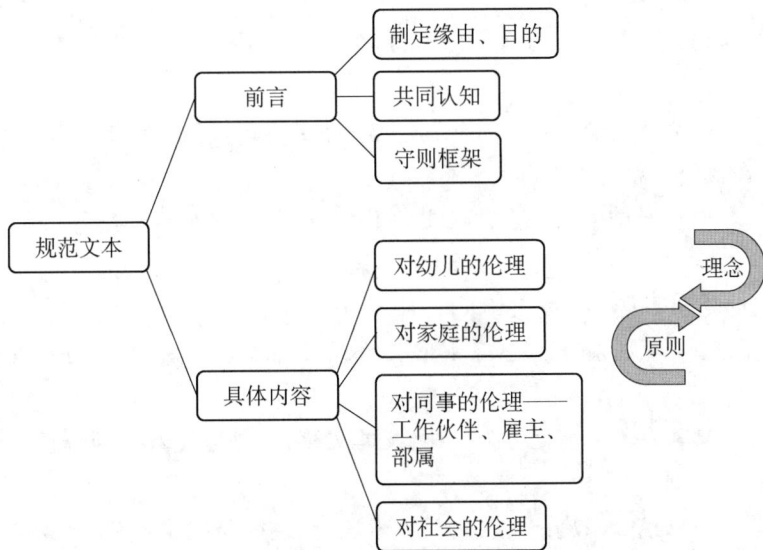

图2 台湾地区《幼儿教育专业伦理守则》

> **延伸阅读**
>
> ### 台湾地区幼儿教育专业伦理守则
>
> 前言
>
> 幼教工作者经常都面临很多的难题,会需要基于道德和伦理的本质来做决策,兹将本守则公开陈述我们在幼教领域的责任及应有的道德行为,以提供幼教工作者遭遇伦理困境时,可以有一个依循的准则。
>
> 本守则之建立系基于下列共同认知:
>
> 1. 幼儿期是人类生命周期中独特且重要的阶段。
> 2. 幼儿教育工作乃是以幼儿发展的知识为基础。
> 3. 尊重及支持幼儿与家庭之间的亲密关系。
> 4. 了解幼儿的最佳方法是由其家庭、文化和社会脉络着手。
> 5. 尊重每个个体的尊严、价值和独特性。
> 6. 在信任、尊重和关心的关系之中,最能帮助幼儿和成人发挥其最大的潜能。
>
> 本伦理守则共分为四部分:1.对幼儿;2.对家庭;3.对同事;4.对社会。每一部分都包括理念及实际执行上的指引原则。
>
> 一、对幼儿的伦理
>
> 理念:尊重幼儿之权利与独特性,善尽照顾与保护之责,提供适性发展之教保方案。
>
> 原则1-1:在任何情况下,我们绝不能伤害幼儿,不应有不尊重、胁迫利诱或其他对幼儿身心造成伤害的行为。
>
> 原则1-2:应公平对待幼儿,不因其性别、宗教、族群、家庭社经地位等不同,而有差别待遇。

原则1-3：我们应了解幼儿的需要和能力，创造并维持安全、健康的环境，提供适性发展的方案。

原则1-4：我们应熟悉幼儿被虐待和被忽略的征兆，采取合宜的行动保护幼儿，当握有确切的证据时，应向主管机构通报。

原则1-5：我们应知道早期疗育系统之运作过程，能及早发现、通报、转介及给予相关的协助。

二、对家庭的伦理

理念：尊重及信任所服务的家庭，了解家长的需求，协助或增进家长的幼教理念及为人父母的技巧。

原则2-1：应尊重每个家庭之习俗、宗教及其文化，并尊重其教养的价值观和为幼儿做决定的权利。

原则2-2：我们应该让家庭知道我们的办学理念、政策和运作方式。

原则2-3：如涉及影响幼儿权益的重要决定，我们要让家长参与。

原则2-4：如有意外或特殊状况发生时，我们应即时让家长知道。

原则2-5：如涉及与幼儿有关的研究计划，我们事前应该让家长知道，并尊重其同意与否的决定。

原则2-6：我们应尊重幼儿与家庭的隐私权，谨慎使用与幼儿相关的记录与资料。

原则2-7：当家庭成员对幼儿教养有冲突时，我们应坦诚地提出我们对幼儿的观察，帮助所有关系人做出适当的决定。

三、对同事的道德责任

理念：基于专业知识，与工作伙伴、雇主或部属建立及维持信任与合作的关系，共同营造有益于专业成长的工作环境。

（一）对工作伙伴间的伦理

原则3-1：我们应与工作伙伴共享资源和讯息，并支持工作伙伴，满足专业的需求与发展。

原则3-2：当我们对工作伙伴的行为或观点觉得担心时，应让对方知道我们的担忧，并和他一起以专业的知识和判断解决问题。

原则3-3：我们应与工作伙伴共同讨论、分工，并接纳工作伙伴给予的建议，并适当地调整自己。

（二）对雇主的伦理

原则3-4：当我们不赞同任职机构的政策时，应先在组织内透过建设性的管道或行动表达意见。

原则3-5：当我们代表组织发言时，应以维护组织权益的角度来发言与行动。

原则3-6：我们应积极参与机构举办之活动，并给予适当的建议。

（三）对部属的伦理

原则3-7：我们应创造一个良好的工作环境，使工作人员得以维持其生计与自尊。

原则3-8：我们应配合法令制订合宜的人事政策，并以书面明示所有工作人员。

原则3-9：对于无法达到任职机构标准的部属，应先给予关切，并尽可能协助他们改善，如必须解雇时，一定要让部属知道被解雇的原因。

原则3-10：应发展合理明确的考核制度，对部属的考核与升迁，应根据部属的成就记录以及他在工作上的能力来考量。

四、对社会的伦理

理念：让社会了解幼儿的权利与幼教的专业，提供高品质的教保方案与服务，重视与社区的互动，并关怀幼儿与家庭福祉的政策与法令。

原则4-1：我们应为社区提供高品质、符合社区需求和特色的教保方案与服务。

原则4-2：我们有义务让社区了解幼儿及其权益，提升社区家长的亲职知能。

原则4-3：当我们有证据显示机构或同事违反保护幼儿的法令规定时，应先循内部管道解决；若在合理的时间内没有改善，应向有关当局举报。

二、台湾地区与大陆的幼教专业伦理教育比较

专业伦理教育是专业伦理建设的重要组成部分。我们在这里选取一个角度，就是两岸高校的学前教育系或幼教系作为培养幼儿园教师的专门机构，它们为培养未来幼教职场的专业人员的专业伦理素养开设了什么样的课程？如何定位这门课程？如何实施这门课程？包括如何把相关的专业伦理守则融入到课程中去？这关系到学生在走向幼教职场的时候是否具有了判断和应对现场大量伦理问题的基础。我们不妨就此作个两岸比较，并在比较与思考中获得关于专业伦理建设的一般性启示。

（一）课程性质的比较

1. 台湾专业伦理课程的性质

台湾有多所设有幼儿教育、保育系的高校，各校均对幼教专业伦理课程非常重视。我们收集分析了38所高校相关系科的"课程规划"，对台湾高校关于这门课程的定性有了较完整的了解。

在台东大学幼儿教育系的课程介绍中，该校是这样定义这门课的：保教专业伦理课程是一门"期望学生毕业后能拥有正确的专业伦理信念及解决各种伦理问题的能力，俾利幼儿保教专业的成长与发展"的课程。[1] 也就是说，这门课的独特性在于本专业的伦理元素关涉信念，关涉能力，也关涉整个行业的成长。由曾火城等合著的《幼儿保教专业伦理》教材在《序言》中对该课程这样定性："专业伦理是幼儿教保团体对本身发展理想及责任的一种省思，它涉及幼儿教保团体内部及外部相关人员之间的各种伦理关系，其内涵可谓十分丰富，但却是幼儿教保团体追求内部和谐、促进专业成长、完成社会责任及实现专业理想等不可或缺的重要元素。"[2] 仁德医专幼儿保育科的教材也强调这门课程"是幼儿教育工作专业认同与发展之根本……必须靠教保从业人员具备专业伦理实践之能力，面对种种伦理问题才能够具有伦理知觉，建立正确价值抉择和伦理明辨"。[3] 这些表述突出强调了专业伦理课程"是

---

① 台湾台东大学.幼儿教育系课程介绍[EB/OL]. http://dpts.nttu.edu.tw/dcde/contents/news/news_list.asp?MenuID=1
② 曾火城、黄柏叡等.幼儿保教专业伦理[M].台中：华格纳企业股份有限公司，2009：5.
③ 张纯子.教保专业伦理：理论与实务[M].心理出版社，2013：1—3.

目前幼教或幼保相关科系养成教育非常重要之授课科目",并且强调了这门课程所具有的独特的情意属性、知识属性和能力属性。

该课程最根本的属性是什么呢? 台湾地区教育当局依据 2012 年 1 月 1 日立法通过的《幼儿教育及照顾法》第 21 条第 2 项规定而出台《幼儿教育幼儿保育相关系所科与辅系及学位学程学分学程》,该标准将"教保专业伦理"课程与"幼儿发展、幼儿教保概论、幼儿园教保活动课程设计"等课程一起列入 13 项"教保专业智能课程",在幼教系、幼保科学习的大专院校学生必须修习这 13 项教保专业知能课程满 32 学分,学校给予成绩合格证明之后方可毕业并认定幼儿园教师资格。① 可见,专业伦理课程纳入幼儿"教保专业知能课程"范畴是台湾地区用法规形式加以明确的。

正是因为有这样的法律规定,列入我们研究的 38 所设有幼教系科的高校幼教专业伦理课程的开课率为 100%,其中 31 所院校将其列为必修课程,所占比例为 88.6%。少数将其列入选修课程或讲座课程的院校,大都是出于培养方向的多元。如果是幼教志向的学生,无一例外的都要获得这门课的相应学分。

2. 大陆专业伦理课程性质

大陆高校通常是在教育类学院的学前教育专业培养幼儿园教师。他们是怎样定性这门课程的呢? 我们收集到 24 所高校的学前教育专业课程计划(培养方案),在计划中能直接找到"幼儿园教师专业伦理"这个课程名称的只有浙江师范大学一所。首都师范大学设有"幼儿园教师职业伦理"课程。有多所高校设有"教师职业道德"课程(如洛阳师范学院等)或"师德与教师礼仪"课程(如绍兴文理学院、上饶师范学院等)。有意思的是,这 24 所高校的教学计划关于培养目标和规格的表述中都有"崇高的师德"的提法,但超过半数的高校却没有相关课程。统计表明,开设专业伦理的或教师职业道德规范课程的高校为 8 所,开课率仅为 33.3%。而这开课的 8 所中,也只有 4 所将其列为必修课程。

如果在教学计划中一定要找与"德"有关的课程,则所有的高校都开设了"思想品德修养与法律基础"课程,但这门课属于所有专业都开设的"公共通识"课程,与幼教专业特性相距甚远。这种状况说明,大陆高校在幼儿园教师培养中对"专业伦理"的认识是不明晰的,对其课程的定性和价值认知较为模糊。

3. 比较与思考

课程性质是该门课程区别于其他学科课程的根本属性,它对这门课程的地位、教学目的、内容和教学方法都具有制约作用。台湾地区相关高校把这门课置于重要地位,正是从幼儿教育独特的专业性的角度来定性这门课程,把其列为"教保专业智能课程"。而大陆相关高校则长期以来把其列入"思想政治教育"的范畴,或者只是思想政治类公共通识课程的一部分。定性不同,其地位和重要性就截然不同。

让高校自发地意识到这门课的重要再来重视,这个过程会很长,而专业教师的培养是不容等待的。既然意识到专业伦理对造就专业的幼教从业者不可或缺,那就不是高校愿不愿意开设或有没有条件开设的问题,而是必须有质量地开设。这个问题的解决也需要"顶层设计",需要刚性牵引。我们需要类似于台湾地区的《师资培育法》及《大学校院教育学课程师资及设立标准》,对培养幼教从业者的高校进行刚性规定。2012 年台湾地区公布实施的《幼儿教育及照顾法》更强调高校的教保员培养科系师资、课程等办学条件必须通过教育主管机关的审核认可,否则必须退出培养行列。我们也应该通过这样的刚性规约把好这道关,也需要从"软"到"硬",逐步建立过程检定制,倒逼培养机构和个人必

---

① 台湾地区教育部门"国民"及学前教育署.《幼儿教育幼儿保育相关系所科与辅系及学位学程学分学程》[S]. 台北:台湾地区教育部门"国民"及学前教育署,2012.

须重视这一问题。

（二）课程内容和教学方法比较

1. 台湾地区专业伦理课程的内容和教学方法

课程有了一个基本的性质定位，接下来就是一个教什么、怎么教，也就是课程内容和教学方法的问题了。分析台湾地区各高校的教学大纲和教材可以看出，其内容大体包括这样五个方面：一是幼教专业伦理的意义和功能；二是幼教从业人员的专业关怀；三是幼教专业伦理守则；四是道德两难问题与解决方案；五是专业伦理守则在道德两难问题上的应用。台东大学"幼教人员专业伦理"课程的教学目的和内容是这样表述的："探究幼教专业伦理的意义和价值，通过案例故事的讨论与分析增进学生对教师行为表现的专业思考，联系专业伦理守则在伦理两难情境中的应用进而探讨如何建立幼教从业人员对幼教专业伦理守则的共识，最后达到提升幼教专业的服务品质和专业地位的目的。"①

教学方法上的"实践取向"很突出。台东大学为了实现这门课程与幼教实践的无缝对接，安排了两位授课老师，一位是1998年台湾地区幼儿教育改革委员会成立的《幼教专业伦理守则》拟定小组成员，另一位是当地的资深园长。上课采用的形式是多样化的，授课教师会运用典型案例、角色扮演、现场模拟、电影观摩等手段引导学生参照《幼教专业伦理守则》进行讨论与分享。一线的园长则通过她丰富的教学现场感悟给予学生更多经验上的启迪。案例分析讨论的过程增进了学生伦理推理的能力，为今后独立判断幼教现场的伦理问题奠定了基础。课后，授课教师也会给学生提出不少阅读和实践的要求。台东大学和新竹教育大学（2016年并入台湾"清华大学"）的老师每次课后都会针对幼教现场问题要求学生完成一份思考回馈单，内容包括：案例概要；案例中各方的观点立场；所涉及的相应专业伦理守则条款；案例中可延伸出的相关议题；学生对这个伦理两难情境的解决方案和方案的可行性；最后是学生对于这个案例的思考。除了思考回馈单，课程期间还要完成五份学习手记，培养阅读反思习惯。期末，学生还需要基于亲身幼教实践的观察完成一份幼教专业伦理宣导方案。这些注重现场、注重实践操作的教学方法对该课程目标的实现是非常奏效的。

2. 大陆专业伦理课程内容和教学方法

因为课程性质定位的不明晰，大陆各院校相关课程的内容选择也就取向杂乱。归纳起来大体有三种。一是与台湾地区高校类似的幼教专业伦理取向。我们在浙江师范大学的"幼儿园教师专业伦理"课程讲义中看到这样一段话："本课程是高校学前教育专业的必修课程。幼儿园教师专业伦理是基于幼儿教育的共同价值观而提出的处理保教工作中各种人际关系的行为规范。其功能在于对内帮助每个幼教从业者关注保教行为的适当与否，为工作中遇到的道德困境的解决提供依据；对外用以彰显幼教专业责任和维护幼教专业声誉。"在这样的定位下，该讲义分列了"专业伦理与专业化""幼儿园教师专业伦理的他山之石与本土行动""幼儿园教师的专业伦理责任与实践"等议题。二是传统职业道德取向。这类取向的教学内容大多会参照教育部颁布的《中小学教师职业道德规范》，使用《教师职业道德》《师德与教师礼仪》这类教材。三是思想品德修养取向。其内容是在公共通识类课程的范畴内谈一个普通大学生应有的思想品德及其修养的途径，严格说来，它不属于专业伦理的"相关课程"。从列入我们研究的24所高校的教学计划来看，大部分高校属于第三种情况。

因为大部分高校把这门课拒之专业门外，因而与保教现场的脱节就不可避免。传统的"教育实践环节"也存在去伦理化倾向或无伦理意识倾向，保教实践关注的只是"集体教学""主题活动"等，幼儿

---

① 台湾台东大学. 幼儿教育系课程介绍［EB/OL］. http://dpts.nttu.edu.tw/dcde/contents/news/news_list.asp?MenuID=1

园教师这一专业本身所应承载的伦理责任却隐而不彰，"这势必导致学生进入幼教职场后对保教行为缺乏伦理考量和伦理关照，无法履行好专业使命"[①]。

3. 比较与思考

综观台湾地区各高校的课程内容和方法取向，有两个明显的特征：一是专业性，二是实践性。大陆高校在课程内容取向上的杂乱凸显了这方面教育在整体上的薄弱：伦理的幼教专业特性被忽视；课程缺乏学理逻辑的依据；远离幼教现场。

2011 年教育部曾出台《关于大力推进教师教育课程改革的意见》，强调"加强教师职业道德教育，将'中小学教师职业道德规范'列为教师教育必修课程"。同期推出《教师教育课程标准（试行）》，其中"幼儿园职前教师教育课程"将"遵守教师职业道德"列为目标，将"教师职业道德"列为课程。[②] 但尴尬的是，由于没有从幼儿教育独特的专业性的角度来定性这门课程，而整个幼儿教育界还找不到一个具有幼教特点的所谓"职业道德"文本，更不要说合适的教材，让目标如何落实为课程？让课程何以实施？所以，政府层面虽全力号召"加强"和"遵守"，但因接不了地气而只能束之高阁，流于形式。

由于课程性质不明，高校大部分担任此课教学的教师来自于"公共基础部"的"两课教研室（马列教研室或公共政治教研室）"；由于缺少相关的专业教材，大部分高校开设"职业道德"课是借用面向中小学教师培养甚至所有职业人才培养的教材。教学方法也因此受到很大制约，讲授为主、期末笔试评价是必然的选择；远离幼教现场不被学生欢迎也是必然的结果。

远离幼教现场就无法凸显幼教专业特性。幼教专业伦理的内容不仅要将幼教这一职业所内在承载的伦理要求具体而直观地呈现出来，而且还要贯穿和渗透有关保教行为的价值承载，强化幼教从业者的社会责任。在教学方法和考核评价上，要尽可能地通过现场观摩、视频、专题报告等形式，通过幼儿园一日生活的鲜活案例来呈现各种可能出现的伦理困境并进行分析、讨论甚至争辩，以此积极修正其立场和价值观，提升其对今后出现的幼儿教育情境的伦理敏感和专业判断力，能恰当应对伦理困境。这都需要这门课融入幼教现场。

（三）课程的外部支撑比较

高校课程的开设和实施是需要外部支撑的。因为作为学科体系，它需要学术研究作支持；作为人才培养，就专业伦理来说一方面需要政府政策法规的牵引，另一方面需要专业组织在专业规范制定和执行方面所作的努力。

1. 台湾地区专业伦理课程的外部支撑

就学术研究来说，台湾地区学者对专业伦理的关注几乎与美国同步。全美幼教协会的幼儿园教师《伦理规范与承诺声明》在出台后不久就被介绍到了台湾地区。20 世纪 90 年代后半期，台湾地区对教师专业伦理的探讨形成热潮，至今热度不减。台湾地区学者对教师专业伦理的关注，前期主要集中在教师专业伦理的重要性、内涵以及与教师专业知能、专业自主、专业尊严关系上，之后的关注点落在教师专业伦理的实践问题上。学者们对幼儿园教师专业责任的认识也日益深化，高校幼教、幼保系的教师们成为幼教专业伦理研究的主力，各高校或独立或联合在台湾地区《幼教专业伦理守则》出台前后出版了十几种幼教专业伦理的著作，这些著作成为各个幼儿师资培养培训机构陆续开设幼教专业伦理课程的教材，使伦理要素在幼儿师资培育过程中有了系统的理论支持，大大提高了幼教专业伦理

① 王雅茹. 幼儿园教师专业伦理的缺失与生成[D]. 浙江师范大学硕士论文,2011：43.
② 中华人民共和国教育部.《教师教育课程标准（试行）》[S]. 北京：中华人民共和国教育部,2011.

课程的质效。

就政策法规的推动来说，1983年台湾地区颁布《幼稚教育法》及《幼稚园教师登记及检定办法》，规定职前必须修习幼教专业伦理学分并接受教师德行考核。1995年，台湾地区教育部门颁布《高级中等以下学校及幼稚园教师资格检定及教育实习办法》，教师资格认定由"登记制"过渡到"检定制"。此办法规定教师资格的取得须考核幼教专业伦理素养。这些法规所提出的要求让高校的人才培养不敢懈怠，专业伦理课程在相关高校100％开设也就可以理解了。

就专业组织的作为来说，台湾地区学者郭玉霞认为："专业伦理准则是专业人员透过专业组织所发展出来的，不是外行人或行外组织或机构强加其上的。"①1999年台湾地区施行的作为教师专业伦理之规准的《教师自律公约》就是所谓"台湾全地区教师会"全力推动的结果。《幼教专业伦理守则》是"台湾幼儿教育改革研究会"组织推动的。如前所述，1998年"幼改会"成立起草小组，经过一年半全台湾地区幼教界的广泛征询、试用与修正，于1999年提交年会讨论通过并试行，两年后又修订颁行。"在试用的过程中，几乎所有的幼教人员都肯定伦理守则对幼教专业化的必要性，并认为如果幼教人员都能遵守伦理守则，不仅目前幼教界的混乱现象可以减轻许多，而且有助于幼教人员专业形象的树立！"②《幼教专业伦理守则》成为全台湾地区幼教界的行规，各培养幼教从业人员的高校自然对此要非常重视。浏览台湾地区各高校相关教材的目录，无一例外的都有这么类似的内容："幼教伦理守则实务与应用。"

2. 大陆专业伦理课程的外部支撑

大陆近代学者对专业伦理的研究有好多真知灼见。如1939年至1948年，常道直、朱炳乾等学者在《教育杂志》上发表了一系列探讨教师专业伦理的文章。③ 1946年，常道直先生曾向世界教育专业会议提出"世界教育专业道德规约"的提案。1948年由常道直与朱炳乾共同起草的"全国教育专业道德规约"提请中教会第九届年会讨论。④ 此草案共有5章32条。其总则明确本规约之宗旨系以教育专业界自身之力量达成下列各项之目标：挽救当前教育界颓风；充实教育专业修养；发扬教育专业精神；加强教育专业组织力量；提高教育专业社会地位。真是难能可贵！新中国成立后，对"师德"的要求虽然不少，大多散见于各种政府颁布的政策条例。就幼教而言，《幼儿园工作规程》《幼儿园教育指导纲要（试行）》《关于当前发展学前教育的若干意见》《幼儿园教师专业标准（试行）》《新时代幼儿园教师职业行业十项准则》等，都有"师德为先"类的提法，但对专业伦理的研究显然是沉寂和滞后的。

延伸阅读

全国教育专业道德规约（草案）

常道直、朱炳乾草拟1948年1月中国教育学会第九届年会讨论稿

第一章　总　则

一、本规约所称教育专业，包括全国公私立各级学校教师、校长、教育行政人员及其他教育工作人员。

① 郭玉霞. 教育专业伦理准则初探——美国的例子[J]. "国民"教育研究集刊（台湾地区），1998(6)：16
② ［美］丽莲·凯兹. 与幼儿教师对话[M]. 廖凤瑞译. 南京：南京师范大学出版社，2004：译者序4.
③ 王有亮.《教育杂志》与我国对教师专业化问题的早期探索[J]. 教师教育研究，2008(1)：50—53.
④ 朱炳乾. 全国教育专业道德规约（草案）[J]. 教育杂志，1948(33)：3.

二、本规约之宗旨,系以教育专业界自身之力量,达成下列各项目标:

(甲)挽救当前教育界之颓风。

(乙)充实教育专业修养。

(丙)发扬教育专业精神。

(丁)加强教育专业组织力量。

(戊)提高教育专业社会地位。

第二章　对于学生与社会

三、持论公正,不为任何一种主义作宣传。

四、不见诱于私利,不拘泥于成见。

五、尊重学生之人格、兴趣、性向与能力,了解学生之社会背景。

六、不以任何方式利用学生,以达成偏私之企图。

七、尽忠职守,保守职务上之秘密。

八、力求学生与家庭间之合作。

九、不受非分之报酬。

十、对于公共事务如举行选举、兴办福利等等,以公正立场为人民之顾问。

……

后略。

检索发现,新世纪头十年在有关教师专业伦理研究的文献中,以幼儿园教师"专业伦理"为题的研究非常之少,为数不多的有关幼儿教师职业道德的文献也仅以期刊为主,缺乏对幼儿园教师专业伦理相关问题的深入系统的研究。[①] 令人欣慰的是,我们近期以"幼儿园教师专业伦理"为关键词检索中国知网,发现2011年以后关于此话题的硕博士学位论文和期刊论文有明显的增长势头。当然,研究的热度,包括研究的社会影响力,研究的行业参与度,研究的系统性等都还是相当有限的。这种有限性直接制约了高校学前教育专业的专业伦理课程建设。时至今日,我们在大陆的高校里还没有看到一本能真正体现幼儿教育专业特性的专业伦理教材出版。

政策法规方面,2010年教育部颁布《国家中长期教育改革和发展规划纲要》特别强调"将师德表现作为教师考核、聘用和评价的首要内容"。[②] 2012年教育部颁发《幼儿园教师专业标准(试行)》特别强调"师德为先",随后出台的《幼儿园教师资格考试标准(试行)》将"具有先进的教育理念、良好的法律意识和职业道德"列入考试目标。[③] 但这些规定没有对有关高校的课程开设产生刚性影响。

还有一个重要的外部支撑:体现幼教专业特点和中国文化特点的幼儿园教师专业伦理守则,大陆目前仍旧空缺。这个空缺也直接影响了高校在建设这门课时的目标选择和内容取向。而制定这个守则,应该是幼教专业组织的使命。

3. 比较与思考

借鉴台湾的经验,大陆高校在课程的外部支撑和内部建设方面需要同步推进。

---

① 许琳琳. 近十年来国内幼儿教师专业伦理研究述评[J].早期教育,2011(7—8):10—12.

② 中华人民共和国教育部. 国家中长期教育改革和发展规划纲要[EB/OL]. http://www. moe. edu. cn/publicfiles/business/htmlfiles/moe/A01_zcwj/201008/xxgk_93785. html,2014 - 6 - 29.

③ 中华人民共和国教育部. 幼儿园教师专业标准(试行)[S].北京:中华人民共和国教育部,2012.

就学术研究来说,当前特别需要开展四个方面的工作:对国外、境外幼教专业伦理建设的理论与实践的探讨;对本土幼教实践一线园本草根层面伦理追求的梳理;对中华传统伦理思想与现代行业专业化的结合构建有中国特色的幼教专业伦理规范的思考;幼教的专业理论、专业技能与专业伦理在保教实践中相互支撑的研究。这种研究会提升对幼教专业伦理的系统性认知,同时也造就研究和教学人才,而这些环节对课程建设来说是不可缺少的。

就政策法规来说,这些年教育部层面出台的规定为何没有对高校的学前教育专业相关课程的开设产生明显的影响呢? 分析其原因有三:一是 2012 年之前师范毕业生可以自然获得教师资格证书而无须参加国考;二是不管是笔试、面试还是在职考核,教师资格考的"师德"指标都是比较"软"的;三是所谓师德就是几条抽象的口号而没有体现幼教专业特点的具体可操作的文本。所以行政层面应及时完善幼儿园教师教育、幼儿园教师资格证书等政策法规以刚性牵引和推进。相关高校应当通过制订激励措施,提高课程地位,鼓励高水平专业教师开发并执教幼教专业伦理课程。

当前特别需要做的,就是专业组织需要发力,就如上世纪末年台湾地区"幼改会"做的那样,发起全行业讨论和制订专业伦理守则,争取"几乎所有的幼教人员都肯定伦理守则对幼教专业化的必要性"。[①] 在专业化潮流中,专业组织若处于边缘的状态,这个行业的专业成长一定值得怀疑。没有一个由专业组织推动的自下而上的以专业伦理守则制定为契机的行业自律运动,所谓"专业性",所谓行业的声誉,就只能是口号。

❧ 思考与实践 ❧

1. 英、美、澳三国以及我国台湾地区幼教专业伦理规范的特点有哪些?

2. 英、美、澳三国以及我国台湾地区制订专业伦理规范对我国大陆地区的启示有哪些?

3. 假如你是我国幼教专业组织的重要成员,你觉得在专业伦理规范的制订中你该如何做? 请尝试思考并举例说明。

---

① 杨旻旻.略论台湾地区的教师专业伦理建设[J].集美大学学报,2006(12):30—35.

第五章

专业伦理的本土行动

学习目标

1. 了解幼教现实中伦理缺失的表现。
2. 尝试分析幼儿园教师专业伦理的现实转向。
3. 理解幼儿园草根层面对专业伦理规范探索的内在需求与现实表现。
4. 分析草根层面伦理规范求索的过程与存在的不足。

"本土行动"对应的是前一章的"他山之石",是指"本土"幼教现场伦理缺失的现实、"本土"研究者对伦理建设现代转向的思考、"本土"幼儿园所作的伦理建设的实践,从中探讨幼儿园教师专业伦理建构的科学性、合理性问题。"现实呼唤"探讨的是幼儿教育实践生态中伦理缺失的状况以及如何通过专业伦理建设来改变这种状况;"现代转向"探讨的是专业化背景下幼儿园教师专业伦理建设的取向问题;"草根求索"探讨的是幼儿园层面制订了一些什么样的伦理规范,这些规范有些什么特点,对建设全行业层面的专业伦理规范有什么可取之处。

第一节   现实呼唤

一、幼教现实中的伦理缺失的表现

（一）价值迷茫

就如在"守望价值"一节里指出的那样,幼儿园教师也要常"仰望星空",问问自己"我从哪里来""要到哪里去""什么是我所期望的"这样的问题,在平凡、琐碎的幼教工作中不要忘记清理自己的价值观。如果我们对自己的价值观不明确,如果我们对专业的核心价值不明确,那么在每天处理和孩子、和孩子家长、和同事的保教事务时,就很难想象我们是否真的清楚地知道自己在做什么,做到什么程度了。

看看下面的两个情境,关注情境中的教师行为,想想他们的教育价值观是什么,他们心里有孩子吗?

情境与思考①

这是一个刚入园两周的班,班里孩子大都是二三岁的年龄。

刚一进班,我就惊奇于孩子们的乖巧和规矩,他们都把头歪向一侧趴在桌子上,不出声,一动不动。我暗自叹服老师们的本领——怎么能在短短两周内把三十几个二三岁的孩子教导得如此规矩。两天的观察让我明白了原因,也感觉到了孩子们如忐忑的羔羊一样的生存状态。

加上保育老师,共三个和孩子们朝夕相处的老师。三个老师的语气或温柔或粗暴,但使用最多、反复最多的一些话语却是相同的:"安静!""哪个又说话了?!""坐好了!""把手背在身后!""休息!"我要特别解释一下这里的"休息"的含义。这并不是我们一般意义上的休息,而是老师制止孩子"乱"或惩罚孩子的方式。在学习儿歌、讲故事等课程进行中甚至在就餐的时候,只要有孩子没有按照老师要求的去做,就被勒令"休息!"可以看出,孩子们对这种口令是记得最为清楚的,一听到休息的命令他们就如受惊的小鸟一样乖乖坐好,蜷缩起身子,双手抱臂,歪起头趴在桌子上,睁着惶惑的眼睛,像一个个待驯的羔羊,忐忑地等待未知的后果。

更让我想不通的是,每餐前给孩子们安排的看电视时间也要求绝对的安静。孩子们看来是很期待看电视的,一张张小脸绽开了笑容,四肢也明显舒展了开来,有些后面的孩子站了起来。"猫和老鼠!"孩子们开心地欢呼。可是欢呼声往往在只呼出一半时就被"不准出声!""要静悄悄地看知道吗!"的声音给硬生生地堵回孩子们肚子里了。看到精彩的镜头时,孩子们体内的情感细胞被焕发了,他们发出开心的笑声和叫声,甚至想要蹦蹦跳跳起来了。可是,这种让人欣然的生命绽开的灵动却被"咔"的一声电视关闭的声音给掐断了,伴着的是一句"不是说了要安静吗,现在休息!"于是孩子们又变回了忐忑的驯服的羔羊,乖乖地趴下了。

也许这样的反复能使孩子们最终认识到,乖顺才不会受到惩罚。于是,他们终于收藏起生命里丰富的感情、活跃的想法和自由的欲望,直到成人后,他们也忘却了自己曾经拥有那些生命本真的单纯和美好。

情境与思考②

初秋的早晨,入园的孩子们被老师陆续带到操场,准备做早操。和清晨的阳光一样,孩子们清新而精神,或蹦蹦跳跳或趁老师不注意嬉戏打闹,或转动可爱的小脑袋好奇地东张西望。看来他们喜欢这室外的活动。这样一幅景象让人自然而深刻地感到生命的纯净和活力,当然除却间或的老师的指责声。

早操开始了。跟随着好听的旋律,孩子们摆摆小手,踩踩小脚,扭动扭动身体,一切都欣欣然的样子。忽然,一阵缓缓的风吹过,操场边两棵大树的叶子簌簌然飘落许多,拂过孩子们的小脑袋,掠过他们的肩膀,甚至擦过他们的小手,然后落在地上。"落叶""叶子""树叶"……孩子们的欢呼声中充满了雀跃跳动的欣喜,他们抬起头仰望的眼睛里溢满天真的好奇。他们忘记了做操,惊奇地观看这大自然派来的使者,"为什么树叶落了?""树叶怎么会落啊?""怎么有黄色的还有绿色的呢?""树叶落下来该怎么办呢? 还会再长吗?"……孩子们好奇的心里该有多少想知道的东西啊,他们捡起身边的树叶,细细地反复看,有的甚至往树边跑去,想去探个究竟。

---

① 刘小红,幼儿教育生命价值取向研究[D].重庆:西南大学硕士论文,2008:11.
② 同上。

"站好!""安静!""回到自己的位置上,继续做操!"……老师们在孩子们"乱作一团"和"失了秩序"的状况里失去了耐心,呵斥声声里连赶带推地把专注于落叶的孩子们带到早操的原位置,继续做操,哪怕心不在焉。

这本不该是一次绝好的关于自然、关于生命的教育机会吗?这本不该因势利导,点燃孩子们盛满渴望的求知火花吗?在早操与落叶的选择之间是否代表着刻板与灵活,甚至其中蕴含着不同的价值理念呢?

(二)规矩不明

任何行业都应该有行规,幼儿教育也不例外。尽管整个幼教界尚没有一个全行业达成共识的行规,但教育管理部门及幼儿园自身制订了各种各样的"守则""规范""道德"。这些规矩制订的合理性如何是个可以探讨的问题,这些规矩在实践中起到了什么作用是另一个问题。调研中我们发现,这些规矩很多形同虚设,大都不为幼儿园教师所知晓,在幼教实践中起不到规矩的作用。履行职责,不知自己的职责所在,在处理与幼儿、与家长、与同事的关系时,不明白"当"与"不当"的界线在哪里,这就是"规矩不明"。

调研表明,规矩不明的现象在幼儿园并不是个案。

> **情境与思考**
>
> 有一次在某园调研,向园方要该园的教师行为守则。该园副园长回答:行为守则我们有的,具体内容我也不太清楚,文本锁在园长的抽屉里,园长出差去了……
>
> 守则有,副园长也不清楚具体内容。这个文本锁在园长的抽屉里,想必上级来检查的时候要用的,这可是制度建设的一个考核环节。至于是否用守则来规范教师的行为,让教师不再有规矩困惑,这个似乎不重要。

> **情境与思考**
>
> 某小朋友的妈妈做烘焙的手艺非常不错,每天给孩子准备不同品种的糕点。老师便半开玩笑半认真地对该小朋友说:告诉妈妈也给老师尝尝啊。孩子便回家要求妈妈:多做一点,给老师准备一份!
>
> 调研中发现,类似的案例各地幼儿园均有。结婚收受家长红包大家均认为"不妥",但对此事的态度,家长和老师大都认为"可以接受"。现有的有关幼儿园教师的规矩中也没有明确的条文说这"不当"。

> **情境与思考**
>
> 班上有个幼儿父母离异,平时由爷爷奶奶带,妈妈不常回家。对此教师们虽不经常挂嘴上,但很好奇,常向该幼儿打听:妈妈最近有没有回家啊,新爸爸找了吗?
>
> 此事涉及幼儿家庭及幼儿自身个人隐私的保护。研究者对就此问题的问卷统计结果是:50 份收回的问卷答"不知可否"的有 36 份。访谈中大部分教师承认对此类事情一般都有好

奇心,这也是"中国文化",在农村里可能表现更甚。教师们普遍认为问问也无伤大雅,对此"立规"不允许显得有点过分。

> **情境与思考①**
>
> 有位老师特别喜欢班上的一个长得虎头虎脑的男孩,对其宠爱有加。早上一进班,老师会放下手中的活又亲又抱,还会专门为这男孩准备糖果。发展到后来,以干妈干儿子相称。当事老师认为,我爱孩子还有问题吗?
>
> 调研时,园长、老师以及家长在座谈会上讨论此案例时一般认为老师的爱有"偏"之嫌,有失公正。但师幼之间的"爱"应保持一种什么样的尺度才是合适的?谈到这,大家面面相觑。这"尺度"也是专业距离啊,老师们从哪里可获得这个认知?

(三) 逾越底线

曾一度曝出全国各地不少幼儿园为蝇头小利给幼儿喂药事件,幼儿园成了"药儿园"。这是媒体第几次曝光类似的幼儿园里侵害幼儿身心的事件?不胜枚举了!如果在百度键入"幼儿园虐童"搜索一下,你会发现发生在这几年的一连串类似事件,触目惊心。

这个应该以竭尽全力呵护我们的小天使为天职的园地却在做着伤害他们的事,这还有底线吗?都说现阶段幼儿园教育的主要矛盾是"入园难,入园贵",恐怕还应该加上"入园怕"。频频曝出伤害事件,连基本的幼儿权利、幼儿安全都不能得到保证,家长们交了钱把孩子送进了幼儿园,仍然不踏实,仍然提着一颗心。

幼儿园教师行为规范的"底线"是什么?在幼教界专业伦理规范建设尚不完善的今天,我们难以在幼儿教育的行业规矩中找到依据。在《幼儿园教师专业标准》中,以"不"字开头(在伦理学上称为消极性的伦理规范,以节制自身行为不侵犯服务对象为底线)的规定只有一句:"不讽刺、挖苦、歧视幼儿,不体罚或变相体罚幼儿。"行规依据虽然不完善,但"口碑"有时也能拿来判断一个幼儿园教师的职业行为是否守住底线。同行、家长或社会在评价一个幼儿园教师时会说:怎么会做出这样的事情来,太不像个幼儿园老师了!"口碑"的背后是一种约定俗成的无形的标准,不符合这种标准,人们就会觉得:幼儿园教师不应该是这样的啊。人们的这种"困惑"是因幼教实践中幼儿园教师的行为"逾越底线",损害了幼儿、幼儿家长及合作者的利益,扭曲和背离了幼儿教育的基本价值取向而起,这是社会对幼教行业和幼儿园教师队伍的质疑,是家长或社会舆论对幼教行业的"困惑"。

> **情境与思考**
>
> 西安最早被曝给孩子服药的那个枫韵蓝湾幼儿园,入口处有8块响当当的牌匾,其中5块是与学前教育质量有关的"一等奖"牌匾,授牌单位从西安市莲湖区教育局到省教育厅都有。"我曾天真地认为,这些牌匾足以说明这所幼儿园的实力和信誉。幼儿园幼儿服药事件被发

---

① 王晓萍,邬惠萍,步社民.农村幼儿园教师的"规矩困惑"[J].幼儿教育(教育科学),2012(10):16.

现,让我感到了什么是欺骗,让我怎么可能把孩子放心地送进来。"有一位受害幼儿的家长在接受媒体采访时就是这么说的。

别看这家幼儿园就外观来说还像模像样的,但照样害你没商量。

情境与思考

老师"教育"孩子时会挥舞剪刀指向他们吗? W 园长说,家长来反映此事,开始我也不信,但后来证实确有其事。当事老师解释说:孩子午睡不乖,说了很多次没有用,于是拿出小剪刀想吓唬吓唬他,结果小孩一害怕一挣扎就伤到手了。

剪刀是利器,哪怕是一把儿童剪刀,怎么可以在幼儿面前随便挥动呢? 调研中发现,类似的越规行为在全国各地均时有发生。2011 年仅浙江省媒体就报道了 10 多起类似用胶带纸封口、针刺手腕、关柴房等恶性侵害幼儿、严重超越底线的行为,引起社会对幼教行业和幼儿园教师队伍的质疑。

情境与思考

元旦到了,正上大班的孩子回到家大声喊:我们要给老师送红包了! 6 岁孩子,怎么就知道"送红包"这些人情世故? 其家长打听后发现,全班 30 多名孩子都收到了老师的结婚请柬,大部分家长均表示要参加婚礼,并奉上红包。

Z 家长反映,她与该老师没有私交,也没有人情来往,但如果不送红包,担心会得罪老师,孩子从此得不到精心管教,所以就送了。

老师承认确有此事。她介绍,这个班的孩子她已带了两年多,与许多孩子建立了感情,还与许多孩子的父母成了朋友。部分孩子和家长知道她结婚后,主动要求参加婚礼,她便给部分孩子带回了请柬。不料,其他孩子看到后,均嚷着要请柬。她害怕孩子的自尊心受到伤害,便又补发了些请柬。该老师一再表示,她并没有强迫的意思。

老师在陈述"理由"时至少确认了一点:只要家长自愿,红包我还是可以收的。正常的师幼关系在老师与家长的"人情""红包"中被消解。问题的严重性还在于,老师又意识不到这一点,没了底线。

情境与思考

一天,园长外出开会。中班 A 教师中午时和配班 B 老师说有点事就出去了。下午,园长回幼儿园,找 A 老师,找不到。问 B 老师才知离岗出去了。打电话找,关机。园长到 A 老师家中找,未见其人。直到下午四点,A 老师才回幼儿园。事后了解,该老师麻将去也。

当事老师一定能意识到这是问题,但明知故犯,也属无底线。那么,B 老师有责任吗? 调研中有老师说可以理解,但园长和家长都一致认为,可能是"同犯",至少是"规矩不明"。

(四) 左右为难

教师自身、教师与家长、教师与教师、教师与幼儿园的管理者,因为幼教价值观的不同而在保教行为上相互冲突,这种冲突令教师在保教行为的选择上左右为难,从而影响保教质量。这种现象也称为专业领域的"伦理两难"。在"巧解两难"这一节中我们分析过,这样的两难常见于保教活动的方方面面。问题不在于有两难,因为两难源于幼教活动中的不同主体的立场、观点、价值取向不同,因而其出现是必然的,问题在于,幼儿园教师,包括幼儿园管理者,在面对两难的时候束手无策。

> **情境与思考**
>
> 　　8点15分调研组来到A园。正值幼儿园晨间锻炼时间,但幼儿园的操场上没有幼儿户外活动的影子,各班幼儿都在室内活动。巡视室内活动,小班搭积木,中大班分别在练习本上写着什么,教师则在批改一些幼儿的作业,教室的黑板上大都是用粉笔字写的计算数字、田字格汉字或挂着图文并茂的教学挂图。
>
> 　　9点30分,再次巡视班级活动。户外游戏一个班级都没有,2个小班在进行美术活动,2个大班在书写汉字"安"和"尺"字,1个中班2个大班都分别在做幼儿数学练习。
>
> 　　9点50分,就以上观察到的情况与园长交流。园长承认有小学化现象存在,但强调:家长有这方面的要求;小学要入门考(园长出示历年测试卷);幼儿园要生源;无证园所又恶性竞争。表示:我们也无奈!

> **情境与思考**
>
> 　　同事的保教行为有明显问题,我该采取什么态度? 调研中H老师谈到:特别调皮甚或有攻击性行为的孩子确实让人头疼,可老师采用体罚的手段对付他们在任何情况下都是不可取的。邻班的小兵兵已经N次被拉到室外罚站了,每次都让我们中二班的小朋友看到了。作为同事,明知此事不妥,可我该怎么做呢。不关我事? 良心上过不去;报告园长、家长或前往制止? 同事关系可能遭殃。陷入两难境地。

> **情境与思考**
>
> 　　Z家长曾为幼儿园建设慷慨解囊,所以无论是园长、教师还是保育员,对该家长的孩子都关照有加。中午,Z家小朋友不想午睡,园长嘱咐老师单独陪着这个孩子玩,哪怕影响到其他孩子午睡;活动时总是提供更多的机会;甚至犯错也纵容。当班老师觉得这样做无论是对这个孩子还是对旁观的孩子都是有害的。但是该怎么改变呢? 也左右为难。因家长的因素而影响幼儿园保教行为的,在访谈中会常常有闻。幼儿园要服务家长,更要服务幼儿,但这两者有可能是冲突的,教师该如何抉择?

二、未来的伦理状况仍然堪忧

有研究者从幼儿教育的师资状况、行政管理部门的重视程度、教师教育环节的忽略等方面表示了对未来幼儿园教师的伦理表现的担忧。[①]

---

① 冯婉桢. 从"虐童事件"看幼儿园教师专业伦理建设的重要性[J]. 河北师范大学学报教育科学版,2014(1):104—108.

（一）师资供求失衡

我国幼儿园教师队伍在数量上存在很大的缺口，为未来幼儿园教师队伍的质量留下了隐患。根据教育部统计的 2012 年学前教育阶段专业教师人数和在园幼儿人数来计算，幼儿园里的师幼比接近 1∶26，远远超出了《幼儿园教职工配备标准（暂行）》中规定的最低标准 1∶10。同时，按照国家统计局的人口普查数据来计算，2010 年我国 0—3 岁的儿童数量为 2012 年学前教育阶段在校生人数的两倍余。显然，我国现有幼儿园教师人数远不能满足适龄儿童入园接受教育的需要。随着二胎政策和可能的更放开的人口政策的执行，未来入园的压力会更大。2018 年两会期间教育部部长陈宝生曾预测：按照我们现在的教育，220 多万幼儿教师，4 600 万在园幼儿，这个数字来推算，我们现在缺教师 71 万，缺保育员是 76 万。

相反，我国正规院校每年培养的学前教育专业毕业生人数有限，尽管这几年各地培养规模加码，但很难在短时间内填补这个数量空缺。这就意味着，未来幼儿园教师和幼儿的比例关系还将维持在一个低水平上。这会给提升幼儿园教师专业伦理品质造成极大的困难。同时，由于供求关系失衡，当前一些幼儿园雇佣不合格教师填补岗位空缺的做法在未来几年内恐怕很难根除。这就大大增加了幼儿在幼儿园里的不安全系数。

（二）管理部门重视不够

面对严峻的现实与挑战，教育管理部门和教师教育部门对加强幼儿园教师专业伦理建设的重要性还认识不足。自 2010 年开始，全国各地制订和推进了地方的《学前教育三年行动计划》。研究者随机抽取了 13 个省和直辖市的《学前教育三年行动计划》，分析后发现，绝大多数地方教育行政部门对学前教育事业发展的规划尚停留在如何拓展幼儿园的数量上。少数先进的省市在规划如何提升幼儿园教育质量时，又多是从提升教师学历和专业知能的角度来设计的。也就是说，地方教育行政部门对幼儿园教师专业伦理建设很少关注，对《中共中央、国务院关于全面深化新时代教师队伍建设改革的意见》和《中共中央、国务院关于学前教育深化改革规范发展的若干意见》中提到的"建立普通高等学校学前教育专业质量认证和保障体系，幼儿园教师队伍综合素质和科学保教能力得到整体提升，幼儿园教师社会地位、待遇保障进一步提高，职业吸引力明显增强"的要求还认识不足。

（三）教师教育中的伦理缺失

我们在幼儿园教师专业伦理建设的两岸比较中论及过这个问题。

2011 年教育部曾出台《关于大力推进教师教育课程改革的意见》，强调"加强教师职业道德教育，将《中小学教师职业道德规范》列为教师教育必修课程"。[1] 同期推出《教师教育课程标准（试行）》，其中"幼儿园职前教师教育课程"将"遵守教师职业道德"列为目标，将"教师职业道德"列为课程。[2] 但尴尬的是，由于没有从幼儿教育独特的专业性的角度来定性这门课程，而整个幼儿教育界还找不到一个具有幼教特点的所谓"职业道德"文本，更不要说合适的教材，让目标如何落实为课程？让课程何以实施？所以，政府层面虽全力号召"加强"和"遵守"，但因接不了地气而只能束之高阁，流于形式。

由于课程性质不明，高校大部分担任此课教学的教师来自于"公共基础部"的"两课教研室"；由于缺少相关的专业教材，大部分高校开设《教师职业道德》课是借用面向中小学教师培养的教材。教学

---

① 中华人民共和国教育部.《教师教育课程标准（试行）》[S]. 北京：中华人民共和国教育部，2011.
② 同上。

方法也因此受到很大制约：讲授为主、期末笔试评价是必然的选择；远离幼教现场不被学前教育专业学生欢迎也是必然的结果。

职后培训的情况大体相同。国家层面推进学前教育"三年行动计划"，这期间幼儿园教师培训铺天盖地，全面开花。但看看那些"国培计划""省培计划""园本计划"和各项专题培训方案，专业伦理虽然作为专业的重要元素，但在这些培训计划中处于几乎完全"失语"的状态。虽然会有领导报告讲奉献精神，也会有先进榜样事迹报告，但停留在号召的状态，个体经验的状态，"高大上"的状态。再说，那与幼儿园教师专业伦理不是一回事。

还要关注的是，当前我国幼儿园教师的来源还有相当一部分是中等职业学校或技术学校，这些学校本身又面临着生源质量的困扰。研究者在对中部某省一所专科幼儿师范学校的调查中发现，许多学生入学时分数很低，上不了好的学校才来读的幼师，并且自身就有着心理和个性上的缺陷，比如孤僻、暴躁。未来这些学生到幼儿园任教会给孩子带来什么样的影响？真的不容乐观。

三、专业伦理建设成紧迫任务

（一）加快制订专业伦理规范是当务之急

幼教界出了一些"反伦理"的问题后，有人会埋怨社会风气，有人呼吁政府更多担责，增加对幼儿教育的投入和对幼儿教育资源实施更合理的配置以促进教育的公平，以更好的政策鼓励幼教从业人员提升专业素养并吸引优秀人才从事幼教，等等。

但幼教界自身应该有什么样的作为？当一个群体中的"犯规"行为频频发生的时候，应该思考的主要不是个体行为如何，而是群体规则的缺失。行业为了自身的尊严应该有所作为。而从"专业"的视野来看，自律性的专业伦理规范建设应该是幼教界可以着力的地方。专业伦理规范是所有专业的标志之一，几乎所有的专业都有专业伦理规范来指导专业成员的行为，比如医生、律师。虽然专业伦理规范未必能确保所有从业者都不"反伦理"，但一个行业若没有专业伦理规范则肯定够不上"专业"。

专业伦理规范向社会昭示的是我们这个行业的服务标准，意在保护服务对象的最佳利益；它向行业内部的每个成员明确的是行为的当与不当，意在约束自律，维护行业声誉促进行业整体的发展。一个行业专业伦理规范的不完善或缺失，恰好证明其专业性的低下。用专业伦理规范推进专业水平提升，使每个从业者的行为有据可依，避免从业者为所欲为，这应该是一个行业走向专业化的标志，这应该是幼教界去努力的。

从国际惯例来看，也从专业化的一般规律来说，专业伦理建设的任务应当由专业组织来担当，以体现行业"自律"。当然这种担当不是专业组织的几个专家闭门造车，它应该是全行业启蒙、全行业动员、全行业觉醒的过程。这是一个艰巨但意义深远的过程。当前特别需要做的，就是类似20世纪末年台湾"幼改会"做的那样，发起全行业讨论和制订专业伦理守则，争取"几乎所有的幼教人员都肯定伦理守则对幼教专业化的必要性"。在专业化潮流中，专业组织若处于边缘的状态，这个行业的专业成长一定值得怀疑。没有一个由专业组织推动的自下而上的以专业伦理守则制定为契机的行业自律运动，所谓"专业性"，所谓行业的声誉，就只能是口号。

（二）专业伦理规范的制订应科学合理

本书前一章"他山之石"对国外及我国台湾地区同行的专业伦理建设的前车之鉴作了介绍、分析和思考，我们从中可以获得好多有益的营养。

幼儿园教师专业伦理规范的制订怎样才能科学、合理？我们认为应遵循这样几个原则。

1. 专业性原则

既为"幼儿园教师专业伦理规范"，就需要有幼儿园教师专业的特点，而不是一般伦理规范在幼儿教育领域的简单套用。体现专业性，包含两个意思：一是从幼儿教育的专业特性出发的，二是由幼儿教育的专业理论说明和支撑。

2. 层次性原则

需要有价值引领，又需要有行为规范；既要有理想目标，又要有底线规定。

3. 操作性原则

所谓"唱高调而越底线"，一个很重要的原因就是伦理建设只是提出抽象的原则和口号，而不是有用的知识和技术。有几个条条框框，但面对幼儿教育实践中的困境仍一筹莫展，一头雾水。"专业伦理必须有专业知识和技术作为支撑，若无专业知识和技术，行为就会鲁莽，甚至伤害所要对待的生命或社会。"[①]就是说，专业伦理既是由专业知识和技术说明和支撑的，同时，专业伦理本身也是知识和技术，是可以用来进行专业判断和专业实践的，是"能够让一个人做出负责任的专业决定的那些知识和技术"。[②]

4. 涵养性原则

专业伦理规范不仅仅是用来进行"规约"的，也是用来促进和提升教师队伍整体素质的。幼儿园教师专业伦理规范需要使用一些明令禁止的语言对服务对象加以保护，对幼儿园教师的行为予以框正，划出行为的底线，但同时也要为专业生活注入人生的善和生命的关怀，注入灵动和活力。秉承人本主义教师观，关注教师的专业发展，关注教师的身心健康，关注教师的"幸福从教"，体现专业伦理温情的一面。因为这是幼儿园教师专业伦理，因为教师要面对的是弱小和娇嫩的生命。

（三）专业伦理规范应尽快进课堂

以伦理的方式解决保教中的问题，这是一个专业能力，并非天生，也并非仅凭经验就能解决，在伦理上做出合理的决定是需要接受培训的，幼儿园教师需要接受伦理的训练才能灵活地面对教学中的"行为困惑""两难问题"等，选择正确的策略解决问题。

进教师教育的课堂，包括进高校学前教育专业的课堂，进各级各类幼儿园园长、幼儿园教师培训的课堂，改变幼儿园教师教育只注重专业知识和专业技能而忽略专业伦理的现象。

我们需要一个合理的，既体现幼教专业特点又体现中华文化的特点的幼儿园教师专业伦理规范文本。但这个文本出台之前，进课堂的工作可先行实施。这种实施主要在于介绍和梳理国内外同行在这方面的理念和做法，同时收集整理分析幼教实践一线的有益材料，在此基础上思考幼儿园教师应该承担的伦理责任、保教实践中的问题以及这些问题的解决之道。这种进课堂的过程就是为我们的幼儿园教师专业伦理规范文本的出台作准备的过程，因为这个过程是造舆论的过程，是师生碰撞研究的过程，也是合理的文本酝酿的过程。

---

① 郭玉霞. 教育专业伦理准则初探——美国的例子[J]. "国民"教育研究集刊（台湾地区），1998（6）：9.

② ［美］Stephanie Feeney, Nancy K. Freeman. 幼儿保教人员专业伦理[M]. 张福松等译，台北：五南图书出版社股份有限公司，2007：序言.

第二节　现代转向

一、从职业道德转向专业伦理

（一）道德与伦理

在传统师德向现代转向的过程中，究竟是用"教师专业道德"这个概念还是用"教师专业伦理"这个概念更能准确地与在专业化视野中的"专业"的内在属性相匹配？要回答这个问题，就需要先对"道德"与"伦理"作一番辨析。

"伦理"是否即"道德"？"伦理"与"道德"有何异同？这两个词在人们的日常生活中使用频率很高，人们一般也不会去细究其中的差别。在许多学者的论文和著作中，"伦理"与"道德"也概念不分，甚至将"伦理道德"或"道德伦理"混为一谈。古今中外学者对此有许多不同的说法。网络上有个解释很到位："伦理和道德的含义基本相同，都与行为准则有关，但也有一些细微的差别。伦理主要指客观的道德法则，具有社会性和客观性；而道德是客观见之于主观的法则，主要指称个人的道德修养及其结果。""细微的差别"在于：伦理是客观的，因为伦理侧重强调群体规范，对群体中的每一位个人来说是外在的；道德是主观的，因为道德侧重强调个体的德性和德行。

黑格尔也是这样认为的，他指出："moral 是指个体品性，是个人的主观修养与操守，是主观法，ethics 是指客观的伦理关系，是客观法。ethics 一旦化为个人的自觉行为，变为一个人的内在操守，即为 moral，moral 以 ethics 为内容。"[1]

1. 道德

关于道德的"道"，许慎在《说文解字》中解释说："道，所行道也。"可见，道之本意是指道路，人们要想达到目的地就必须"顺道而行"，后引申为人的行为必须遵循一定的原则和规范。

"德"在古汉语中通"得"，《说文解字注》中就有"德者得也"的说法。关于为什么"德""得"相通，宋代朱熹在给《论语》作注时这样解释道："德者得也，得其道于心而不失之谓也。"可见，"德"是"得道"的意思，是得到人们行为应当遵循的各种原则和规范，使其内化于心，并能够持之以恒地保持下去。许慎又解："德，外得于人，内得于己也。"一个人一旦"得道"，就拥有了"德性"，而"德性"一旦外化为"德行"就会外益于他人，使他人有所"得"；同时行为主体在这种道德追求中自己也会获得极大的精神满足，因而"内得于己"。这应该是"德"与"得"相通的真正本质。

对"道"与"德"作这样解读的基础上，我们可以给"道德"作如下界定：所谓道德就是指人们在社会生活中将"做人"所应当遵循的原则和规范（即道）内化为自己的个体人格品质（形成德性），然后再通过自己自觉的行为释放（德行）达到既有益于他人和社会，同时也有利于自我人格品质完善的主体追求活动。

2. 伦理

伦理中的"伦"按照东汉经学家郑玄在为《孟子》作注时所说，伦即序，而所谓"序"就是秩序、序次。

---

[1] ［德］黑格尔. 法哲学原理［M］. 范扬译. 北京：商务印书馆，1986：42—43.

但这一序次并非一般关系,而是"识人事之序",是"从人从仑""仑者辈也",可见,伦理中的"伦"所指的秩序或序次乃是对人与人的相互关系的一种界定。

伦理中的"理"又作何解呢?望文生义,"理"即道理。将这两个字连起来,那么"伦理"之义就是人们在处理人与人的这种相互关系中所应遵循的道理和准则。比如孟子提出的"五伦说",即父子、君臣、夫妇、兄弟、朋友,都是人与人的关系,而要处理好这些关系,人们分别应遵循什么样的道理和准则呢?孟子认为是:"父子有亲、君臣有义、夫妇有别、长幼有序、朋友有信。"在孟子看来"有亲、有义、有别、有序、有信"就是人们在处理"五伦"关系中所应遵循的"理"。具体说来,为人父者要体现"有亲"之理就需做到"慈",为人子者要体现"有亲"之理就需做到"孝",这即所谓的"父慈子孝";为人君者要体现"有义"之理就需做到"仁",为人臣者要体现"有义"之理就需做到"忠",这即所谓的"君仁臣忠";为人长者要体现"有序"之理就需做到"友",为人幼者要体现"有序"之理就需做到"恭",这即所谓的"兄友弟恭",等等。

那么,我们在社会生活中所应当遵循的这些"理"到底从何而来呢?事实上,"理"的产生源于"伦",源于人与人之间复杂的社会关系。正是这"识人事之序"的伦,对每一个社会成员在社会生活中的身份和角色进行了明确的界定,使得每一个社会成员都能首先从把握自己的特殊身份和社会角色入手,来领悟我们的行为所当遵循的"理"只有在特定的人伦关系中才能够得到合理的解释与说明,"理"的实质事实上表达的就是我们在社会生活中怎样才能处理好与自己相关的各种人伦关系,表达的是我们在社会生活中"做人"的道理。一个人如果不遵循自己所应当遵循的"理",其行为就是在乱"人伦",而人伦既乱,那么人与人的关系就必然处于混乱、紧张和纷争的状态之中。所以,中国自古就有"行为有伦万事和顺,万物有伦天地序达"的说法。有学者整合汉语中的"伦"与"理"之义,将"伦理"定义为"处理人们相互关系应遵循的道德和准则"。①

3. 道德与伦理的关系

先看二者的联系。"德"与"得"相通,"德"乃"得道"。只有先"得道"才能"成德"。那么,"成德"所需要得到的"道"又从何而来呢?如果我们将这个问题与伦理的概念联系在一起,是不难找到问题的答案的。事实上,"成德"所需要得到的"道"均来源于伦理中的"理"。"伦理"中的"理",讲的是人们在处理各种关系时所应遵循的各种道理和准则,其含义与道德中的"道"是一致的。在复杂的社会关系中人们一旦领悟到了这种"人伦之理","人伦之理"就成为了人们在社会生活中的"为人之道",而人们一旦"悟其理""得其道",并将之"化于心",于是也就有了"德",所以,伦理的理与道德的道应当是统一的。然"成德"的前提是要"得道",而"道"又源于"理","理"又是从特定的人伦关系中衍生出来的,于是伦理与道德的关系链条就清晰地展现在了我们面前:

由"伦"生"理",由"理"成"道",由"道"化"德",这就是隐含在伦理与道德之中的密不可分的内在联系。

再看二者的区别。伦理强调的是人们在社会生活中客观存在的各种社会关系,突出的是如何保持这些复杂的社会关系,使之处于一种和谐和融洽的状态之中。而道德强调的则是社会个体,突出的是个体能否将由伦理衍生出来的道理内化为内在品性,并转化为一种自觉的行为。因此,伦理范畴侧重于反映人伦关系以及维持人伦关系所必须遵循的规则,道德范畴侧重在反映道德活动或道德活动主体自身行为之应当。人们在社会生活中的人伦关系是一种客观存在,正是这种客观存在的人伦关系界定着我们每个人特殊的社会角色和社会身份,伦理对于人们"行为应当"的要求直接地与人们的这种特殊的社会角色和社会身份相联系,因而,它也应当是一种客观存在。道德则不同,"德"与"得"

---

① 邹渝. 厘清伦理与道德的关系[J]. 道德与文明,2004(5):15.

之所以相通在于"得其道于心而不失之谓也",所以,一个人一旦"得道",事实上就已经实现了将外在的要求内化为自我的要求的转变,人们一旦实现了这种转变,伦理他律性的客观法也就成为了社会个体自律性的主观法了。

（二）职业道德与专业伦理

顾明远主编的《教育大辞典》对职业道德的解释是:职业道德是人们在职业生活中应该遵守的,与职业实践有密切关系的道德规范和准则,是一定社会的一般道德在职业生活中的具体表现。据此,教师职业道德就是教师在教育教学活动中应该遵守的道德规范和准则,是社会的一般道德在教师职业生活中的具体化。

第一章我们对专业伦理解读为:专业伦理是专业共同体基于专业领域的共同价值观而提出的处理专业工作中各种人际关系的行为规范。其功能在于对内帮助每个从业者关注行为的适当与否,为工作中遇到的道德困境的解决提供依据;对外用以彰显专业责任和维护专业声誉。

职业道德与专业伦理似乎没有什么质的不同,都是社会分工条件下各行业为了维护行业声誉、保护行业利益,对从业者行为进行道德规范的约束和调节。但是,由于专业与一般职业的不同,由于道德与伦理的不同,使得职业道德与专业伦理存有诸多差别:

一是内容不同。由于是一般道德在职业领域的应用,职业道德常常把"非职业"甚至"非道德"的内容加进来。比如"热爱祖国""热爱人民""拥护中国共产党的领导、拥护社会主义"等属于国家道德、公民道德的内容被列入到职业道德中来;"语言规范""更新知识结构"等属于非道德的内容也被列入教师职业道德中,凸显一般道德的"泛道德化"传统。再则,职业道德强调的重心是"道",是理想的"善"。比如教师职业道德强调的是"为人师表",教师不仅应该成为学生的榜样,还应该成为社会的道德楷模。

二是作用范围不同。职业道德作用范围广泛,专业伦理只是在特定的"专业领域"内起作用。比如"爱岗敬业"作为职业道德的重要内容体现的是所有职业的共同要求。再比如教师职业道德,可作用于从幼儿园教师到大学教师、从普通教育学校教师到特殊教育学校教师。而从专业的角度来说,教师由于其教育对象、服务对象的不同而呈现出不同的专业特性和专业领域,需要更具专业特点的专业伦理规范来发挥作用。

三是作用机制不同。道德主要依靠舆论、习俗和内心信念发挥作用,其好坏、善恶的评价常常是笼统而不确定的;而专业伦理则主要依赖专业标准、专业规范为尺度的专业评价发挥作用。

道德具有"内得于己"与"外得于人"的特点,因此,职业道德虽然指职业活动中应该遵守的行为规范,但首先要求从业者将外在规范内化为自己的个体人格品质,如果没有形成这种内化,当然也就不能自觉地释放德行。然而,这种内化与从业者个体的品格、情绪、经历等各种因素相关,"内化"往往"难化"。而专业伦理则从"专业应当"出发,强调的是专业领域的对与错,强调的是专业共同体的群体规范,个体因素若干扰执行群体规范就显得不够"专业",或者在专业上不达标,将面临专业风险。

此外,二者依赖的基础也不同。职业道德更多地依赖经验,是从个体的感性经验概括上升为理性道德的。就中国的教师职业道德来说,作为一种古老的职业,在教师这一行中出现了诸如"两千年前孔夫子,两千年后陶行知"这样堪称"万世师表"的优秀教师。于是,人们从这些优秀的个体身上提炼概括出教师行为的基本道德规范。也就是说,我国传统师德就其产生过程来说,应属于"经验"范畴。而专业伦理与特殊的专业知识与专业技能紧密相连,相互支撑,成为"专业"不可或缺的组成部分。比如幼儿园教师专业伦理,要求尊重孩子的天性科学实施保教,"尊重"这一专业伦理规范是基于对"孩子天性"的专业知识和"科学实施"的专业技能,三者有机结合才是真正的幼儿园教师的专业表现。

诸多差别决定了转向的必要。

（三）从职业道德转向专业伦理

1. 转向的必要：专业化趋势

如上所述，一般道德简单演绎应用于某个职业领域，所以职业道德显得抽象、空泛，缺乏行业特点；而且职业道德常与一般公民道德标准混为一谈，缺乏专业特性。没有行业特点又缺乏专业特性，这样的职业道德要在现代专业化大趋势下发挥作用是很难的。而且传统的所谓职业道德教育，不是教条式灌输就是所谓"榜样引领"。诚然，有价值的榜样示范是需要的，但其力量并不是无穷的。因为榜样体现的是较高的道德要求，会让人觉得高不可攀。榜样的事迹总是带有个别性、经验性和历史局限性，除了让听众激动一阵子，很难产生持久的、规范行为的力量。我们教育界的学习某个人物运动常常流于形式见不到实效，症结就在这里。随着现代教师专业化运动的兴起，这种情况应该也正在发生改变。

在"专业化"的视野思考教师专业伦理建设并把其作为教师专业发展及教师评价的重要内容，这既是一个重要的进步，同时也是一个时代性的标志。专业伦理规范纳入教师专业标准，专业伦理建设纳入教师专业养成，这让教师专业标准和教师专业成长不再是冰冷的技术要求而获得了伦理和价值的属性。同时，伦理也由于与专业标准的紧密融合而具有了可操作的特性，也具有了某种强制性，从而也使其获得了引领专业的价值。

2. 转向的可能：专业理论和实践的进步

专业理论和实践的进步意味着我们可以摆脱个别经验的局限而在更广阔的专业视野实现专业伦理对职业道德的替代。

就教师专业伦理而言，随着教育学、心理学的不断进步，人们对教师质量、教育质量的理解更全面，对教师专业特性的认识更深刻，因而从理性的角度建立教师行为的"应然"和"适当"的规范就具有了现实的可能性。

在幼教领域，随着儿童科学的兴起和逐步完善，随着学前儿童教育学、学前儿童心理学等学科的发展，人们对幼儿园教师的专业特性有了更多的理解，对"好的"幼儿教育有了更多的理解，对实施幼儿教育的各种技术有了更多的比较和思考。因而建立体现幼儿教育专业特点的专业伦理以替代职业道德已经有了比较好的专业理论和实践依据。这是教师专业化的必然，也是经验性幼儿园教师向专业性幼儿园教师转变的现实路径。

3. 转向的实施：专业伦理为专业领航

实现教师专业伦理对职业道德的替代，其主要目的，不仅是提高教师个人的道德水平，而是促进教师的专业成长。多年来教育领域教师行为的失范，很大一部分原因是传统师德远离教师专业化的现实。事实证明，建筑在经验基础上的笼统、空泛要求并依靠内心信念来维持的师德规范不利于教师的专业提升；事实也证明，单纯依靠教育行政部门和学校的检查和考核而企图匡正教师的行为也不利于教师的专业发展。教师的专业发展最重要的动力来自于自身。忽视教师内在动力的规范和检查对教师专业发展都是无益的。

若从教师专业发展的角度探索教师专业伦理建设问题，就要求专业伦理规范应当能够为教师提供专业指引，促进教师的专业判断和专业行为的提升。在中国的文化语境里，有"一日为师终身为父"的传统，教师的权威至高无上，但现实已经发生巨变，权威已经失落。教师新的权威的建立只能在专业的路径上而不是在身份的路径上。"奉师若父"是现代学生做不到也不需要这样做的；"爱生如子"也不见得是专业的教师所应然的。而建立"专业的师生关系"才是教师专业伦理的要求。专业伦理要是能明确告诉教师"专业的师生关系"是怎样的,怎样做才能避免师生关系上的不专业,那就是在为教师的专业成长领航,才能为广大教师所认同。事实上,这样的建设思路或劝诫方式包含了更多中国文化的元素,这种方式把规范变成服务,把"为教育"变成"为教师",更容易为教师所接受。

二、从美德伦理转向规范伦理

(一)美德伦理

1. 上线伦理

好人是怎样的?怎样做一个好人?这是美德伦理关注的要点。美德伦理本质上属于一种"人格伦理",是一种指向更真、更善、更美的人格完善的伦理。与底线伦理的"底线"特质相比较,美德伦理可称为"上线伦理"。

《大学》开宗明义:大学之道在明明德、在新民、在止于至善。这里的"至善"实为无止境的善。这就是美德伦理所追求的。美德伦理具有悠久的历史,古代希腊的伦理学是一种美德伦理,以儒家伦理为代表的中国传统的伦理学也是一种美德伦理。美德伦理的目标是探讨一个人成为好人的标准和途径。美德伦理的这一志向使它把美德看成是人之为人的一种规定,从而把道德完善看成是人自身的完善过程,看成人向自身的目的迈进的过程,道德追求就是无限地接近于人的理念、成为真正人的无止境的过程。我们可以把这一观念称作至善伦理,其中蕴含着这样一层意思:道德,即成为一个好人,是没有止境的,你永远可以使自己成为一个更好的人,即"至善"。①

2. 修身为要

如何达至高尚?美德伦理认为一个真正的好人、有美德的人不仅要完成自己的职责义务,还要追求更高的境界和更完善的功德,比如舍己为人,那才是一个善人、好人应有的道德,符合人之为人的目的——成为一个优秀的人、圣人君子。道德行为源于直觉,通过修行和培养,一个人就能在面对道德选择境况时自然且自觉地做出正确的道德反应。一个人之所以行不善,主要是品质缺陷造成的,即修行不行、人品不好。所以美德伦理强调,一个人最重要的是行为习惯的养成,是人格品质的培养。

3. 注重品格培养

如何提升人的道德水平?美德伦理注重的是人格的评价和修养。中国传统的伦理学从心性、习性论出发,认为一个人只要按照好人的标准修身养性,他就能在各种条件下自觉认识到什么是正当的和好的行为。《三字经》一开始就是"人之初,性本善,性相近,习相远",提出了人、性、习、善四个重要概念,充分显现了中国传统伦理学的主要志向,即美德伦理的致德思路。在这里,它表达了伦理的主要目的是教化,教化的根本是培养习性——第二天性即人品的问题。美德伦理认为道德人格培养的最有效方式是情感激发和榜样示范。只要有"爱"的情感,就会在行为中自然表现出来,只要有"公正"的品格,公正就不会从他身边溜走。而培养造就这样高尚情感和人格魅力的途径莫过于树立道德楷模。

所以,中国传统文化中历来就有"高山仰止,景行行止,虽不能至,然心向往之"的道德教诲。

(二)规范伦理

1. 底线伦理

什么是合理的道德规范?人应该怎样行动才合乎规则?这是规范伦理关注的要点。

---

① 刘美玲.论美德伦理与规范伦理的和谐相融[J].青海社会科学,2009(2):129.

规范伦理是一种底线伦理,是一种人人都应当遵守的、最起码的伦理,它探讨具体的行为规则界限,指向社会良序、人际合作最基本的伦理需要。伦理学所谓的"应然"状态,在规范伦理与美德伦理那里其含义是不一样的。在美德伦理中,"应然"是表示一种行为或品质对于人的内在目的的实现具有价值,你最好拥有这种品质;而规范伦理中的应然实为"必须"的意思。作为底线伦理,规范伦理致力于澄清衡量一种行为的道德价值的根据和标准,以便用一个或数个规范指导自己的行为。对于底线伦理来说,合理(而不是善)的行为规范是它关心的主要问题。它认为底线是人们必须遵守的,而超出底线要求的善不是必需的,不是义务和规则,而是超义务行为,做不做这种超义务行为是个人自由选择范围内的事情。总之,规范伦理的目的主要是建构有关行为规范的基本原则,以作为我们日常生活中面临道德问题时的行为指导。

2. 明理为要

在规范伦理看来,美德伦理具有抽象性、空洞性,它是理想主义的。规范伦理认为,义务内的事情是"应当履行"的,而超义务的行为尽管也是道德的,但那不是"应然"的范畴。当一种道德理论把一个私人自由选择范围的超义务作为道德义务来要求的时候,恰恰表明了这种道德要求的外在性。当君子不是个人自己的自由选择,而是出于某种外在伦理要求的时候,这种"君子之德"就可能是虚伪的。规范伦理宁愿在义务和超义务之间划清界限,并且把超义务行为完全归于个人私德领域。做不做圣人君子那是一个人自己的选择,社会不要求每一个人成为圣人君子,只要求他完成自己的职责。把道德期待仅限于底线,实际正表明现代社会的道德宽容和道德中心主义的解体。

规范伦理认为,一个人只有知道什么是对的、什么是错的,他才会正确地行动,做正确的事。道德行为基于理性和审慎,基于自觉。没有道德自觉的行为没有道德价值。一个小偷在行窃中无意阻止了一桩可能的谋杀案,小偷的偷窃行为并不会因此而变成道德的。非自愿选择的行为,不管结果是善还是恶,都不能归于那人身上,不能由其负责。道德需要理性,直觉和冲动是靠不住的,它能引导人做善事,也能引导人做坏事。在特定的条件下如何做才符合道德要求,并不能简单地根据自己的良知加以判断。在任何情况下,行为的道德性、正当性都需要理由的支持,即把一种行为归于某种道德规范、原则,看它是否与普遍规范相符合。而道德规范是复杂的、多样的,甚至是冲突的。这种冲突不是简单地依靠高尚人格就可以解决的,人们必须对自己认同的规范予以证明,在互相出示理由的基础上达成一致或近似一致。因此,规范伦理认为,"什么样的规范是合理的"才是需要慎思明辨的核心问题。

3. 注重伦理规范认知

规范伦理认为道德教育的最佳途径是教育人明辨规则。当一个人知道什么是合理的行为规范,他就会按规范行动,做符合道德的事。道德失范归根到底是人们基于不同的道德原则行事,因此道德整合的前提是使人们拥有相同或接近的道德原则。而一般人对应该有什么样道德规范和价值判断没有深刻的反省和认识,所以伦理学努力的方向在于帮助人们建立合理的、共享的道德信念和伦理规则。没有论证,没有对根据的澄清活动,伦理学就会陷入空洞的说教而丧失其魅力。一个人如果没有明辨规则、分析对错的能力,即使想要做道德的行为,也常常因为判断错误而导致事与愿违。因此与美德伦理不同,在道德教育模式上它并不看重情感激发和榜样示范,而是更倾向于理性能力、说理能力的培养。

(三)从美德伦理转向规范伦理

1. 转向的社会背景

美德伦理转向规范伦理与人类社会从古代向近现代的转变中的熟人社会向陌生人社会的转变、德性本位社会向个体能力本位社会的转变分不开。

古代社会、传统社会是一个熟人社会,人们交往的范围很有限,近现代社会则是一个陌生人社会。在熟人社会,打交道的都是彼此很熟悉的人,而在现代社会随着交通工具的改变、市场和工业社会的形成、个人自主性的增强,与陌生人打交道的机会和需要愈来愈多。熟人社会和陌生人社会的道德要求、道德期待、交往假设是非常不同的。有学者通过成本—效益分析说明,美德伦理是适合于熟人社会的伦理,而规范伦理是适合于陌生人社会的伦理。①

可以想象,在一个熟人社会,打交道的对方是不是一个好人很重要。这是因为熟人是经常打交道的,如果每一次都仔细考虑规则、规范,那必定是要付出更多的时间和机会成本,也与熟人社会的"熟人"情感相矛盾。而在一个陌生人社会,打交道的对方是不是遵守道德规则更重要。这是因为在陌生人社会要弄清对方一贯的行为方式,即人品,必然是成本很高的。既然无可知晓对方是不是一个好人,也不需要对方永远是个好人,只需要对方在与自己当下的交往中是遵守规范的、行为正当的就可以了。

古代社会,由于生产力水平的低下,个人的生存更多地依赖于他生活在其中的"熟群体",这种依赖造成了一种以群体存在与发展为目的的价值理念。对于熟群体而言,合作的基础是美德,完善的人格是德才兼备,但当两者不可兼得的时候,美德比才能更重要。而近现代社会由于生产力水平的极大提高,个人的生存能力大大增强,相应地对熟群体的依赖不断减弱,个人进入更加广阔的社会舞台,拥有更加丰富的社会关系。由于个人独立性的增强,对于个人幸福而言,能力成为更重要的因素,社会合作成为能力的合作、交换成为能力的交换。而能力既然成为现代社会衡量一个人的更主要的标准,美德就必然退居二线。由此人格理想开始转型,不再追求成为一个最大程度的"好人",而是成为具有开展合作所需要的最低限度道德水准的人。由此,规范伦理应运而起。

2. 转向的专业必要

专业化兴起的现代社会更多地表现为陌生人社会和能力本位特征的社会,因而专业伦理就应该是一种规范伦理。

就幼儿园教师专业伦理来说,守望童年价值,呵护幼儿天性,为其一生的发展奠基,这是幼教行业的天职。履行这一天职的从业者有美德固然好,但由于这些体现在幼教行业中"陌生人社会和能力本位社会的特征":幼教服务对象的弱小,服务对象的多元化,服务主体角色的多元化,首先需要一系列的规矩使之不能"逾越底线",使之责任明确,使之在左右为难时有抉择依据。

全美教育协会(NEA)1996年制订的《优秀教师行为守则》通篇是这样的规定:记住学生的姓名;要言而有信,步调一致,不能对同一错误采取今天从严、明天从宽的态度;不得因少数学生的不轨而责备全班学生;不得当众发火;不得在大庭广众之下让学生丢脸,等等。按我们的思维定势,优秀教师行为守则应该追逐"崇高"和"伟大",但细读之后,发觉美国人所谓"伦理守则",就是底线要求,即使是优秀教师的守则,也主要不是提倡你做什么,而是规定什么是你必须做的。全美幼教协会(NAEYC)制定的《伦理规范与承诺声明》,②很多都是对幼儿园教师"应当""不准"的规定,具体明白,没有高谈阔论,只有对一系列行为的抵制与排除。而我们的师德规范是"圣人之心",尽是"高标准、严要求",但仅提倡而已。以教育部2008年版《中小学教师职业道德规范》为例,共有6条要求,什么"志存高远""严慈相济""诲人不倦""终身学习",基本上可以称为"美德伦理",可操作性差,面对教育实践中的问题起不了规范的作用,很多时候只是个美丽的泡泡。

---

① 刘美玲. 论美德伦理与规范伦理的和谐相融[J]. 青海社会科学,2009(2):131.

② [美]StephanieFeeney, Nancy. K. Freeman. 幼儿教保人员专业伦理[M]. 张福松,杨静,东福美译. 五南图书出版股份有限公司,2007:8—25.

值得我们深思的是,一方面是社会对教师道德的不断推崇和美化,另一方面却是对教师的道德不断质疑和指责。这种割裂的原因是在现代社会我们仍然在道德的经验范式中要求教师,而现代专业化所需要的专业伦理却迟迟建立不起来。传统师德的最大弊端就是大唱高调,充满口号,教师是人类灵魂的"工程师",是照亮了别人而燃烧了自己的"蜡烛",教师是到死丝方尽的"春蚕",教师职业是太阳底下最光辉的职业,充满神圣的光环。但因为忽视其专业性,不具可操作性,实际架空了师德的规范性功能。从专业化的语境上说,我们实际上还没有成熟的教师专业伦理规范。现代公共生活的复杂性要求我们培育各类专业伦理,而教师专业伦理因为其价值的特殊更应该提上日程。而从可能性上说,它只能是底线要求。面向社会生活的实际,把必须的伦理底线归纳出来未必是件容易的事,但孔子归纳的"己所不欲,勿施于人"受到全世界推崇,证明我们不缺这方面的潜力。从美德伦理向规范伦理转型,现在亟须开步走,这也是一个寻求社会共识的过程。

当然,强调专业伦理应该是一种规范伦理,并不是要断然抛弃美德伦理。美德伦理所强调的修身为本和化外在规范为内在德性的主张对于规范伦理的落实也是必要的补充,因为任何社会规范只有为个体所认同和接受,才具有真正的伦理价值。就教师专业伦理来说,毕竟规范只提供有限的条款,而教育实践情境是复杂多变的,教师在实践现场的合适判断和行动有赖于个人的品性而非临场机械地去对照这些条款。这就需要专业伦理规范的"内化",使外在规范转化为内在德性。这种内化是一种认同,是一种"我想""我希望"的状态,是一种"善良意志"的聚合。外在规范只有内化成个人德性,才能最终外化为德行。这个话题将在本书"升华篇"中详细论述。

第三节 草根求索

一、幼教现场的伦理需求

这里的"伦理需求",是指幼儿园教师在保教现场需要有伦理的眼光和伦理的工具。

相对于教育行政部门、整个行业层面来说,幼教实践一线属于"草根"层面。从整个行业层面来说,中国大陆尚缺少一个体现幼教特点的专业伦理规范。这也从一定程度上说明我们幼教职业作为"专业"的某种欠缺。但幼儿园草根层面一直没有停止过这方面的探索,这是值得关注和研究的。

教育活动首先是伦理活动,教育工作者最需要有伦理的思考和伦理的规范。幼儿教育由于其服务对象的特殊性,这种需要应该更为突出。在本章第一节我们分析了"幼教现场的伦理缺失",发出了幼教专业伦理规范建设的现实呼唤。在这里,我们从另一角度再次聚焦于幼教现场,看幼儿园里的伦理需求。

(一)一日生活充满伦理意味

全美幼教协会所制订的《伦理规范与承诺声明》第一句话就是:"全美幼教协会(NAEYC)认识到了从事幼儿工作的人每天都要面对许多带有道德和伦理意味的事情。"[1]

台湾地区制定的《幼教专业伦理守则》第一句话也是:"幼教工作者经常都面临很多的难题,会需

---

[1] http://www.naeyc.org/files/naeyc/image/public_policy/Ethics%20Position%20Statement2011_09202013update.pdf.

要基于道德和伦理的本质来做决策。"①

> **情境与思考**
>
> 　　老师:"你们看,王小燕表现最好,把嘴闭得紧紧的,小脚并得齐齐的……"好奇心强的孩子常被批评:"你们要干什么!回去坐好!瞧,张宁坐在那里也一动也不动,表现多好!"无动于衷的孩子受表扬并被老师树为"榜样"。

　　这样维持秩序的情境也许司空见惯。但问题的严重性恰恰就是因为司空见惯而不予重视和思考。这其中有伦理意味吗?当然有。因为这不仅涉及到老师关于孩子发展的价值取向,还涉及老师对孩子是否尊重。老师的言语中有引导,老师的言语中可以有期待、鼓励,也可以有扼杀。老师想把孩子引导到哪里去呢?什么样的孩子是老师心目中的乖孩子呢?这当然是一个伦理问题。

> **情境与思考**
>
> 　　音乐活动。教师:"同学们先跟着琴声表演一下我们昨天学的歌曲,好吗?"幼儿纷纷离开座位,兴奋起来。表演结束后,教师:"下面我请同学们安静下来听我说。"有几个幼儿还在兴奋,教师拍了拍手,仍不见效,顿时提高声音:"拉拉,我说你呢!你今天怎么回事啊?耳朵在干什么呢?王瑞琪,坐好了,头扭着看什么呢?"教室里一下子很安静了。教师:"今天不上课了,就坐着吧,我看什么时候大家都自觉了咱们再上课。李梓越,你的小手背后了吗?王睿,小眼睛看哪儿呢?"教师站起来在教室里巡视:"这几天是怎么回事啊?总有一些同学不遵守纪律,都是中班的哥哥姐姐了,难道还不如小班的小朋友?我看你们是看有新老师在这儿,没有批评你们是吧!都给我坐好了!小手放好!下面听我说。"

(二)保教活动充满伦理困惑

　　伦理困惑是指实践中的在伦理敏感、伦理技巧、伦理冲突方面的困惑。幼儿园一日生活充满伦理意味,但我们能否意识到我们正从事的这个保教环节中包含着伦理问题甚至隐含着伦理风险?这是伦理敏感问题,缺乏这种敏感我们就不会从伦理的角度思考和解决问题,幼教实践就不会顺畅。我们曾分析过"巧解两难",伦理两难问题需要分析和"巧解",说明伦理问题的解决是需要伦理技巧的,没有这种技巧,我们在幼教实践中也会束手无策。

　　这里我们着重谈幼儿园教师在保教活动中因伦理冲突引起的伦理困惑,以及这种解困对伦理规范提出的需要。

1. 个性和社会刻板印象的冲突

　　在中国传统文化里,人们对教师的刻板印象往往是理想的、完美的,将其看成是道德的化身。就幼儿园教师而言,因其教育对象的特殊性,社会对其的道德期盼尤其高。孩子进了幼儿园,老师在他们心目中就占有绝对的、无可比拟的地位。家长们会惊奇地发现:原本不听话的孩子,去了幼儿园后,

---

① 见本书第四章第二节.

一下子变得懂事了,凡事必称"我们老师说……"。幼儿的向师性、可塑性和脆弱性,决定了教师在他们面前的权威性和至高无上的影响力,即使有不恰当行为,孩子也是不会质疑的,更是无力反抗的。孩子是不会说:老师,我可是处在成长的关键期,你应该……一切尽在教师的自觉和良心。

正因如此,社会尤其是家长对幼儿园教师提出了较高的道德要求,要求他们充满爱心,业务精湛,想幼儿之所想,急儿童之所急,全身心地爱孩子,不计较个人得失。而事实上,幼儿园教师是各具个性特点的个体,对教育活动有不同的理解与取向,在道德方面也不可能表现得整齐划一,更不可能表现得十全十美。如此,难免导致幼儿园教师个人角色行为与社会对其职业的刻板印象之间产生落差,而这种落差很容易使幼儿园教师遭遇非议与指责,进而产生内心冲突。有研究者称之为"道德焦虑"。[①]与社会对幼儿园教师道德高期盼相对应的是,目前我国相关的师德法规对幼儿园教师的道德要求更多的是一种倡导性的道德期盼,缺乏具体的行为指南,如何去实现这些道德期盼则需要其自身去悟,这种落差更容易导致幼儿园教师产生道德焦虑。

如果有能够体现幼教专业特点的专业伦理规范,给幼儿园教师以正确的价值引导、合适的实践行为指导,让幼儿园教师在面对困惑和焦虑的时候有精神的依靠,让幼儿园教师的保教行为选择有伦理的依据,作出某种决定时充满底气,在面对质疑的时候有可辩护的凭借,同时,也让社会公众能从中知道幼儿园教师应该承担的专业责任,理解幼儿园教师的专业行为,改变传统的刻板印象,善莫大矣。

2. 服务对象多元引起的冲突

幼儿园教师作为一种职业,其劳动关系具有多重性特征。具体而言,教师与幼儿、幼儿家长、幼儿园构成了教师劳动最直接的三重关系。此外,国家、社区、教育主管部门等与幼儿园教师存在着间接的劳动关系。幼儿、家长、园所、社区、教育主管部门等均对幼儿园教师有一定的价值期盼,这些来自不同群体的期盼有一致之处,也有不同之处。当这些价值期盼产生冲突时,幼儿园教师必须做出相应的协调,以使自身价值得以平衡。可以说,多重价值期盼间的冲突很容易致使幼儿园教师产生道德焦虑。

比如,面对家长时,幼儿园教师容易产生个人教育指向与集体教育指向之间的冲突。家长对教师的价值期待是"个人指向"的,他们所关注的是自己孩子的发展状态,而作为幼儿园教师,他们必须既考虑幼儿的个体发展,也要兼顾集体教育的成效。个人教育与集体教育平衡是教师开展教育的一种理想状态。事实上,在教育实践中幼儿园教师经常在对幼儿个体负责与对幼儿集体负责中做出选择,道德焦虑也就随之产生了。

此外,幼儿园教师、家长与教育管理者在教育观念上的冲突也容易诱发道德焦虑。教育是一项非常复杂的活动,家长、教育管理者也有自身的教育观念。教师常会将自己所属的社会群体的教育观当作是正常的标准,因而引起与家长、教育管理者之间的冲突。在这种情况下,教师不但需要做出对错判断,还需要在不同的观点之间做出选择或妥协。

构建一个合适的专业伦理规范是缓解这种焦虑的有效途径,因为伦理规范的存在使得幼教人员能根据最重要的服务对象的利益来选择解决冲突的程序与方法。

3. 角色扮演多样引起的冲突

幼儿园教育需要承担促进幼儿发展的职责,而在承担这一职责的过程中,政策层面也强调保教结合、营养和安全责任重大、家长和社区参与的重要,等等。就此,幼儿园教师需要在工作中扮演多重角色,教师、伙伴、家长、营养师、保姆、医生,等等。就如有幼儿园教师自己调侃的那样:刚在做什么研究,一会儿就要给孩子洗屁股了……一年带托班下来,学得最好的是给孩子尿尿时所配的口哨……他

---

① 刘黔敏.幼儿园教师道德焦虑刍议[J].幼儿教育(教育科学),2011(6):28—30.

们到底应该扮演什么角色、承担什么职责呢？这种冲突很容易引起角色混淆,是其他各级各类学校的教师都不会遇到的。

丽莲·凯茨教授也分析了这个问题,她认为角色混淆的最主要问题在于,儿童年龄愈小,成人所需承担的责任就愈大,范围也愈广。① 因此,幼教工作人员无法将自己的职责局限在促进幼儿的智能发展及社会化两项上。不可避免的,幼教工作人员也要负起回应、照顾幼儿所有需求及行为的责任,使得他们可能会弄不清楚角色的界限在哪里,容易与家长在管教方式、训练、性别认同等事项上因意见不同而引起争端。为降低角色混淆的程度及减少冲突的发生,就需要有伦理规范的澄清,划清幼教工作人员的角色界限和职责范围。

(三)幼儿园管理需要伦理视角

幼儿园教育最需要凸显人文价值,呵护幼小生命,点亮人性光辉,共创师幼幸福。

幼儿园管理最终追求的应该是幼儿的全面发展,其内在精神是一种不断发现生命成长的内在规律和童年价值,不断凝聚幼儿成长所需的其周边的"重要他人"、重要环境的正能量,不断追求和创设未来的、理想化的师幼共成长的氛围。幼儿园管理应该具有这种理想性和超越性。而伦理的内在精神即是对社会理想和人生价值的崇高追求,追寻理想和超越现实正是伦理的品性。幼儿园管理所追求的与伦理的品性具有一致性,所以幼儿园管理需要伦理的视角。

幼儿园管理活动要取得成效,必须使幼儿园目标与社会目标协调、幼儿园要求与利益相关者要求协调、个人目标与幼儿园目标相协调、个人行动与他人行动相协调。协调的本质是利益关系的调整,而如何处理好利益关系正是伦理所要回答的。再则,管理的核心是决策,而正确决策除了知识与技术的支撑外,还必须有伦理支撑,因为幼儿园决策只有符合幼儿的全面发展、幼儿园教师的职业幸福,并兼顾其中的各方利益相关者时,决策才具有坚实的基础。此外,幼儿园管理的重心是对人的管理。对人的管理要取得最佳效果,就要实施符合人性的、能发展人之个性的、激发教师工作热情的管理模式,尽可能地满足师幼对尊重、友谊、信任、理解、支持、情感等精神上的需要,正确处理好幼儿园成员之间、管理者与被管理者之间、幼儿园与幼儿家庭、所在社区之间的关系问题,这些,无不与伦理有关。

随着社会的文明进步,一方面,人们对幼儿园教育服务的质量要求越来越高,另一方面,幼儿园里的收费问题、虐童问题、"小学化"等不专业问题也随着网络信息的发达而不断被频频曝光,引起公众对幼儿园的关注。今天,越来越多的家长不仅对他们所购买的幼儿园产品与服务感兴趣,而且对提供产品与服务的幼儿园行为感兴趣,他们要求幼儿园宣示基本的服务规格、承担起码的专业责任。这些都与伦理规范休戚相关。

幼儿园教育要凸显人文价值,幼儿园管理就需要走向伦理、与伦理相融合。

而反观当下的幼儿园管理,物质取向、技术取向日益明显,而人文关怀、价值关照、伦理敏感则非常缺乏。管理者上心的,往往是幼儿园的硬件如何,幼儿园上了哪个等级,数量、规模达标了没有,有没有拿得出手的"特色"和"研究成果",有没有几个响当当的"能手"。越来越陷入"只问事实如何,不问应该如何"的境地,当年陶行知的"幼稚园里样样活动都要站得住"的理想在今天恐怕很少有人去追问了。在所谓科学性、程序性、绩效考核的追求中强化了幼儿园教育的工具性而渐渐淡化了人文性和价值性。

随着幼儿园不断的"集团化",幼儿园作为一个组织的规模日益扩大,这样的幼儿园虽然各种规范日益完善,但其运行越来越倚重非人性化的刚性制度。靠考核、靠评分、靠奖金,靠许多量化的数据来

---

① [美]凯茨.专业的幼教老师[M].廖凤瑞译.台北:信谊出版社,1986:158.

维系基本的秩序。"总园长"扮演着企业"老总"的角色,与员工缺乏沟通;教师扮演着"打工者"的角色,与园方的关系只是劳动和工资的交换关系。一个上规模的组织,尤其作为一个教育机构,一个幼儿教育机构,特别需要的共同价值观和温情的人际关系没有了,有的只是一个为完成任务而存在的工具性组织。

从管理的技术手段来看,一般用于特殊场合监视违法违纪行为的监控器,现已堂而皇之地搬进了幼儿园,成为了教学质量监测设备或"教学检测仪"。由于在教室内安装了摄像镜头,所以教师的一举一动都能传输到园长室的屏幕上,甚至通过互联网传到家长的手机上,园长、家长可随时了解所有上课教师的情况。幼儿园教室与办公室安装了监控器,的确方便了园长、家长,但是否遵守了幼儿园管理的公平原则?是否体现了对幼儿园教师的伦理关怀呢?对于教师的幸福从教是否有益呢?回答这些问题,需要伦理的思考和伦理的建构。

二、幼儿园草根层面的伦理求索

幼儿园管理应当有伦理文化的融入,尽管现状不尽如人意,但这种求索在幼儿园草根层面一直在进行着。这里我们主要探讨幼儿园在以文本形式出现的"类专业伦理"的《幼儿园教师行为规范》制定方面所作的努力。

(一)制定宗旨

"制定宗旨"指为什么要制定和制定了的规范以什么为取向。

幼儿园层面为什么要制定教师行为规范?在态度上,无论是园长还是幼儿园教师,对于制定一个教师行为规范守则都表示很重要。园长们认为这是制度建设的一个组成部分,上级也有这样的要求。教师们认为"规矩"对于一个组织是必须的,对按行为规范行事没有表示异议的。所以,走访各地的幼儿园,很少有发现这家园所没有自己的园本规范。

所制定的行为规范有没有类似于"核心取向"这样的宗旨呢?在许多幼儿园的行为规范文本上,我们能发现诸如:"发展孩子,成就老师,服务一方幼教,争创楷模园所""以幼儿为本,一切工作应当基于儿童是怎样发展和学习的认识基础之上""静待花开,幸福满怀""树立一切为幼儿、一切为家长服务的思想,在本职岗位上尽职尽责出成效"这样的条文,这些条文可以看出办园者制定规范,其宗旨有"发展孩子""成就教师"的基本取向。有园长对本园的"静待花开、幸福满怀"的宗旨解释为:幼儿园教师要尊重孩子成长的规律,不要打断孩子成长的节奏,要学会等待;幼儿园教师要幸福从教,呵护孩子们的幸福童年需要有幸福感的教师,而只有敬业的教师、专业的教师才是有幸福感的教师。这些对规范宗旨的理解和定位体现了一种先进的教育理念。

(二)内容取向

一个乡镇中心幼儿园在园区醒目位置写着本园的《师德规范》,其中有四个部分:

> 做孩子白天的妈妈。
> 做家长真挚的朋友。
> 做同事亲密的伙伴。
> 做团队坚强的后盾。

一个县级市的实验幼儿园为本园教师制订了《职业道德礼貌用语》,其中有三个部分:

> 对幼儿的礼貌用语。
> 对家长的礼貌用语。
> 对同事的礼貌用语。

一个省会城市的幼教集团的会议室里,与"党员宣誓"并排挂着的是《幼儿园教师八项修炼》,内容是:

> 奉献的价值在于我们存在的价值被认同。
> 热爱教育,第一行动应该是掌握教育的艺术,成为教育的内行。
> 想知道怎么去爱孩子并赢得孩子的爱,唯一途径就是用心去爱。
> 把自己当孩子,我们就能和孩子沟通。把自己当家长,我们就能和家长沟通。
> 相亲相爱,我们才有家的温馨;志同道合,我们才能走得更远。
> 百密一疏,我们可能会伤及无辜生命。安全至上,我们只有做到万无一失。
> 如果我们满足今天的成绩,明天我们就只能羡慕别人的成绩。
> 要做,就让我们做得最好。

这三个"园本规范"都意识到了幼儿园服务对象的多元,都意识到了"规范"就是协调工作中的人际关系,都意识到了需要在规范中为幼儿园教师明确专业责任。所以在内容中我们都可以清晰地看到"与幼儿的关系、与家长的关系、与同事的关系"这几个责任领域应当如何理解和行动的规定。

(三)呈现形式

就名称来说,园本规范可谓五花八门:教师职责、教职工行为准则纪律要求、幼儿园教师工作守则、幼儿园教师文明行为规范十要十不要、教工职业道德标准、幼儿园教师日常行为规范准则,等等。某实验幼儿园的《制度手册》中涉及教师行为规范的有这样几项:工作规范要求、岗位职责、奖罚制度、爱园目标细则、日常礼仪规范细则、日常文明行为规范细则、文明岗位评比细则,等等。

就载体来说,也是形式多样。有像大字报一样贴在墙上的,有做成漂亮的镜框挂在墙上的,有做成标牌单独竖立在园中央的,有收集在《教师手册》中的,有的甚至写在园长、教师名片上,当然也有不少就直接挂在本园的网站主页。

三、对草根层面伦理求索的分析思考

(一)专业性问题

园本规范能否起到规范教师行为的作用? 这取决于多个因素,但第一个因素就是规范本身的合理性。这里的所谓合理性,就是专业性,它体现在三个方面:一是在充分把握幼儿教育专业特性的基础上制定的;二是可操作执行的,有利于提升推进幼儿园教师专业的保教行为;三是能体现本园文化特点的。

有一个幼儿园的行为准则里有这样的内容:

与同事相处。不讲不利于团结的话,不做不利于团结之事;即使遇意见不统一,也能用委婉语气相商,不正面冲突;同事有困难,能真诚相助,同事有病,能前去探望;先人后己,不做抢先择优之事;未经同意,不擅自拿走别人的任何东西,借了他人之物能及时归还。

就"可操作执行"来说,这样的规范应该还不错,但我们能从中看出幼教的专业特性吗? 没有。似乎这样的规定在任何群体里都是用得上的,幼儿园教师即使把这些规定执行得很好了,专业行为又能提升多少呢? 至于说本园文化特色,那就更谈不上。有的幼儿园甚至还把不赌博、不随地吐痰等写到园本规范中,这在一定程度上甚至在降低幼儿园教师的专业性。还有的把"热爱祖国""与党中央保持一致"等写在园本规范中,这虽然显得"高大上",但就专业性来说是没必要的,因为这是对公民的要求、对党员的要求,而不是对幼儿园教师专业的要求。

由于园本规范缺少专业性和操作性,对幼儿园教师行为指导的力度不够强,因而当幼儿园教师遇到"行为困惑或道德两难"时,他们会选择求助于什么呢? 是现有的规范还是有工作经验的同事呢? 有研究者(种瑞)通过问卷统计分析发现,幼儿园教师选择求助有经验的同事的人数为最多,其次是求助园所领导,而选择自己查找书籍资料和求助园所规范的幼儿园教师人数相对较少。在对部分教师的访谈中发现,大部分教师尤其是新教师认为,当遇到各种伦理行为中的困惑时寻求有经验的同事是最快的解决方法。[①] 分析中发现,似乎解决幼儿园教师伦理行为中的困惑是一个一代代教师经验相传的过程,教师在教学中询问有经验的同事,同事又询问同事,那么最终解决伦理困惑的也只是个人的经验,而不是专业的规范。而这种"解决"到底解决得如何就值得质疑了。

解决园本规范的专业性问题和操作性问题需要专业理论的支撑,需要专业人员的参与,需要专业工作者和幼儿园实践一线人员的密切合作,这是草根规范要提升所必需的。

(二)内容形式问题

内容形式的规范性和系统性也是园本规范利于执行的一个重要因素。

就规范性来说,园本行为规范应该有什么样的价值取向? 应该有哪些内容? 应该用什么样的形式来呈现? 应该用什么样的语言来表达? 应该如何处理好与相邻的其他"制度"的关系? 这些问题不解决好,行为规范的"规范性"就难以实现。

分析我们收集到的 300 多个园本规范,能有明确的价值取向的不到四分之一,而有体现幼教专业特性经得起专业拷问的价值取向的,则更少。有的幼儿园规定了许多细则,有的幼儿园制定了许多"不准",但这些细则和不准是因为什么而规定,就不知道了。没有价值引领,规范就不知道"规"向何处提供何"范",就没有了把这些细则、不准聚合起来的"魂"。

内容方面较多地关注教师的仪态、外表、语言等这些外在的要素,尤其是对教师在何种情况下该用何种言语有较多细则规定。有的幼儿园还就教师对幼儿的安全负责作专业的规定。但普遍的问题是,对保教活动中遇到困惑特别是遇到伦理两难问题时该如何进行行为选择,则几乎没有涉及。而后者恰恰是专业伦理规范最主要的功能。

虽然大部分园本规范都关注到了幼儿园里最主要的人际关系,但往往对幼儿的伦理责任规定得比较多,对家庭和对同事的伦理责任就提及得比较少,对社区和社会的伦理责任则基本没有提及。这一方面说明园方对幼儿尽责都有明确的认知,但另一方面也说明幼儿园在承担对家庭的责任和对社区、社会的责任方面认知还是欠缺的。而就责任的内容表述来说,诸如"对幼儿有爱心、细心、耐心、恒

---

① 种瑞.幼儿园教师专业伦理观念与行为的现状研究[D].金华:浙江师范大学,2013:42.

心""以高尚的品行、人格的魅力、诚信的作风取信于孩子家长""同事之间要互相尊重,亲如姐妹""要做,就让我们做的最好"等,这样的内容表述虽然没有一句是错的,但没有一句能起到规范行为的作用,因为界定是不清的,执行还要靠个人的"悟"。而"规范"的园本规范则需要给出明确的"当与不当""应该与不应该"的界线,而不只是口号式的模糊的引导。

呈现形式的多样和杂乱也不利于执行,尤其是一所幼儿园里有几个类似的规范,有的叫"岗位工作职责",有的叫"教职工行为规范",有的叫"师德规范",有的叫"教职工纪律要求",教师无所适从,不知道要执行哪个。更有问题的是,有些规定是相互冲突的,这个规定里说"幼儿的利益高于一切",那个奖罚条例里说"家长是我们服务的上帝"。这不仅不利于执行,还容易造成价值观的混乱。呈现形式的多样和杂乱造成了"你有你的规范,我有我的纪律"的局面,不利于提升整个行业的专业声誉。

就系统性来说,草根层面的伦理规范主要在两个方面体现出不足。一是层次性,二是逻辑性。理想的幼儿园教师行为规范应该在明确的核心价值观的引导下有理想层面的要求和原则底线层面的要求,就是告诉教师"好"的行为是什么样,"合格"的行为是什么样,好是"希望",合格是"必须"。理想和希望是用来追求卓越的,"必须"是用来保底的,就如全美幼教协会所规定的"任何情况下都不得伤害孩子"。有层次性才体现出系统性,才有利于对不同的教师提出不同的要求,避免因为强调了底线而伤害了优秀教师,也避免因为强调了理想而让一般的教师觉得高不可攀。

逻辑性问题一是指规范的制定需要专业理论的支撑、论证,二是指规范内的要求要一脉相承,相向而行。"把自己当孩子,我们就能和孩子沟通;把自己当家长,我们就能和家长沟通。"这样的规定是否只停留在经验层面而缺少专业理论的支撑、论证?如果教师照这样的规定执行,能体现专业的水准吗?在专业的视野里,我们应该把我们的工作建筑在对孩子科学认知的基础上,我们与孩子的沟通、与家长的沟通都要基于这种认知。

规范的逻辑梳理也有利于提升规范信度。有的幼儿园既有"教师职责"又有"岗位职责",既有"道德规范"又有"行为规范",而两者是什么关系却不清楚。有的规定在同一个幼儿园里出现,但却打架,如在"礼貌用语"里要求教师与家长"非常融洽,亲如家人",但在"行为准则"里要求教师"尊重家长,能与家长坦诚相处,不疏远也不过分亲热",这样的规定怎么能取信于执行者呢?道不信,何谈执行呢?

(三) 践行和评价问题

园本规范制定了,在教师的保教活动中起了什么作用呢?这是践行问题。

某高校的学前教育专业学生在作调研时,向一位幼儿园的副园长索要该园自定的教师行为准则,这位副园长沉吟了一下回答说:我记得我们园是有的,可能锁在园长在的抽屉里。问能否拿到,回答说园长出差去了,等她回来能拿到。

这一幕是否有典型意义?幼儿园里几乎都有规范,但在实际执行中,这些规范是否都成了"聋子的耳朵"呢?

有研究者曾就"教育管理部门、幼儿教育行业以及幼儿园作为教育机构所制定的相关的规范使幼儿园教师有据可依有规可循了吗?"作实地调研。[①] 在问卷调查中有一个开放性的问题:请你写出幼儿园教师最需要遵守的规矩。回答频率高的前三位依次是:热爱学生、为人师表、教书育人。看来教育部制订的《中小学教师职业道德规范》的基本条文大部分教师还是记着的。另一个开放性问题是:请你写出你所知道的专门针对幼儿园教师的行为规范的文件名称。这个问题的答案就五花八门了。这也为难老师们了,因为迄今为止,中国大陆还没有出台过一个专业伦理意义上的专门针对幼儿园教

---

① 王晓萍,邹惠萍,步社民.农村幼儿园教师的"规矩困惑"——以浙江嘉善县为例[J].幼儿教育:教育科学,2012(10):14—18.

师的行业规范。令人大跌眼镜的是,就"请你写出你所在幼儿园的教师行为规范的名称和条文"这个开放性问题作答时,竟然大部分老师交白卷。大部分幼儿园制定了园本规范,而大部分教师答不出自己所在园的这个规范,这说明了什么呢?

有研究者[①]借对浙江省金华、慈溪等30多个不同等级托幼机构的环境质量调研之际,观察很多园所关于幼儿园教师师德行为规范条例出现的位置,发现多集中在园所大门、园所门厅、园长办公室、教室的某个墙面。对教师进行访谈时发现,很多幼儿园教师表示自己很少看这些规定,很多标牌已经蒙了厚厚的灰尘。问卷调查中也发现只有22.9%的幼儿园教师表示自己所在园所会对园所张贴的相关行为规范经常进行讨论,而其余的则表示有时(一学期两次或更少)会对相关的行为规范进行讨论。规范在很醒目的位置出现,但很多幼儿园教师表示很少看,也很少讨论,这又说明了什么呢?

规范很重要,但规范在多数情况下形同虚设,处于被忽视的状态。这是什么原因造成的?除了上面提到的专业性、操作性等规范本身的内容形式问题外,还有规范外的问题。

第一是规范制定过程。草根层面的规范制定应该是一个"野火烧不尽,春风吹又生"的过程,它应该充分地体现草根的特征,体现实践现场的生动和丰富,体现一线幼儿园教师的需求和追求。同时,规范的制定应该是一个发动和教育的过程。就专业发展一般的规律来说,专业伦理规范的制定本来就不是一个行政行为而是一个行业自身的行为,体现的是行业整体的智慧和承诺。"园本规范"就应该体现园本的取向、团队的智慧。但实际情况是,大部分的规范恐怕只是"闭门造车"的结果,之所以要制定,之所以要摆放在显著的位置,之所以有了"岗位职责"还要有"行为规范",是不是此类规范的最大价值就是在于"摆放",在于"丰富"园所文化,在于上级领导检查时可以有个漂亮的交代?

第二是监督执行问题。幼儿园里有了规范,但在调研中还没有发现哪个幼儿园为这个规范配套制定了一个明确的程序以监督执行这个规范。比如执行规范的监督机制、评价机制、考核机制。没有刚性的监督执行和评价,规范的实际落实肯定会大打折扣。

第三是研讨问题。幼儿园的教研,动不动也搞大型观摩活动。为什么说"也",因为是向中小学的教研靠拢,或者说学习,动不动观摩课堂教学。中小学分科教学,课堂为主,就这点来说观摩课堂教学作为中小学教研活动的主要形式还可以理解的话,幼儿园"也"就值得质疑。我们常说幼儿教育的特殊性,表现在哪?就是课程的生活化、综合化,一日生活皆教育,游戏为基本活动形式,集体教学活动只是一日生活的一个环节。幼儿园的教研,应该围绕这个特点而不是跟着中小学搞课堂教学观摩。既然这样,一日生活皆教育,每个环节都充满伦理意味,幼儿园的教研就内容来说是否应该引入伦理的研讨?以合理的教师行为规范为目标,探讨在专业的视野中,幼儿园教师应该有什么样的专业价值观,怎么样承担对幼儿、对家长、对同事、对社区的伦理责任,面对保教中的伦理困惑、伦理两难应该怎么解决,等等。甚至可以就一日生活中的某个环节如午睡,其中包含着什么伦理问题,蕴含什么伦理风险等进行研讨,以提升幼儿园教师的伦理素养。这样的研讨对园本规范的完善,对幼儿园教师专业成长,是很有必要的。

所以,这样的研究应该纳入"园本研究"。这样的研究不仅可以完善"园本规范",若在县域、省域甚至国域的范围内讨论研究这些规范,并尽可能让更多的一线从业者和有关专家学者一起参与研讨,还可以推动规范的进一步科学化和合理化,并慢慢形成整个行业层面的规范,使规范由草根层面"春风吹又生"至整个行业层面。这是幼儿教育专业化之组成部分,是专业化所必须。

① 种瑞.幼儿园教师专业伦理观念与行为的现状研究[D].金华:浙江师范大学硕士论文,2013:25.

思考与实践

1. 为什么说幼儿园教师专业伦理规范建设是紧迫任务?

2. 根据你的理解,你认为幼儿园教师专业伦理的现代转向指的是什么?

3. 试着根据一份你所搜寻到的幼儿园草根专业伦理规范文本,分析其有何特点,有无可待改进之处?

03 践行篇

第六章

专业伦理的责任与实践

学习目标

1. 理解幼儿园教师在专业活动中对幼儿、对家长、对同事、对社会(社区)应承担的伦理责任。

2. 了解全美幼教协会《伦理规范与承诺声明》对幼儿园教师应承担的伦理责任的规定,能够运用守则对自己保教工作中的伦理行为进行分析。

3. 积极反思自己的保教行为,提升专业伦理责任意识。

明确专业人员的伦理责任是建构专业伦理规范的主要任务。

伦理是人际关系的规则,专业伦理是专业活动中人际关系的规则。幼儿园教师在专业活动中涉及与幼儿、与家长、与同事及与社会(社区)的关系,妥善处理好这些关系就需要合理的规则。规则所要回答的问题是:哪些事情要做? 哪些事情不能做? 这其实就是在明确"伦理责任"。本章分别从对幼儿、对家长、对同事、对社会四个层面探讨幼儿园教师的伦理责任及其在保教中的实践问题。

第一节 对幼儿的伦理责任与实践

一、对幼儿应承担的伦理责任

(一)与幼儿积极互动

能和幼儿之间建立起亲密、融洽、相互信任的关系,营造幼儿敢说敢做,宽松、民主的心理氛围。不仅能给予幼儿生活上的帮助和情感上的抚慰,幼儿也能主动给教师适当的帮助,彼此都能主动发起互动行为,并能对对方发起的互动行为给予积极应答和反馈。

在幼儿进行游戏和区域活动时,教师能通过各种合理的方式参与和指导幼儿的游戏和活动,善于观察和解读每名幼儿的表现,积极应答幼儿发起的各种互动行为。不仅能指导幼儿获得知识技能和有益的经验,而且能帮助幼儿在游戏和区域活动中获得积极的情感体验。

能以正面的鼓励性的语言组织集体教学,以诚恳的微笑以及适当的肢体语言给幼儿一个宽松、民主的心理环境,能积极应答和适当处理每名幼儿的询问、请求、见解等,与幼儿平等对话。能合理解读幼儿的各种"犯错"行为,以宽容之心、期待之情进行适当的引导。

(二)一日生活中合理实施保教

幼儿园教师能主动学习有关幼儿保育和教育、幼儿发展的科学知识,研究保育和教育工作的规律,思考保教工作合一的有效方法,在掌握幼儿年龄特征、兴趣与需要的基础上,制订并实行适宜的保教工作计划,能将保教工作有机地渗透到一日生活的各个环节之中。在保教活动实施的过程中,能够关注幼儿的表现和反应,能够善于发现偶发事件所隐含的教育价值,把握契机,及时对保教活动计划进行调整。同时,要善于对幼儿进行观察、记录和分析,对幼儿进行客观的评价。

(三)有计划开展个别教育,关注特殊幼儿

幼儿园教师能根据自己对幼儿的了解和家长提供的信息对幼儿的发展状况做出客观的评价,然后制订出短期和长期的个别教育计划,在一日生活的各个环节能及时地抓住适宜的教育机会,并能和家长合作对幼儿进行个别教育。对特殊幼儿有慈爱之心,能根据特殊幼儿的特点与家庭、医疗机构密切合作,积极实施融合教育。

(四)经常反思自己保教工作的有效性

幼儿园教师需要常常问问自己:我能根据幼儿的兴趣和需要,创造性地设计符合本班幼儿原有知识经验水平的活动方案并能在活动过程中根据实际需要对活动方案进行及时调整吗?我能深入挖掘环境的作用,通过创设问题情境等激发幼儿主动参与和探究吗?我的教学内容、方法及手段等能有效地激发幼儿的兴趣和调动幼儿参与的积极性并能根据幼儿的需求灵活调整进一步生成新的内容满足幼儿探究的欲望吗?我在与幼儿的互动中能及时、恰当地回应幼儿需求,做到尊重幼儿吗?等等。在反思中探究,在反思中学习,在反思中提升经验,不断实现专业成长。

二、对幼儿伦理责任的实践

(一)对幼儿担责中可能的问题

第一,伤害幼儿。最为突出的是一些诸如针扎、掴掌、喂药、揪耳朵类明显的背离人道事件(情境一)。保教人员内心缺乏对儿童的珍爱、对童年的敬畏和对生命的呵护这些基本的行业信念,缺乏最起码的人之为人的善良与正义,他们在幼教实践中胡作非为。社会指责他们"丧心病狂""毫无人性"。

情境一:2018年7月至10月间,包括赵某某在内的五名幼师,在天津市滨海新区金色摇篮东城幼儿园中五班、小二班监护儿童期间,多次采用针扎等手段,虐待多名儿童。爆料家长称,全班31名儿童身上均出现针眼。受伤害儿童彤彤(化名)的爸爸表示,10月19日,他在给孩子换裤子的时候发现孩子疑似被针扎。"屁股上、腿上、胳膊上、腰上都有被针扎后留下的红色结痂。"根据诊断结果统计,彤彤全身点状结痂近50处,其中,左小腿达到了13处。此外,彤彤爸爸还陆续收到其他家长反馈,孩子表示是老师扎的。老师为何针扎幼童?经警方查明,该幼儿园24岁教师赵某某因儿童不按时睡觉、上课捣乱等原因,采取针扎方式进行"管教"。这种管教方式出现在多数事件中,儿童常因"不听话""不会做"等原因遭遇拳脚相向,出手狠毒令人震惊。

其次是一些对幼儿具有潜伏伤害的行为。譬如游戏儿童的行为,教师缺乏对幼儿完整人格的尊

重,利用"成年人"的地位优势和"教师"的角色优势把玩儿童。如某幼儿园教师让男女幼童相互亲吻。不仅体现出了师幼地位的不平等,同时也反映了幼儿园教师不正确的儿童观。又如简单处理的行为,教师以简单省事的原则处理幼儿园事务,无视幼儿的发展要求和利益,没有承担起教师应肩负的责任。如某些幼儿园,幼儿每日在园观看动画片时间达 2 小时之久。再如粗暴反应的行为(情境二),教师或许是因为黔驴技穷,除了批评和处罚之外想不到更有效的策略来应对幼儿所犯的"错误",又或是缺乏宽容与耐心,而采用恐吓、威胁、责骂等手段,这些经历长期潜伏在幼儿的记忆之中,影响幼儿健康心理的形成。

情境二:在某幼儿园中班的数学教学活动中,因幼儿练习题错误率太高,教师厉声批评、责备数名幼儿,并以告知家长、不让家长来接园威胁幼儿。

而最为隐蔽的是一些披着道德外衣的不道德行为。譬如教师对某个聪明、乖巧幼儿的偏爱;对有特殊关系幼儿的过度保护;为了"幼小衔接"而进行拼音、识字、算术等知识的枯燥训练等。尽管教师本无恶意,但此类事件仍然侵犯着幼儿公平受教育的权利、破坏着幼儿生长的规律与自由。

第二,过度重视自身权威,忽视幼儿主体地位。如有的教师不是从专业的角度出发而是从自己的主观意愿和狭隘经验出发,为了达到自己的期望,往往喜欢要求幼儿听从自己的指导,漠视幼儿个性的发展,扼杀了幼儿的创造性,有些老师为了自己工作省事、省时而压缩幼儿区域活动的时间和次数等。教师没能蹲下身来认真倾听孩子的声音,真正理解孩子的感受。对幼儿缺乏尊重与了解,幼儿的兴趣、个性被抹杀,幼儿的差异被忽略。为了追求所谓效率,在活动中对幼儿作整齐划一的要求,等等。

第三,对幼儿有失宽容和公平。按自己的理解甚至臆断要求幼儿,按惯性思维,依照旧有经验和印象不公平对待幼儿,给幼儿贴上"笨""乖巧""调皮"等标签,并依据这种标签评价和处理孩子间发生的事件,依照自己的喜好对幼儿分亲疏远近等。对幼儿缺乏宽容,粗暴对待幼儿的"错误"行为。

第四,身教失范。幼儿园教师对孩子的"担当"说到底最重要的其实就是"以身作则"。幼儿园教师作为幼儿生活中的重要他人,其价值观、待人处世的态度随时随地都在影响周边的幼儿。然而有些教师却并未意识到这一点,其保教工作的随意和出格完全缺乏作为一个幼教专业人员的基本素养。如在保教活动中玩手机、打电话,向家长暗示索要财物礼品,打扮另类,言语粗俗,行为夸张怪异,等等。

(二) 对幼儿担责中的问题的应对

我们需要有对客观责任的正确认知。就幼儿园教师个体来说,需要通过学习的途径知道并理解在幼儿教育过程中我们应该如何正确对待幼儿,如何服务幼儿,在遇到教育幼儿过程中的伦理困境时我们应该怎么办。就整个幼儿教育行业来说,专业组织应该提供明确的幼儿园教师对幼儿的各种"担当",以便从业者遵照执行,也便于对从业者工作状况的监督和评价。

当然,专业组织的伦理责任不管有多么明确和详实,实践中的真正落实总是离不开我们内心的"忠诚、认同和信仰",离不开这些基本的实践方向:

第一,守牢底线。不以任何理由伤害幼儿,包括身体的也包括精神的。

第二,坚定幼儿为本的教育理念。尊重幼儿的主体地位,认可幼儿的能力,充分调动和发挥幼儿的主动性;遵循幼儿身心发展特点和保教活动规律,提供适合的教育,保障幼儿快乐健康成长。

第三,对孩子宽容、公正。以静待花开的心态对待孩子,不因幼儿的性别、年龄、能力、经济状况、民族、家庭结构、生活方式等的不同而区别对待。

第四,为人师表,教书育人,自尊自律,做幼儿健康成长的启蒙者和引路人。

三、全美幼教协会的相关规定

全美幼教协会的幼儿园教师《伦理规范与承诺声明》中关于"对幼儿的伦理责任"的相关理念和规定我们可以借鉴参照。[①]

> **延伸阅读**
>
> 幼年时期是人生中一个独特而宝贵的阶段。我们最重要的责任是为每一个儿童提供安全、健康、营养充足、富于回应性的保教环境。我们承诺支持儿童的发展和学习、尊重其个体差异并帮助儿童学会生活、游戏与合作。我们还承诺促进儿童的自我意识、能力、自我价值、适应性和身体健康。
>
> 理念
>
> I-1.1——熟悉幼儿保教育相关基础知识,并通过接受再教育和培训保持知识的更新。
>
> I-1.2——基于当前幼儿发展与教育及相关学科的知识与研究结果,并结合对每个儿童的了解来实施教育活动。
>
> I-1.3——认识并尊重每个儿童独特的品质、能力和潜能。
>
> I-1.4——理解儿童的柔弱和他们对成人的依赖。
>
> I-1.5——创造和保持一种安全健康的环境,该环境能促进儿童的社会、情感、认知和生理发展,并尊重他们的尊严和贡献。
>
> I-1.6——评估儿童须使用适合儿童的评估工具和策略,评估工具仅用于其本身设定的目的,且要本着有利于儿童的原则。
>
> I-1.7——儿童评估信息用于理解和支持儿童的发展和学习,指导教学,识别哪些儿童需要额外的服务。
>
> I-1.8——提供能满足正常或残疾儿童需要的融合环境,并支持每个儿童在其中游戏和学习的权利。
>
> I-1.9——提倡并确保每个儿童,包括那些有特殊需要的儿童,都有机会获得能支持他们成功的服务。
>
> I-1.10——确保每个儿童的文化、语言、种族和家庭结构都能得到承认和接纳。
>
> I-1.11——为所有儿童提供接触他们熟悉语言的经验,在学习英语的同时,还要让儿童能够继续使用他们母语。
>
> I-1.12——学习环境改变时,要同家庭一起为儿童提供一个安全、平缓的过渡。
>
> 原则
>
> P-1.1——无论如何,我们不得伤害儿童。我们不应参与在情感、身体上伤害儿童,对儿童无礼、不道德的、危险的、过分的、威吓的活动。这条原则优先于其他任何原则。

[①] http://www.naeyc.org/files/naeyc/image/public_policy/Ethics%20Position%20Statement2011_09202013update.pdf. 姬生凯译,宋兵校.

P-1.2——我们应该提供一种充满积极情感、认知刺激、支持每个儿童自身文化、语言、种族和家庭结构的社会环境来关心和教育儿童。

P-1.3——我们的实践活动不应以儿童无法受益为由而歧视他、也不应给予特殊优待或是根据性别、种族、国籍、移民身份、第一家庭语言、宗教信仰、医疗状态、疾病状态、残疾程度或是家庭形态/结构、性取向、宗教信仰，或其他家庭的隶属关系而拒绝接收他们。（当有法律条款规定特定机构为特定儿童群体提供特殊服务时，这条原则的部分内容不适用。）

P-1.4——我们应该使用双向沟通让所有有关方面（包括家庭和工作人员）参与到与儿童有关的决策中，同时，确保敏感信息的机密性。（同见P-2.4）

P-1.5——我们应该使用合适的评价体系评价儿童。评价体系应该包括多样的信息来源，以提供全面的儿童学习和发展信息。

P-1.6——事关儿童的决策，尤其是入学、留级或对儿童安排特殊教育服务，绝不能只依据某一单一评价，比如一次成绩分数，或一次观察，要依据来自多种渠道的综合信息。

P-1.7——我们应该努力同每个儿童建立个别化的关系，确保每个儿童都适应教学策略、学习环境和课程设置。同家庭合作，让每个儿童都从教育活动中受益。如果尝试各种努力后，当前的条件仍无法满足某个儿童的需求，或者这个儿童严重妨碍了其他儿童从教育活动中受益，那我们应该同家庭、相关专家合作来协商决定是否需要额外的特殊服务和/或如何改善当前条件来确保儿童成功。（当有法律条款规定特定儿童群体由指定机构为其提供特殊服务时，这条原则的部分内容不适用。）

P-1.8——我们应该熟悉造成儿童虐待和忽视的危险因素及儿童虐待和忽视的表现症状，儿童虐待和忽视包括：身体、性的、言语和情感的虐待，以及身体、情感、教育和医疗上的忽视。我们应该了解并遵守保护儿童免受虐待和忽视的州法律条款和社区处理程序。

P-1.9——当我们有充足的理由怀疑儿童受到虐待或忽视时，我们应该向有关社区机构报告，并且持续关注，确保是否已经采取了合适的行动。必要情况下应告知家长、监护人，此事准备或已经向有关部门报告。

P-1.10——当其他人告诉我们他或她怀疑儿童正在被虐待或忽视，我们应该协助此人采取恰当措施来保护儿童。

P-1.11——当我们意识到某项活动或是环境威胁到儿童的健康、安全或是幸福时，我们有伦理责任来保护儿童或通知家长和/或是其他可以保护儿童的人。

四、现场案例与分析

（一）案例

一个特别懵懂且有攻击性的孩子，老师觉得带他比带二三十个孩子还累。班里其他孩子的家长也愤愤不平，要求这孩子转园。可其家长不同意转园。理智地思考，转园不解决问题，这孩子也应该得到适宜的教育。可留在班里，老师牵涉的精力太多对其他孩子也确实不公平，再说，该如何向其他家长解释呢？

（二）困惑解析[①]

估计很多保教实践多年的教师在自己的从教生涯中都会碰到这样的孩子,他们不是常理上大家认同的"乖"小孩,他们对事物充满好奇,愿意与人交往,喜欢探索,但是又缺乏交往和处理矛盾的策略,比较"任性"。当他们的愿望得不到满足、事实与他们的想法有所不同的时候,他们解决问题的办法就是直接的攻击。

比如当几个人一起玩桌面积木的时候,小伙伴的拱形积木他认为自己需要,可能就直接一把抢过来了,人家来理论或想要拿回,他不仅不理会,还会直接把人家推开。再如小组合作创作水墨画,他其实很想把自己小组的小金鱼画得好看些,但是因为用力过猛,墨汁糊掉了很大一部分,引起其他孩子的不满,于是,当有小伙伴向老师告状说"他又来故意捣乱了"的时候,他往往会涨红了脸,嘴上说着"我没有! 我没有!"拳头就打出去了……更有一些孩子,不能自控地大声叫喊、突然跑出教室、没有预兆地拿起身边的东西砸向同伴、阶段性地随地小便,等等。

每每这些情况,老师不得不停下来处理,影响孩子们的活动和课堂教学效果那是肯定的,要是碰到有孩子因此而受伤,那更加麻烦,让老师心烦纠结,恐怕短时间内还解决不好这个问题。对于老师来讲,这样的孩子留在班里无疑会增加很多工作量,对于其他家长来讲,和这样的孩子在一起,说不定哪一天自己的孩子就"遭殃"了。但是作为这样的孩子的家长来说,孩子毕竟是孩子,还不懂事,要是被幼儿园"赶"出去了,那心里的滋味自然是不好受的,再说了,既然已经在读,孩子自己也喜欢这里,凭什么要我们孩子走?

如果这样的孩子自己提出转园,估计作为老师是不会反对的,只是要我们去跟家长说叫他们转园,好像于心不忍。但是其他家长的意见我们也不能不顾及啊! 所以,这样的孩子我们该放弃吗?

困惑与苦恼的背后,反映的是教师的教育观和对幼儿的伦理责任的意识和承担等问题。

首先,幼儿园教师应该知道,每个家长心中都有"自家孩子最是宝"的心理状况。孩子是家庭的中心,是大人的小太阳,家长们都围着转,生怕自己的孩子委屈了吃亏了。作为那些懵懂不受欢迎的孩子的家长,他们自然也是了解自己孩子的状态的,但是他们怕的就是其他人看不起他的孩子,不愿意和他们一起玩,给孩子带来负面的影响,故家长经常会采取回避的态度,给人不肯直视问题的感觉。作为其他的孩子家长,一方面他们会担心和懵懂易攻击的孩子在一起会受其不好的影响,另一方面,也担心自己的孩子说不定哪天就成为了"受害者",所以往往会自然而然地想到避而远之的办法,最好这样的孩子不在自己班级,离自己的孩子远一点,他们就心安了,也就出现了关于这样的孩子走与留的争论。

其次,是特殊儿童在普通幼儿园得不到适宜的环境与教育的社会问题。其实特殊的儿童在每个幼儿园都存在,并且近几年来,特殊儿童比例呈上升趋势。运用比奈量表进行的测量我们可以看到,智商在70这个边缘线的孩子约占5%,智商在60的(智力缺陷者)约占2%,另外还有一些智力正常但心理有缺陷的孩子。这些孩子需要有更多的专业人员的看护和教育,需要有针对性的治疗和训练,也需要有和普通孩子一起的沟通与交往机会,这些外在的条件不可缺少。虽然,现在园幼儿中明显智障的幼儿很少,但是有一定缺陷或者行为问题的孩子显然存在,他们可能处于某种临界点,若得到足够的关注和适合的教育与训练了,孩子可能就进步了,回归正常了。反之,则更快滑向那2%。但是幼儿园是实施普通幼儿教育的场所,园内的环境布置、教玩具设置、教师的专业素养等条件均适合于普通幼儿,实施特殊幼儿的"全纳教育",其矛盾和纠结是可想而知的。

---

① 这部分由黄蓉蓉撰写.

还有，是老师心目中的理想教育环境与教育现实差距之间的矛盾心理。作为一名老师，自然明白平等对待每一位幼儿的道理，他们很希望班里的每一个孩子都能享受到自己的关爱，不会去排斥、冷淡这些特殊的孩子，但是，正因为明白平等对待每一位儿童的道理，所以他们也会很纠结，因为要管理好特殊的孩子势必会花费老师更多的精力，但是对这些特殊的孩子花的精力多了，自然地对待普通孩子的精力就少了，那这样对普通孩子不是也不公平了吗？他们的理想是一个班级就像一个大家庭，大家一个都不能少，如果能够增加对特殊孩子的教育人员、提升教师对特殊教育的方法和策略、创设特殊功能的教育环境，让这些孩子既能和普通孩子一起享受普通教育，又能有针对性地进行训练和纠正，那就完美了。

（三）解困策略

第一，内心的真正认同（参阅理想目标 I-1.3、I-1.4、I-1.5、I-1.8）。每位幼儿园教师都应该从内心真正认同这样孩子的存在，尽管我们将面临不少的困难，但是不同特质的孩子就是这样真实地存在于我们周围，我们应该也必须认同他们的存在，并努力帮助他们获得最大的进步。有人说，"那些特殊的幼儿是上天派来让人类学习如何真正去爱的"，一点不错，活泼聪慧的幼儿能得到我们的喜爱，天真沉静的儿童能得到我们的喜爱，同样，尽管那些孩子懵懂，也尽管他们不善表达甚至有攻击或常人难以理解的行为，但是他们一样有权利得到我们的喜爱，这是作为一名幼儿园教师最基本的专业品性。

此外，除了建立自己的心理认同感以外，我们还可以积极引导那些持排斥意见的家长，以期引起教育共鸣，既设身处地地为这些孩子着想，也为自己的孩子建立宽容、帮助和自我保护等人格特质提供感受、体验和学习的机会。

第二，努力去了解孩子的情况（参阅理想目标 I-1.8、I-1.9，原则 P-1.1、P-1.2、P-1.3）。孩子的表现到底是哪些方面的问题？教师要尽可能地了解。有的可能是单纯的行为习惯问题，也有的牵涉到多动症、自闭症等一些心理疾病问题，还有的可能是某些我们所不知的遗传性的精神疾病或者智力问题。在此，教师可能会遇到的最大的困难是家长的不配合，有的家长认为孩子有这样的问题是一件很丢人的事情，所以他不愿意公开承认。也有的家长担心一旦承认自己孩子有问题，会不会受到其他人的歧视和排斥，担心对自己的孩子不利。做好家长的沟通工作，首先可以和家长做一次推心置腹的交谈，告知家长孩子在园表现中存在的问题，一起分析产生这些问题可能存在的原因，和家长站在同一阵线上，能够一起来直视孩子身上存在的问题。其次，了解孩子在家的表现以及孩子出生以后的一些关键事件，一起分析孩子的行为是属于短期的行为还是习惯性的行为，特别对于疑似智商有问题以及遗传性疾病的孩子家长，要充分打消其顾虑，并承诺为其保守"秘密"（参阅原则 P-1.4），以争取听到更为全面的信息。最后，共同商讨解决问题的策略，有针对性地给家长提出建议。

第三，尽可能使自己专业起来。既然存在是一个事实，我们总要想办法去解决和促进，面对这些孩子，我们虽不能像特教专家一样给予非常有效的训练指导，但是我们也通过学习和实践使自己专业起来。在客观分析的基础上，对于那些攻击性等行为习惯明显而心智较为正常的孩子，我们可以采用学习体验、正面引导、树立同伴榜样、随时督促、反复练习、家长同步教育等多种方法，引导孩子感受和体会攻击性等行为给别人带来的不愉快，在老师创设的实践机会中，尝试用等待、语言交流、物品交换等多种办法达到自己的目的，逐渐在正强化的过程中淡化甚至改变攻击性行为。再则，与家长积极配合。对于那些较为严重的，一般活动中教师不得不要有一个人无时无刻关注着他的，教师可以请求家长的帮助，比如请家长上午陪着孩子一起来参与幼儿园的各项活动（当然，家长要固定一个人，同时必须取得健康证明），一方面可以及时指导孩子，减少对其他儿童的学习干扰；另一方面，家长回到家后还可以继续进行巩固和学习，以取得更好的学习效果。还有，教师可向领导请求帮助。如有条件，教师可以将孩子的情况作为个案,向园长申请人员和经费的帮助开展专项的研究,这既能解决教育上心有余力不足的客观问题,还能有更大的平台,取得更多老师的支持,也为幼儿园今后展开特殊儿童的教育积累素材。除此以外,我们还可以向当地的特殊学校请求支援,申请特殊教育专业的老师定时地过来给班主任进行培训,给特殊的孩子进行训练和指导,相信也会取得很好的效果。

第二节　对家庭的伦理责任与实践

一、对家庭应承担的伦理责任

(一) 对家长应承担的伦理责任

1. 对家长一视同仁

不同的家庭之间也存在较大差异,他们的学历、职业、家庭的经济状况、家长自身的素质与修养、家庭文化氛围、相处模式等都不尽相同。有些家长特定的职务或许能对教师的个人发展带来帮助,有些家长的经济力量或许能帮幼儿园或班级解决一些实际问题。但教师不能因此对具有"优势"家长热情相待,而冷落在各方面不占"优势"的家长,这种差异对待不仅不利于幼儿园工作的顺利开展,同时也在给幼儿传递一种不正确的价值观念,一视同仁是教师对待家长的最基本的态度。

2. 尊重与理解家长

首先,要尊重与理解家长在幼儿成长中的重要地位。家庭是幼儿的第一所学校,家长是幼儿的第一任老师,在幼儿园教育这项专门的活动中,教师因为专业具有发言权,但同时也应该认识到,从法律规定和生命来源来说,家长对幼儿的发展与成长也具有发言权。其次,要尊重与理解家长的教育理念和方法。每位家长都有自己的教育理念与方法,这种教育理念与方法可能来源于家长自身的成长经历,也可能来源于身边的成功案例。家长的教育理念与方法可能与教师的相符,也可能与教师的相悖。在相悖的情况下,教师应该理解,归根到底家长都希望孩子获得更好地发展。要对家长的理念与方法表示尊重和理解,而不是一味地批评、指责,但需注意的是,尊重与理解并不等同于盲从。尊重与理解要求教师分析家长持此教育理念与方法的依据,分析是否有合理之处。如何将其与教师的教育理念和方法相协调? 如果家长的教育理念与方法中存在不合理之处,如何引导家长认识到并调整?最后,要尊重家长的人格尊严。这是"为师"和"为人"共同要遵守的一条原则,关系到教师对家长的态度以及家园合作能否顺利开展。

3. 积极与家长互动

家园合作不是家长被动地配合教师,而是互动的过程。幼儿园教师要积极了解家长的需要,如实反映幼儿的情况。教师要了解家长急切想要知道的方面,在工作中有意识地注意到这些方面(并不意味着其他方面可以忽视),以便将幼儿在园情况及时反馈给家长。例如,有的家长希望了解幼儿每天吃饭的情况,像有没有挑食、吃了什么等。教师针对该幼儿不吃胡萝卜的现象组织了专门的教育活动,帮助幼儿克服挑食的缺点。在接园的时候,教师可以与家长进行交流,如实反映幼儿在吃饭方面的情况,并询问家长幼儿有没有其他不爱吃的食物等,让家长感受到教师对幼儿的关心。教师要丰富沟通渠道,为家长提供更多参与的机会。除了一些网络渠道外,还可利用节假日开展一些亲子活动,邀请家长参与进来。或者定期举行开放日、活动周让家长真正走进幼儿的一日生活。教师要宣传教育理念,指导家庭教育。比如针对望子成龙心切,怕孩子输在起跑线上的家长,教师要通过一些讲座宣传"游戏是幼儿园基本活动"的合理之处以及长远优势。针对一些家长在教养幼儿过程中存在的问题与困惑,提供专业的指导。

(二)对家长担责中存在的问题

1. 教师角色定位不清,模糊与家长的界限

幼儿园教师与父母的职责有很多相同的地方,这是因为幼儿需要从教师那里得到如父母般的照顾和关怀。虽然教师与家长在角色功能上有重叠之处,但本质上却不相同。

比如就功能范围来说,父母是"全面,无限度",而教师是"特定,有限度"。在教育机构里,学生的年龄越大,教师与家长的功能范围越清楚,但在幼儿园里,专业要求教师也要"保教结合",教师需要负起比较全面的责任,这就容易与家长的角色相混淆,甚至园方或行政部门也要求教师"如妈妈一样",把公共的教育机构里的师幼关系与私属领域的亲子关系混为一谈。其实,教师把自己班里的所有幼儿都当成"自己的孩子"而负起全面的责任,这是不可能做到的,而若把其中的某个幼儿当成"自己的孩子",更是有悖专业伦理的。为了避免角色混淆,幼儿园教师需要明白自己的"特定功能",也就是自己的特定职责。

再比如偏爱性来说,父母"偏心",教师则需要"公平"。我们不能说父母的"偏心"是不对的,哪个父母眼中自己孩子不是最好的? 凡是父母都偏爱自己的孩子,都会把孩子的需要放在第一位,这是天经地义的。但教师对幼儿则应尽可能公平,一视同仁。尤其重要的是,教师还需要把特别的爱洒给就人的自然性上来并不喜欢的孩子,用专业性克服自然性,这才是一个真正承担着对幼儿和家庭的伦理责任的幼教专业工作者。

认识父母与教师的角色差异,有助于老师从各方面去了解家长,使教师在与家长接触时,能尽量减少彼此间的冲突和因角色混淆引起的职责错位。而实际上,很多幼儿园教师没有意识到自己与父母的角色差异,如幼儿园教师要求幼儿称呼自己为"妈妈",自己也以"我儿子""我女儿"等来称呼幼儿。

延伸阅读

在丽莲·凯兹《与幼儿教师对话》一书中主要从七个方面探讨了父母与教师角色在本质上的差异。[1] 充分认识这七个方面的角色差异对幼儿园教师履行职责来说非常重要。

角色本质	父 母	教 师
1. 功能范围	全面,无限度	特定,有限度
2. 关爱程度	强	弱
3. 依恋程度	适度依恋	适度疏离
4. 理性	适度非理性	适度理性
5. 自发性	适度自发性	适度目的性
6. 偏爱性	偏心	公平
7. 责任范围	个人	集体

---

[1] [美]丽莲·凯兹. 与幼儿教师对话[M]. 廖美凤译. 南京:南京师范大学出版社,2011:166.

2. 立场错位，把家长当作第一服务对象

服务对象的多元性是幼儿园教师职业的一大特点。幼儿园教师同时为幼儿、家长、幼儿园以及社会的发展服务。在众多服务对象中，谁是第一服务对象？这其实也是幼儿园教育的根本目的和外在目的的问题。这影响着教师的工作态度和方式。无疑，幼儿是幼儿园教育服务的主体，是第一服务对象，服务于幼儿的发展是幼儿园教育的根本目的。但由于幼儿教育服务由家长遴选、由家长支付、家长参与评价等特点，很多幼儿园及教师将家长作为第一服务对象。这透出的是不正常的商业思维，是谁出钱就讨好谁的商人行径，对幼儿的发展是不利的。比如，在"幼儿到底该几点入园"这个问题上，将家长视为第一服务对象，认为幼儿应该八点前入园（也意味着七点左右起床），因为家长要八点上班，家长在上班前先送幼儿入园，刚好便利家长。而以幼儿为第一服务对象，认为幼儿应该九点前入园，因为幼儿处于生长发育的关键期，需要10—12个小时睡眠时间，应该要保证幼儿充足的睡眠。

3. 教师紧握主动权，家长处于被动地位

家园合作、家园共育是幼儿园教师对家长尽责的重要途径。做好家园合作教育，要明确教师和家长所处的地位。教师是教育专业者，对开展何种教育活动、以何种方式开展具有决定权。家长是幼儿的监护人，具有教育和照顾被监护人的职责，对幼儿发展什么、如何发展具有一定的决定权。教师和家长的密切合作具有共同的目标——"为幼儿的发展创造良好的条件"。而很多教师过度强调作为教师的专业权威，将家园共育理解为教师发号施令，家长配合教师，合作方式表现为老师单一地要求家长们带所需物品和相关资料，完成教师指定的家庭任务，而忽视家长在教育活动中的参与权、决定权，久而久之，家长表现出厌烦和抵触情绪，以工作忙、找不到等借口进行推辞，不予配合。

二、全美幼教协会的相关规定

幼儿园教师到底应该为家庭承担什么样的伦理责任？全美幼教协会的幼儿园教师《伦理规范与承诺声明》中关于"对家庭的伦理责任"的相关理念和规定我们可以借鉴参照。[①]

> **>>>延伸阅读**
>
> 家庭[②]对于儿童的发展至关重要。这是因为在促进儿童幸福上，家庭和早期教育工作者有着同样的目标。因此我们承诺，要与家庭进行有效的沟通、共同合作和相互协商，以此来促进儿童的发展。
>
> 理念
>
> I-2.1——要熟悉如何与家庭进行有效合作的相关知识，不断地通过继续教育和培训增进相关知识和技能。
>
> I-2.2——要与家庭建立相互信任的、密切合作的关系。
>
> I-2.3——要欢迎并且鼓励每一位家庭成员参与到幼儿保教活动中来，包括参与到共同决策之中。

---

① http://www. naeyc. org/files/naeyc/image/public_policy/Ethics%20Position%20Statement2011_09202013update. pdf. 姬生凯译，宋兵校.

② 原注：家庭一词不仅包括父母，还包括家中对儿童负有相关责任的成年人。这些责任涉及对儿童的教育、培养和关怀。

Ⅰ-2.4——要倾听来自家庭的声音,了解并且借助家庭的力量,支持家庭养育儿童的过程并从中学习相关经验。

Ⅰ-2.5——要尊重每个家庭所应有的尊严和各自的特点,努力了解他们的家庭结构、文化、语言、习惯和信仰,以确保为每个孩子和家庭提供一个与文化一致的环境。

Ⅰ-2.6——要尊重家庭养育儿童的价值观以及家庭为自己儿童做决定的权利。

Ⅰ-2.7——要与家庭分享儿童的教育和发展信息,帮助家庭了解和掌握儿童早期教育专业的最新信息。

Ⅰ-2.8——帮助家庭成员增进对儿童的了解,作为专业人员要通过与家庭成员的交流增进他们对孩子的了解,支持家庭成员持续改进他们作父母的技能。

Ⅰ-2.9——要促进家庭努力建立支持网络,在必要的时候,要通过给家庭提供与工作人员、其他家庭、社区资源和专业人士交流的机会来参与到支持网络的建设当中。

原则

P-2.1——我们不能拒绝家庭成员进入他们孩子的教室或学校,除非有法庭禁止的命令或者其他法律限制。

P-2.2——要告知家长我们所提供教育的原则、措施、课程设置、评估系统、文化风俗和人员的资质,并向家长解释我们为什么这样做,这也与我们对儿童的伦理责任一致(见理念部分)。

P-2.3——我们要告知家长政策决定,在必要的时候要让他们参与这一过程(同样见Ⅰ-2.3)。

P-2.4——我们要确保让家庭参与到对儿童有重大影响的决策中来(同样见P-1.4)。

P-2.5——我们应该尽我们所能地和所有的家庭用他们所能听懂的语言进行交流。当我们没有足够的翻译能力和资源时,应该借助社区的资源。

P-2.6——当家庭成员与我们分享关于他们孩子和家庭的信息时,我们应该确保将这些信息纳入保教计划和项目实施中去。

P-2.7——我们应该告知家庭保教机构的评估儿童的实质和目的,以及儿童评估资料的使用途径。

P-2.8——我们应该做好儿童评估信息的保密工作,只有在具备合法需要时,这些信息才可以被分享。

P-2.9——当儿童受伤、出现意外事故、可能接触传染源而有被传染的风险或经历可能导致情绪压力的事件时,我们应该告知家长。

P-2.10——家庭应该被完全告知所有涉及到他们孩子的研究项目。家长有机会对是否参与研究表达赞同或反对的意见,这些意见不应该受到惩罚。我们不得让儿童参与可能对其教育、发展、福利有害的研究。

P-2.11——我们不得参与或支持任何利用儿童家庭谋利的活动。我们不得利用我们与家长的关系来谋取个人利益和好处,不得与家长发展可能对工作成效产生负面影响的关系。

P-2.12——我们应该明文规定如何保护儿童记录资料的机密性,避免泄露。这些制度应该被所有工作人员和家庭所知晓。家庭成员、保教机构工作人员和负有保密义务的咨询人员以外的人要获取儿童的记录信息,须经过家长的同意(虐待和忽视幼儿的情况除外)。

P-2.13——我们应当保守秘密,并且尊重家长的隐私权,防止隐私信息的泄露和干扰家庭生活。然而,当有充足的理由相信儿童的权益正在受到威胁时,我们可以向有关部门透露隐私信息。我们也可以向那些合法介入儿童权益保障的人士透露隐私信息。

P-2.14——当遇到家庭成员意见冲突时,我们应公开分享所了解到的儿童的情况,以帮助各方达成共识。我们应该避免偏向于某一方。

P-2.15——我们应该熟悉并且适当引导家庭去利用社区资源和专业服务。当这些推荐的服务都被接受以后,我们应继续关注,确保这些服务已经被恰当地提供。

三、现场案例与分析

(一)案例

幼儿园评健康明星宝宝,小班有6个名额。结果公布了,家长找上门来了:我家的宝宝为什么没有评上呢? 每次面对这样的质疑,小朵老师总觉得难以应对。

(二)案例解析①

这个案例涉及教师"如何评价、鼓励幼儿"和"如何与家长进行沟通"的问题(参见理想目标I-2.1、I-2.2,原则P-2.2,P-2.3、P-2.4)。小朵老师的困惑让我们感受到公正、公平、合理的幼儿评价和及时、顺畅、丰富的家园联系的重要性,同时也领会到现实生活中家长观念的明显差异,提醒我们有必要掌握一些有效化解家长"无端质疑"的教育技巧。对本案例进行分析,我们发现矛盾主要体现在幼儿园教师和家长对评选健康明星宝宝的认识与行为差异上。

1. 对健康明星宝宝的评选目的理解不够

幼儿园评选健康明星宝宝的根本目的就是为了教育好所有孩子。具体表现在通过对幼儿健康体质和良好行为方式的认同,让幼儿获得自信和愉悦感,从而保持健康体质,乐于重复良好的行为;通过对表现好的个别幼儿予以表扬,为其他孩子树立榜样以供模仿学习;也有利于提醒更多的家长来关注孩子的健康成长。教师除了自己明确评选活动的目的,还要努力让家长理解此项活动的教育意义,切不可企望以健康宝宝称谓去换取个别家长的欢心,那注定是"吃力不讨好"的行为,会造成更多家长的不满。

2. 对健康明星宝宝评选标准的制定和解释缺乏群众基础

(参见原则P-2.2,P-2.3、P-2.4)确定什么样的孩子符合健康宝宝的评选条件,这是幼儿园做此项工作的基本条件,也是老师在面临家长询问时作出合理解释的基础。如果家长们对幼儿园的评选标准缺乏足够的了解,那"明星"的称号在一定程度上又会刺激部分家长功利化的成才观和攀比意识。造成教师"难以应对"主要是对以"健康"为核心的评选标准把握不够,在活动前没有充分调动师幼、家长的积极性,特别是带班教师没有吸纳家长参与本班健康宝宝评选条件的讨论和宣传,前期发动工作的组织不足,造成家园之间对评选标准的认识不一致。

---

① 这部分由徐浩斌撰写。

3. 评选健康明星宝宝的过程缺乏足够的透明度

出现"结果公布了,家长找上门"的现象也表明吸纳家长参与评选活动的重要性,这涉及幼儿评价的公正、公平问题。评选的标准有了,接下来就是努力按照大家认可的评选标准来选出公认的健康宝宝。家长总希望自己的孩子在幼儿园里可以得到教师的肯定与关注,这很正常,如果教师不通过各种途径介绍班级情况,家长往往会更多地关注自己的孩子而不了解整体情况,他们同样会要求老师也用这样的眼光去看待他的孩子。

4. 针对评选结果的幼儿集体教育和家园联系工作不到位

选出了健康宝宝并不表示活动的结束,教师要以此为契机教育儿童加深对"健康"的认识和良好行为的养成。相比幼儿的教育,做好家长的工作也许更关键,部分家长本着"成则为王,败则为寇"和"不让(我的)孩子失败在起跑线上"的排他性成功观,往往较难接受孩子未能得到表彰的结果,教师应做好一定的解释准备工作,以回应部分家长的询问。甚至有部分家长对幼儿园老师不够信任和尊重,习惯性怀疑教师的专业伦理操守,总觉得社会的市侩特质注定了评奖是有黑幕的,于是一句"现在的老师真不像话……"会让很多教师受伤害。

(三)解困策略

1. 教师要有公正立场

切不可在这个过程中收受家长的馈赠或利益输送(参见原则 P‑2.11),俗话说"其身正,不令而行;其身不正,虽令不从",如果教师行为违背了专业伦理,那所有的解释也仅仅是狡辩而已。坚守公正立场是我们开展工作的底线。我们要对幼儿园健康明星宝宝评选活动的政策进行及时学习、消化,了解组织评选活动的教育意义,并精心设计活动的过程和推选方法,结合一日生活实践,引导儿童树立正确的健康意识,并通过各种途径将幼儿园评选健康宝宝的目的、意义和要求等诸因素告知家长。

2. 吸纳家长参与健康宝宝的评选活动

广泛征求家长的评选意见,采纳有效的评选指标和推选方式,将评选活动组织成一项促进家长关注班级情况的活动,并及时回应部分家长的意见,主动加强与家长的沟通与交流(参见理想目标 I‑2.3、I‑2.4,原则 P‑2.2、P‑2.3、P‑2.4)。配合幼儿园参照《幼儿园教育指导纲要(试行)》和《3—6岁儿童学习与发展指南》中对幼儿身心健康、动作发展、生活习惯和生活能力方面来拟定健康宝宝评选的基本标准。教师应该主动向家长反映幼儿在健康宝宝评选方面的一些问题,而不是在家长上门之后处于被动处境。

3. 及时通报汇集教师、家长等各方意见的评选结果

通过一定方式提前在班级范围内公示,再次征求意见,态度要真诚,方式要公开,及时回应各种意见,向家长传递正确的教育观,特别是要将健康教育的理念和指标转化为具体的教育行为,淡化评奖的功利性,突出教育意义。重视对幼儿进行正确的健康教育,关注幼儿的日常表现,淡化幼儿之间的比较,提倡幼儿自身的纵向比较,鼓励每个孩子都向善向好,引导幼儿积极向榜样儿童学习,追求进步,特别是在行为方式上加以训练,最大限度地发挥健康宝宝评选的教育价值,并通过更多的渠道让家长分享孩子的成长经历和进步故事,真正着眼于评选活动所带来的教育影响。

4. 做好个别家长的工作

个别家长有不同意见也属正常,但需要积极沟通,除了通讯联系外,更要注重面对面交流,态度真诚,以关切关爱的表达方式分析孩子的特点,用具体的事例来引证其优点和不足,让家长感受到教师对班内每一个孩子的平等关爱,并为其提供教育孩子的参考意见。当然,针对极个别较难进行沟通的家长我们要有一种自我防范意识,交流的过程中语气温和、态度真诚,避免感情用事、激化矛盾。必要

的时候教师可以通过班级宣传栏、班级主页、家长 QQ 群、微信等各种途径,以教育随笔的方式就事论事阐述自己的看法,既表达了自己的教育主张,又维护了个别家长的尊严,更主要的是争取到更多家长的支持。

第三节 对同事的伦理责任与实践

一、对同事的伦理责任

(一)对同事尽哪些伦理责任

就基本取向来说,幼儿园教师应该努力与同事共同营造一个良好的幼儿园工作氛围,在尊重、关爱、协商、互助的氛围中共同实现为幼儿成长提供优质保教的目标。

就保教过程来说,为同事尽责具体体现在以下几个方面。

1. 与本班教师合作

本班教师是最接近的搭档,也应该成为最亲密的伙伴。本班教师中虽有主班或配班的分工不同,但目标是一致的,都要为形成良好的班风服务,孩子们生动活泼又团结有序;也都要为自身的专业成长着想,带出一个好班的同时也实现自身的专业发展目标。

在这种合作中,主班教师处于主导地位,需要付出更多的精力。在设计并实施班级的各项教育教学活动,反思并解决教育教学过程中存在的问题,开展家长工作,观察、记录和评价幼儿等各项活动中,主班教师要起主要负责的作用,起引领的作用,承担更多的职责。当然,主导的作用也不是独揽,不是一切都自己说了算。所谓为同事尽责,就是要虚心听取配班教师的意见,自己的想法要与本班教师分享,在分享和交流中得以完善,也获得同事的理解,这样在实施中就可以配合默契了。作为配班教师,对同事尽责表现为扮演好自己的配班角色,主动向主班教师征询自己要承担的职责,在尊重主班教师意见的同时也要提出自己的想法。术业有专攻,闻道有先后,同事间应该各取所长,但意见的交流应该是坦诚的,以专业性为基础的。

与本班教师的合作应该基于专业的情谊,也就是说,情同姐妹很好,但要以专业为前提,不能忘了专业的规范、专业的要求和在专业上的相互鼓励。因为姐妹而放弃原则,即使同事在保教中有明显的非专业行为,如有对孩子身心发展不利的行为,也给予"包容",这其实是对同事不尽责的表现,于人于己都没有好处。

2. 与园内其他教师合作

教师群体是幼儿园的中坚力量,良好的园风其实就是良好的教师群体的关系。一个群体要发挥积极有效的作用,就必须形成合力,大家在一起工作心情舒畅,充满期待,有归属感、成就感和荣誉感。要建设这样一个群体,就需要逐渐形成群体的文化,比如有一个切合实际的发展目标,有一套合理的可供操作的制度,有几个充满正能量的"大姐大"的引领,还有一个大家认可的保教工作评价机制,等等。

作为这样一个群体中的某个个体,如何为其他教师尽责呢?这就表现在:对群体目标的认同;对园内各项制度的严格遵守;积极参与群体的活动并在这个过程中明晰自己的角色定位做好自己的分内工作;以专业性为前提在竞争又合作的关系中保持一个合适的姿态,等等。尤其值得一提的是,与园内其他教师合作,需要看到园风中追求积极的一面,也要看到园风中不尽如人意的现状。个体不能置身事外,以为自己不过是其中之一,在无奈叹息中无所作为。好风气的营造是通过每个个体的努力实现的,自己先从做好自己分内事开始,然后以幼儿园主人翁的姿态关心群体的状况,随时为园风中追求积极的一面提供助力。这是为同事尽责的重要内涵。

3. 支持园长和其他幼儿园管理者的工作

以园长为首的幼儿园管理团队是幼儿园正常运转不可或缺的。作为教师中的一员,尊重和服从管理者的指挥就是对其工作的最大支持,这种支持就是尽责。园长是整个幼儿园的引领者,园长对幼儿园所提供的保教服务质量负有最大责任,园长应该提出幼儿园发展的合理目标,也应该为教师专业成长、为教师幸福从教提供尽可能好的平台,最终是为孩子提供优质的保教并让家长和社会满意,园长的这些目标要实现,需要全体教职员工的努力。个体在其中能和其他教师一起完成自己的本职工作,带好自己的班,并在共同探讨的基础上,以直接或间接的方式参与园长的管理与决策,为园长分忧,为幼儿园发展献计,并在合适的时候能主动邀请园长观摩和指导本班的教育活动,反思性地接纳园长的意见和建议。这些也是为同事尽责的重要方面。

4. 支持保育员的工作

保育员是教师保教工作的重要搭档。幼儿园是保教结合的,而且"保"在"教"之前。虽然教师可能更多地接受过专业教育,学历、职称、编制身份等方面会比保育员更显"优势",但正因为这样,幼儿园教师更应该尊重保育员的工作。因为既然你受到的专业教育多,你就更应该明白保育员工作的重要,而且教师也要做保育的工作,保育员的工作中也要渗透教育。随着保育员队伍的越来越专业化,保育员在保育方面的知识和经验可能比教师更胜一筹,教师需要向保育员学习,当然,教师还有义务与保育员一起探讨保育中浸透教育的问题。教和保默契配合、互相学习、平等合作,在保证幼儿身体健康发展的基础上促进其心智成长;一起抓住保育工作当中的教育契机,增加幼儿在生活中学习的机会,共同把各个教育环节的教育目标渗透到幼儿的一日生活之中。这种尽责能把幼儿园的保教工作带向理想的状态。

(二) 同事间伦理问题的产生

为同事尽责,还需要分析同事间容易产生矛盾进而影响尽责的因素。

1. 个性的差异

有开朗的,有沉静的;有直来直去的,有深思熟虑的;有特别感性的,也有特别理性的。这本无可指责,多样的个性本是群体丰富多彩的基础。但个性的差异也会成为同事间摩擦的根源,一个风风火火,一个慢条斯理,在开展活动、执行保教计划时就可以演化为相互埋怨。

2. 专业素养的差异

不同教师,尤其是同一个班级的主班以及配班教师常常会因为教育目标、教育内容以及教师的作用等方面产生分歧,甚至会就不同的教育教学方式产生争端。在面对同一个幼儿时,由于不同教师对待幼儿的理念不同,相应的处理方法也会不同,每个教师都会认为基于自己认定的理念的处理方式是最好的,觉得自己同事的处理方法总是欠妥当的,这也常常会加剧同事之间的摩擦与冲突。还有就是工作的责任心,有的教师认真负责,严格执行规范,有的则马虎应付,草率从事,这种差异导致的摩擦也会影响教师的尽责。

3. 家园沟通中的问题

不同的教师在面对相同的幼儿家长的时候,由于价值观的不同或者沟通中存在着问题导致对立甚至冲突。还有可能由于某个家长在某个教师面前抱怨另外一个教师或者是某个教师向家长抱怨自己的同事,这种抱怨加剧同事之间的矛盾。

4. 主管与教师之间的摩擦

幼儿园主管应该以身示范,为形成良好园风作出表率。但很多时候我们会发现,主管要求教师这不能做那不能做,但是自己却做着明令禁止的事情,引起很多教师的反对,但是教师本身却又无法改变这种状况,这会导致员工对主管的不信任,导致计划执行力的下降。还有就是主管在教师评价方面的不公正,甚至对员工有亲疏远近之分,这会导致主管与教师间及教师与教师的矛盾。

二、全美幼教协会的相关规定

幼儿园教师应该为同事承担什么样的伦理责任? 除了上述分析,我们还可以参照全美幼教协会的幼儿园教师《伦理规范与承诺声明》中关于"对同事的伦理责任"的相关理念和规定。[①]

> ### ▸▸ 延伸阅读
>
> 在一个互爱团结的工作氛围中,人们彼此尊重,专业满意度会得以提高,会发展并维持一种积极的人际关系。根据我们的核心价值观,我们的首要责任就是建立并维持能支持高效工作并满足专业需求的环境和人际关系。我们对儿童的那些理念同样适用于工作场所中我们与成人的交往。[②]
>
> A-对同事的伦理责任
>
> 理念:
>
> I-3A.1——与同事建立并维持相互尊重、信任、亲密、团结互助的关系。
>
> I-3A.2——与同事分享资源,互相合作来保证为儿童提供最好的保教服务。
>
> I-3A.3——帮助同事满足他们的专业需求和获得专业发展。
>
> I-3A.4——对同事取得的专业成就给予肯定。
>
> 原则:
>
> P-3A.1——我们应该承认同事对我们教育活动所做的贡献,不要做损害他们声誉或降低他们进行儿童和家庭工作效果的事情。
>
> P-3A.2——当我们担心同事行为是否专业时,我们应该首先考虑到他的人格尊严和同事间处事风格的多样性,然后再尝试私下里共同协商解决。
>
> P-3A.3——我们应该练习谨慎的表达有关同事的个人品质和专业行为的观点,对同事的观点应该基于第一手资料,而不是道听途说,而且要与儿童和机构的利益联系起来。
>
> P-3A.4——我们不应该参与那些因为性别、种族、国籍、宗教信仰或者其他隶属关系、年龄、婚姻状况/家庭结构、身体残疾或者性取向而歧视同事的活动。
>
> B-对雇员的伦理责任

[①] http://www.naeyc.org/files/naeyc/image/public_policy/Ethics％20Position％20Statement2011_09202013update.pdf. 姬生凯译,宋兵校.

[②] 译者注:在 2005 年的版本中此部分还包括"C-对雇主的伦理责任",不过在 2011 年的版本中去掉了这一内容,原来相关内容在补充条款"伦理守则:幼儿项目管理人员的补充"中做了更详细的陈述。

理念：

I-3B.1——协助教育机构提供最高质量的服务。

I-3B.2——不要做任何有损所在机构荣誉的事情,除非违反了法律或儿童保护相关的规章制度,或者违背了本守则中的有关条款。

原则：

P-3B.1——我们应该遵守机构所有的政策。当我们不同意某些规章制度时,我们应该先在组织内部通过建设性行动来达到改变的目的。

P-3B.2——只有在授权情况下,我们才可以代表组织讲话或行事。无论是代表组织还是个人讲话,我们对自己的言行都要谨慎。

P-3B.3——我们不得违反保护儿童的法律或规定,当意识到存在违反情况时,我们应采取与本守则相符的恰当行动。

P-3B.4——如果我们认为某个同事的行为不对,但他的行为没有影响到儿童的利益,我们可以私下与该同事提出我们的看法;如果同事的行为危及儿童的利益,或者在你的提醒下,情况并没有好转,我们应该向适当的权威部门报告该同事的不道德的或不能胜任工作的行为。

P-3B.5——当我们担心机构的环境或条件影响了儿童的看护和教育质量时,我们应该告知机构管理者,必要时也可以告知其他适当的权威部门。

三、现场案例与分析

(一)案例

特别调皮甚或有攻击性行为的孩子确实让人头疼,可老师采用体罚的手段对付他们在任何情况下都是不可以的。邻班的小兵已经 N 次被拉到室外罚站了,每次都让中二班的小朋友看到了。作为同事,小朵老师明知此事不妥,可该怎么做呢?不关我事?报告园长?前往制止?

(二)困惑解析[①]

幼儿园就是这样的地方,每天都发生着故事,可能故事的主角是你,也可能不是你。案例中的现象在有些幼儿园会发生,特别近段时间幼儿园不乏有极端案例,如:温岭的虐童事件,长沙的扎针事件,等等。发生在幼儿园的一系列反面事件究其外因,教育主管部门对幼儿园教师的准入制度监管不力,致使部分素质参差不齐的人员进入幼师队伍是重要原因;但究其内因:在幼儿园的内部,领导是否承担了监管责任,管理是否到位?同事是否关系和谐,大家互相督促和提醒?造成案例中邻班教师的教育方法失误和"我"的再三犹豫的根本原因是什么呢?

1. 幼儿园管理死角的存在使不和谐现象时有发生

在幼儿园,按照最严格的人员配比,九班以下的幼儿园配备一名园长,其他的管理人员都是可以和其他岗位兼职的,园长根据规定也是每周必须兼任课时,根据这个现状,完全脱产的人员基本上就是园长。任何一个单位,不管制定多少制度,多少规则,缺乏现场管理都是不行的,一名园长要处理行

---

① 这部分由姜青梅撰写.

政事务、要接待家长、要下班上课,可想而知有多少时间去巡班,因此造成了管理死角,致使有些教师在缺乏必要监管的情况下采取不恰当的教育方法。根据案例中分析,这个邻班的教师是经常让小兵罚站,为什么幼儿园的管理人员就没有发现及时制止呢?首先如前所述,园长检查和巡班的密度是不够的;其次该幼儿园的文化氛围还是有问题的,这个问题也包括两个方面,一是有体罚现象存在的幼儿园在教师师德和专业上学习和指导欠缺,致使整个的文化氛围不和谐;二是同事之间的互评和监督形同虚设,如果幼儿园同事之间也是和谐的,那碰到类似的问题肯定会互相提醒,互相讨论怎么办,不会发生多次体罚的现象。

2. 不管闲事的心理状态存在使个体噤声

在当下的中国,有一个奇怪的现象,不能管闲事已经变成了共识,老人摔倒了绝对不能去扶、陌生人问路要少搭腔、同事犯错关我什么事,睁一只闭一只算了,以免给自己带来不必要的麻烦。作为同事,这位老师已经几次发现事情不对,但是面对问题,不知道该怎么办,一再犹豫,我相信犹豫的原因有这些:首先担心和同事关系破裂,不管采取的是什么方法,最后肯定会反馈到同事这里,如果同事钻牛角尖,那关系就很难处了;其次怕在同事间造成不好的印象,幼儿园是女同志特别多的地方,如果去告状,很有可能被孤立或者被流言"淹死"。大家都是这样的想法和做法,致使个体在碰到事情的时候,往往采取不出声的态度,即使这个事情明明是错误的。

3. 幼儿教师缺乏面对个案幼儿的专业处理

面对特别调皮甚或有攻击性行为的孩子老师束手无策,只能一次次采取罚站的办法,已经几次罚站了,幼儿的行为没有改变,教师居然不反思自己的教育方法和措施,继续实施罚站,这是典型的幼儿园教师专业缺失。在幼儿园的班级中,幼儿都是独立的个体,不管是《纲要》还是《指南》都要求教师尊重幼儿的个体差异,有的孩子特别胆小,有的孩子特别调皮,有的孩子喜欢音乐,有的孩子喜欢运动……面对这些孩子的时候,教师是否都关注到了他们的个体差异,是否都因材施教,让他们在原有的水平上有所发展。教师是有层次的,最高层次的老师:经验丰富,方法得当,有共性也有个性,班级中的孩子既能发挥个性,也能遵守班级的常规;其次是管得了共性管不了个性,班级中的孩子个个都很乖,能够遵守常规,但绝不出格;最次的是没有共性也没有个性,班级中孩子没有常规,几分钟集体教学都开展不了。

(三)解困策略

事情已经发生并且还在继续,小朵老师发现了隔壁班老师对待孩子不正确的态度,但不知道怎么办,很犹豫,但同为教师,我认为小朵必须采取措施,因为面对这样的情景,决不能像电影台词所说的那样"吐着吐着就习惯了",俗话说"习惯成自然",好的习惯我们当然要坚持,但是当小兵一次次被罚站在你的眼中也变得习惯了之后,你的本质也在改变,你坚持的教育观念也将土崩瓦解。因此必须用恰当的办法去制止隔壁班老师的行为。我们认为小朵老师可以这样做:

1. 采取迂回的办法制止教师的不当教育行为

在这样的情景之下,小朵老师如果直截了当地制止,那一定会让隔壁班老师下不了台,本来因为本班孩子的调皮在气头上,如果小朵老师再来一出,估计隔壁班老师会直接说:少管闲事!因此要采取迂回的办法,不妨用理发师策略,步骤一:以借范画或者请教一个问题的名义先来到隔壁班,不管是借范画也好还是请教问题也好,一定要用赞赏的语气表示邻班的老师范画画得好,问题解决得有道理,等等,这一步就像理发师在剃胡子之前先在下巴上抹点泡沫,为刮胡子作准备;步骤二:小朵老师可以这样切入主题:××老师,你们班的孩子就听你的话,刚才我在门口想把小兵请进来,可是小兵就是不肯,哎,真没面子,估计你去请他就进来了。这是刮胡子的过程——解决核心问题的过程,问题的主体是邻班老师不是小朵，小朵老师不能直接把小兵带进来，也不能直接说邻班老师不对，只能用轻轻的动作来剃胡子，以免刮破皮肤。小朵老师这样说，一般情况老师马上会意识到自己的问题。步骤三：如果邻班老师马上把小兵请进来，小朵老师可以这样说：你看，小兵就是听你的话，一请就进来了；然后对小兵说：以后不要到门口当哨兵，听老师的话。这就像胡子剃完了用热毛巾抹抹下巴，扩张毛孔，解除剃胡子的不适感。这样的解决过程虽然有些小心翼翼，但是比"不关我事"和"报告园长"要好。

2. 以此为鉴加强幼儿个案研究

其实在幼儿园每个班级里，有攻击性行为或者特别调皮的孩子都存在，如果像小兵这样的孩子在小朵老师班里，小朵老师可以怎么做呢？小朵老师不妨以小兵为个案，开展攻击性行为孩子的个案研究，建立小兵的个人跟踪档案：首先，小朵老师要开展调查研究，调查的主要内容是小兵的家庭教育情况和成长的过程，因为一般情况下，有特殊行为的孩子一般都与家庭教育环境或者成长过程中的经历有关系，所以一定要先找到问题的原因所在；其次，小朵老师要有意识地观察小兵的行为，攻击性行为的诱因、攻击性行为的频次、攻击性行为的对象，等等；再次，根据观察和调查的情况家园合作开展教育，如果在过程中有疑惑或者不知道该怎么做时，还是多向专家请教或者在教研活动中提出困惑，让集体的智慧来帮助自己，有些时候教师不合适的干预反而不如孩子的自主成长好。

面对困惑，面对邻班老师的不恰当行为，小朵老师不要再犹豫，因为幼儿园老师是天底下最纯真的职业，所以在面对去伪存真的时候还有什么犹豫的呢？只要方法恰当，既保护好自己也不让对方难堪，相信不久之后，邻班老师会从内心感谢小朵老师。

第四节　对社区的伦理责任与实践

一、对社区的伦理责任

（一）对社区应该承担哪些伦理责任

就基本取向来说，幼儿园教师应该充分利用社区的资源以创造优质的幼教，通过自己创造优质的幼教为社区服务，通过推进幼儿园文化与社区文化的融合使幼儿园起到传承优秀文化和促进社区文化优化和丰富的作用。

具体表现在：

1. 认识到社区对幼儿成长的独特价值

社区是人们生活的共同场所，幼儿也是社区的成员，而且是学习能力和可塑性最强的成员。一个环境优美、人际和谐、文化丰富多彩的社区对幼儿的成长来说是最理想的氛围，具有幼儿园教育不可替代的功能。

2. 熟悉和充分利用社区资源

幼儿园教师应该对自己园所在的社区有了解和研究的兴趣，对其中的风土人情了然于心。社区资源包括自然物、自然环境、教育机构、各界人士、公共活动场所，等等。动员社区的相关管理者和知名人士参与幼儿园的活动，征求他们对改进教育的意见，同时有机会让他们了解和理解幼儿教育。同时还可以向社区求助,动用社区的力量帮助幼儿园改善环境及设备等。

3. 推动幼儿园文化与社区文化的融合

幼儿园的文化特色应该成为社区文化建设的有机组成部分,幼儿园的教育内容应该有社区文化的元素,幼儿园的教育文化应该成为社区文化建设的亮点。

4. 给社区提供专业性的教育帮助

全社会尊重幼儿和珍视幼儿的价值是社会文明进步的表现。幼儿园应该用科学的育人理念推进社区关怀下一代工作,推动所在社区的家庭改进家庭教育。作为幼儿园教师应该了解社区的需要,应该了解社区在幼儿教育方面的薄弱环节。应主动地向幼儿家长及社区相关人员宣传国家的教育方针和本园幼儿教育任务,帮助有关人员明确自己对幼儿的职责。同时,利用各种机会普及学前教育学、幼儿心理学、幼儿保育学等方面的科学育儿知识和育儿经验。幼儿园的教育工作定期向社区汇报,接受社会人员监督和建议。

5. 推动有关儿童保护的政策法规的制定和落实

幼儿园教师不仅要自觉遵守有关保护幼儿的法律法规,还应该动员社区的力量,共同推动保护幼儿政策法规的制定和落实。幼儿园教师还应密切关注社区中伤害幼儿和侵害幼儿权益的行为,联合社区的力量保护幼儿。

6. 联合社区共同办好幼儿园

社区是办好幼儿园的主要依靠力量。幼儿园教师应组织家长及社会相关人员参与到幼儿园的活动中来,并定期向社区汇报自己工作中的成绩、存在的问题以及发展规划,动员社区的力量帮助幼儿园改进环境及改善设备,等等。

(二)对社区伦理责任承担中的问题

1. 对社区教育资源利用缺乏自觉意识[①]

虽然《幼儿园工作规程》等政府颁发的法规性文件强调幼儿园教育要与社区结合、要充分利用社区资源,社区教育在未来社会发展的重要性也日益受到重视,但就现状来说,园和区双方作为资源主体在合作方面的自觉意识还远远不够。幼儿园往往从自身的需要出发,对社区只是"利用",而没有与社区深入沟通、与社区的文化建设相融的自觉意识;有的幼儿园还仅仅是从功利出发,为结合而结合,"利用"过了,对付上级教育部门检查、学期总结汇报都可以交账了,而没有从孩子发展、社区发展的角度来思考这种"结合"的自觉意识。

2. 对社区教育资源的利用缺乏统筹规划

幼儿园管理者、教师对本园所处社区中有哪些教育资源心中无数,实践中只能随机利用一些零散的教育资源于幼儿活动中。对社区发展规划尤其是社区教育、社区的文化建设也缺乏了解。心中无数、缺乏了解,导致实践上的随机和茫然,无法将幼儿园的资源和社区的资源进行有效的整合,无法将幼儿园的发展与社区的发展相协调。

3. 对社区教育资源利用缺乏科学性、有效性

有的幼儿园选定了社区某一资源后,未能充分分析该资源突出的特点和教育的价值所在,只顾及各项领域活动开展的常规性,而难以兼顾该资源与幼儿教育的适宜性如何,甚至牵强附会地引入幼儿教育活动之中,不顾幼儿的兴趣,结果甚至造成幼儿学习情绪低落,既耗费了物力,也耗费了精力与时间。有的幼儿园在社区资源的利用上,信手拈来,没有很好地组织力量开展此相关的活动,资源利用

流于形式,难以发挥园、区教育资源整合的最大效力。

4. 社区教育资源的整合与利用缺乏互动性

幼儿教育问题今天虽然已引起社会各界广泛的重视,大家在教育资源整合与利用问题上也多能形成共识,但合作的主动方仍旧是幼儿园,社区仍处于一种被动地位。幼儿园的主动也只是体现在"利用",没能主动向社区汇报自身的专业优势、幼儿园的发展规划,没能主动征得社区的理解和支持,因而合作常常处于"单向"的状态,难以实现真正意义上的资源整合利用。

5. 教师在为社区尽责方面的素养和积极性不够

对社区尽责,加强园、社合作,这方面的自觉意识和行为需要建立在对孩子发展规律的认识的基础上,建立在对社区资源教育价值的认识的基础上,建立在对社区教育价值的认识的基础上。而这种"认识"的实现并不是一件容易的事。再则,充分利用社区资源需要在机制上调动教师的积极性而不能仅仅是口号,但把与社区的结合、尽责列入教师考核、评定的硬性指标,一时也不好操作,但不予考核,做和不做没有什么区别,也难以调动教师的积极性。

二、全美幼教协会的相关规定

幼儿园教师应该为社区承担什么样的伦理责任? 除了上述分析,我们还可以参照全美幼教协会的幼儿园教师《伦理规范与承诺声明》中关于"对社区与社会伦理责任"的相关理念和规定。[①] 需要特别关注这样的观点:在早期儿童项目中,我们将致力于最大限度地维护儿童的利益,在更大范围的社区中,我们将尽力代表所有幼儿的心声。

> **延伸阅读**
>
> 　　早教的教育项目是在一个与之联系紧密的社区背景下运行。社区由许多家庭和关注儿童福利的相关机构组成。我们对社区的责任是:提供能满足家庭多样化需求的教育项目,同相关责任机构和专业人员协作,帮助家庭增强同上述机构、专家的联系沟通,并且协助社区开发当前需要但尚未提供的社区教育项目。
>
> 　　就个人而言,我们承诺为儿童提供最优的保教项目,并以诚信和正直自律。因为我们具备儿童早期发展和教育的专业知识,也因为我们与社会共同承担对幼儿权益和保护的责任,所以我们承诺:我们有义务与整个社会一起,在早期教育项目中最大限度地维护儿童的利益,在更大范围的社区中,我们在任何时候都要替儿童着想。
>
> 　　这一部分的"理念"和"原则"会分成个人、集体两部分呈现。个人部分适用于早期保教人员的工作,集体部分则适用于那些更典型的以集体形式使儿童利益最大化的工作。当然,集体部分理想目标和原则所赋予的责任也适用于个体早期保教工作者。
>
> 　　理念(个人)
>
> 　　I-4.1——为社区提供高质量的早期儿童保教项目和服务。
>
> 　　理念(集体)

① http://www.naeyc.org/files/naeyc/image/public_policy/Ethics％20Position％20Statement2011_09202013update.pdf. 姬生凯译,宋兵校.

Ⅰ-4.2——促进专家和机构间的合作,力图增进与儿童、家庭和早教工作者的健康、教育以及幸福问题相关诸多学科的跨学科交流。

Ⅰ-4.3——通过教育、研究、为儿童建立一个具有足够医疗保健、食物和住所,并且在其家庭和社区远离暴力的安全环境。

Ⅰ-4.4——通过教育、研究建立一个所有儿童都能获得高质量早期保教项目的社会。

Ⅰ-4.5——致力于建立一个适当的评价系统,该系统包括多样化信息,且旨在增进儿童身心发展。

Ⅰ-4.6——进一步了解儿童、理解其需要,为使社会上更多的人承认儿童的权利,使全社会愿意承担起为所有儿童谋福利的责任而努力。

Ⅰ-4.7——支持那些能增进儿童家庭福利的政策和法律,努力改变那些对儿童及其家庭福利有害的政策和法律。与其他的个体和组织协作,积极参与儿童及其家庭权益相关的政策和法律的制定。

Ⅰ-4.8——进一步促进早期儿童保教领域的专业发展,强化专业承诺,以实现本守则所反映的核心价值观。

原则(个体)

P-4.1——我们应公开地、实事求是地向外界公布我们所提供服务的性质和范围。

P-4.2——我们应申请、接受和从事那些我们具有专业资格的、适合自己的岗位,不要提供那些我们没有能力、资质和资源完成的服务。

P-4.3——我们应审慎核查雇员的专业资质,不能雇佣或推荐不具备专业岗位所需能力、资质和性格的人员。

P-4.4——我们应精确客观地表述项目实践所依据的理论基础。

P-4.5——我们应详尽了解评估策略、合理使用评估工具,并对家庭准确解释评估结果。

P-4.6——我们应熟知在机构中能保护儿童的相关法律和规定,并密切留意其执行情况。

P-4.7——当我们意识到某种行为或情境威胁到儿童的健康、安全、权益时,我们有责任来保护儿童,也可以告知家长或/和其他能够保护儿童的人。

P-4.8——不得参与违反保护儿童的相关法律法规的活动。

P-4.9——当有证据表明某个早期儿童项目违反了儿童保护的法律法规时,我们应立即将情况报告给能够做出补救措施的相关管理部门。

P-4.10——当某项目违反或要求雇员违反本守则时,允许在对证据进行公正的评估后,揭发该项目的实质。

原则(集体)

P-4.11——当实施中的政策不利于儿童时,大家都有责任来改变这样的状况。

P-4.12——有证据表明某个旨在保护儿童权益的机构没有履行其义务时,我们有责任向相关管理部门报告或是向公众披露该问题。我们还应持续关注直到问题被解决。

P-4.13——当某个儿童保护机构没能为受虐或是被忽视的儿童提供应有的保护时,我们每个人都有伦理上的责任去努力改善这一现状。

三、现场案例与分析

（一）案例

幼儿园放学了，大人常会带着孩子进入社区的休闲场所游玩、探亲访友。孩子到了公共场所、社交场所、亲友聚会场所，难免会遇到一些不文明行为，如吵骂、欺骗、损坏公物、妨碍公共秩序等等，甚至还有黄赌毒。在这样的情景中如何引导孩子，家长觉得很茫然。幼儿园老师该怎样给家长支招呢？

（二）困惑解析[①]

这个困惑涉及幼儿园教师如何引导家长看待社区和社会环境对孩子的影响以及如何避免孩子在其中受到不良影响，还涉及幼儿园教师的一个重要的伦理责任：协助社区净化自然环境和人文环境。

孩子的成长不仅受家庭和幼儿园的影响，还受社会公共环境影响。作为孩子的老师，在给出有效的建议之前，我们要让家长明了"孩子是否会受不良环境影响"，并由此触发家长会同社区迫切解决问题的期望，从而提出针对性的教育建议（参见导言部分：我们做出这样的集体承诺）。

在家长的观念中可能认为不良环境对孩子的成长构不成威胁，因为孩子还小，不可能看懂、听懂这些不良的事情，更不会去跟着做不良的事情了。等他们长大了，自然就会明辨是非了。诚然，孩子小，对大人的行为看不懂、听不懂，不良环境对孩子的成长构不成"立竿见影"的威胁。可是，孩子正因为小，模仿能力极强，他们的是非观在看与听中慢慢形成，他们还不知道取舍，周边环境的一切都会成为他们学习模仿的对象。我们家长不能忽略了环境对孩子的心理成长的影响，这种影响会对他们的社会认知、情感、个性、道德发展和社会适应等打下深刻烙印。所以，先贤们都主张幼儿应该成长于鸟语花香、琴棋书画、和谐有序的社会环境中。

环境对人生存和发展的影响，就年龄而言一般是成反比的，年龄越小受环境的影响就越深刻。3—6岁的学前儿童在心理发展上极不成熟，自我调节、控制水平低，自我意识薄弱，相对成人，他们更容易受环境中不良因素的影响从而形成不健康的心理和人格。也就是说3—6岁的孩子对不良现象没有心理免疫力。当长期处于不良现象的磁场中耳濡目染，就会认为不良现象是被允许的，从而形成扭曲的是非观。俗话说"近朱者赤，近墨者黑"，良好的环境是保证孩子成"赤"避"黑"的基本保障，古时孟母三迁亦是这个道理，教师可以引导家长认识到环境对孩子的影响，从而重视对环境的筛选。

此外，家长对这些现象是反对还是赞同、参与，会直接影响孩子最初的是非观。人之初，分清公共场合"是非"实属不易，幼儿在年幼的时候对不良现象没有清晰的界限，他们最初的是非观是在家长的取舍中建立起来的，是在家长"准"与"不准"，"允许"与"不允许"中逐渐明确的。在这过程中家长扮演着示范的角色和裁判的角色。

（三）解困策略

在取得家长的认同后，教师即可以给家长提出针对性的建议，让孩子有效提升幼儿在公共场合中的心理免疫能力。

1. 近"朱"远"墨"

即让家长带领孩子积极参与到良好的环境，尽量远离不良的环境。幼儿思维带有很大的直觉行

---

① 这部分由吴赛姬撰写。

动性,若是离开了对事物的直接感知,原有思维也就随之停止或转移,也就是说远离不良环境可以有效地避免学习和模仿不文明的行为。在参与公共场合活动时家长先要判断所出席的场合是否有不良行为;在应邀参加公共场合聚会时,如需带上孩子,请家长对聚会邀请进行筛选再决定是否让孩子参加;如果活动中有不良现象,家长可以用转移注意力的方法弱化不良环境的影响,如遇到黄赌毒等影响较大的现象应果断将孩子带离现场(参见理想目标 I-4.1,原则 P-4.7)。

2. 逐步建立正确的是非观

首先,对错标准要让孩子明白。教师要告知家长从根本上让孩子明白为什么有些举止是错误的,有些是正确的。不过孩子们区分对错的标准,可能与你不太相同,这时先要倾听了解孩子的是非观。比如,一个孩子为了引起妈妈的注意,不让妈妈继续刷碗,一连打碎了 4 个杯子,另一个孩子为了拿高处的糖果打碎了一个杯子。谁的行为更错误,孩子们的判断是打碎杯子多的人当然更错误。在这案例中家长可以引导孩子思考"两个孩子为什么会打碎杯子",引发孩子重新思考对错的标准。而家长要统一是非标准,严格执行并取得全家人的共识与行动的一致。

其次,及时对孩子的行为进行客观的肯定或否定。孩子对成人用表情和语言表示的称赞和责备会十分敏感。如果孩子表现出色,父母可以试着温柔地鼓励孩子,以此不断强化孩子正确简单的是非观。当孩子表现差时,可以适当批评,或佯装怒容。不过,评价孩子的行为一定要客观,不能根据自己的心情去判别宝宝的是与非。

再次,教孩子明辨是非,最好的方法是父母在公共场合的文明表率。父母的一言一行是孩子建立"是非观"最好的动态教育素材。父母在社交场合中应该注意自己的言行举止,积极示范正确文明的社交行为,帮助幼儿确立文明规范的准线:明确什么事情是被大家认为是好的,什么事情是大家觉得不能做的。家长可以示范乐于助人、社交礼仪、诚实守信等优良的社交品质,并让孩子感受家长正面行为带来的积极影响。同时家长时时处处要有一个正确的判断是非的观念,让孩子在大人的教育中掌握正确的判断事物好坏的标准。当孩子的行为越过了规范,家长必须纠正他们。判断评估一下惩罚的程度,前提是一定要让孩子引以为戒。你的目标是让他们吸取教训,而且要刻不容缓。

最后,让家长帮助幼儿梳理公共场合中的行为对错是非。在和幼儿一起见闻社会不良现象的时候,可建议家长引导幼儿大胆尝试根据自己的认知客观地去判断社会行为的影响,将孩子的注意力引到不良现象可能会带来的"坏处"上,帮助孩子筛选比较社会不良行为和积极行为,从而提升是非观和在公共场合中对"不良现象"的心理免疫力。

3. 协助社区尽可能地净化环境

净化环境是一项综合工程,但相信社区成员大多数会支持的。幼儿园教师应该发挥自己的专业优势,从"为孩子的健康成长"的角度去推动社区作这方面的努力。比如我们可以提出哪些社区的道路、设施、河流对孩子的安全构成潜在威胁,应该改进;成人在公共场所的行为哪些应该禁止,哪些应该提倡,是否可以通过社区邻里公约的方式制订公布,大家监督执行;节假日是否可以考虑举行社区的文体活动或亲子活动,既丰富了社区成员的业余生活又给孩子们的成长提供了健康有益的氛围;由园、区合作,定期不定期地举行社区内的家长教育,以喜闻乐见的形式提升家长的素养进而提升社区的文明素养,诸如此类(参见理想目标 I-4.3,原则 P-4.7)。

❧ 思考与实践 ❧

1. 幼儿园教师对幼儿、对家长、对同事、对社区分别应承担哪些伦理责任?在尽责中可能存在哪些问题?结合自己的保教实践或在保教现场的采访分别举例说明,并给出应对之策。

2. 结合全美幼教协会《伦理规范与承诺声明》的内容,对以下案例中的伦理问题进行分析。

案例 1:

为了迎接领导和一些幼儿园园长来园观摩,园内所有的人都在紧张地准备着。班级中,为了展现出良好状态,老师向幼儿提出一系列要求。主班老师大声强调:"到时候,小可爱,还有××和××,你们负责管好这几个小朋友,不要让他们几个出错。还有你,到时候不要坐到这边,坐到××边上去……"强调好注意事项后,两位老师坐下来和保育老师开始交谈。

主班老师:"到时候让 19 号和 16 号请假不要过来了,每次都会出乱子,免得到时候老师来观摩了搞得一团乱。"

保育老师:"对,要是这样,到时候还要早点和家长讲咧。不然这些家长都爱凑热闹,平时上课嘛,有时来有时不来。知道要上观摩课了,就都送到学校了。"

配班老师:"到时候还要专门再强调一遍,这两天就每天照着这样子的流程走,免得到时候出错。"

案例 2:

早晨,小雨妈妈送小雨上幼儿园,到了教室门口,小雨很自豪地对妈妈说:"妈妈,我昨天在星巴克区角做了一个很漂亮的蛋糕,你进来看看吧。"说着就拉着妈妈的手走进班级。妈妈走进班级,不仅去看了小雨做的蛋糕,还去看了教室里的其他角落,包括盥洗室、午睡室等,然后对保育员老师说:"汪老师啊,我们班级的厕所有点味道啊,班级也需要通通风哦!"然后又和主班陈老师说了一些班级布置方面的问题。

小雨妈妈走后,陈老师向配班老师抱怨:"这个小雨妈妈最讨厌了,经常会进来东看西看,再这么下去,我们的工作还怎么做呀!"在集体活动时间,只见陈老师拿着一张大的贴纸,对小朋友说:"今天,老师要奖励××、××等。因为他们的爸爸妈妈没有进到班级里来,在门口就走了。"然后对×××、×××说:"你们知道你们为什么没有奖励吗?""那你们知道以后该怎么做了吗?"

案例 3:

陈老师是小一班的主班老师,配班老师王老师是今年刚入园的新老师,二人也是校友。

晨间活动时间。王老师在为即将到来的公开课做准备,一直在办公桌前忙碌。幼儿 A 高兴地跑到王老师面前说:"老师,你看看我的新发卡漂亮吗?"王老师头也没抬回答到:"漂亮漂亮,你去找陈老师吧。"幼儿 B 跑去对王老师说:"老师,小红上完厕所没有洗手。"王老师说:"有什么事情找陈老师,老师现在很忙。"陈老师见状对小红说:"小红,没有洗手等一下就不能吃点心咯!快去洗手吧。"

幼儿午睡时间,王老师又不知道去哪儿了。陈老师对保育老师说:"今天排到王老师管理午睡的,她怎么又没来?前两天也是这样,明明轮到她却不知道跑到哪里去了,事后才和我说调换,但是也没有调换回来。唉,这个王老师啊!"正在这时候,王老师急匆匆跑冲进教室对陈老师说:"陈老师,今天中午我要准备教具,麻烦你帮我管一下午睡,还有下午的班我们调换一下。我知道你最好了,拜托了,谢谢。"然后还不等陈老师应答就跑出了教室。

案例 4:

某幼儿园地处郊区的一个镇上,幼儿的家长大多是农民或务工人员。家长们整体文化素养不高,教育理念落后。家长们在接园时不会主动排队,总是一哄而上,教室里拥挤不堪;幼儿的衣服也总是污渍明显;多数幼儿的家里没有供幼儿阅读的图书;家长们最关心的是孩子在幼儿园里吃的够不够,学了些什么知识……这些现象给幼儿园工作的开展带来一定的阻碍,园长和老师陷入了苦恼之中。

第七章

保教现场的伦理践行

> **学习目标**
>
> 1. 理解幼儿园教师言语与教师倾听中的伦理意味和伦理要求。
> 2. 知道提升教师言语素养和教师倾听能力的途径与方法。
> 3. 理解幼儿园教师"宽容"和"公正"的内涵与要求,知道教师"宽容""公正"的实现路径。
> 4. 提高自身的"言语""倾听"水平以及践行"宽容""公正"的能力。

幼儿园保教过程中充满着伦理意味的事件,幼儿园教师专业伦理的任务就是为恰当应对这些事件提供方向和界限。这一章所要探讨的问题就是:幼儿园教师的保教行为都可以作伦理的考量,"说"和"听"是师幼互动中最频繁的行为,我们以教师言语、教师倾听为例说明教师行为中蕴含的伦理问题;宽容、公正、慈爱、良心等是幼儿园教师应有的品性,我们以教师宽容、教师公正为例说明这些品性在保教中的重要性以及在保教现场如何展现。

第一节 教师言语

《论语》曰:"有德者必有言。"孔子认为,内在的道德修养与外在的言语表达二者是相通的,人的言语是道德修养和人格境界的反映。言为心声,心乃德品。[①] 教师言语是教师内在修养的自然流露,反映着主体的教育价值观和伦理价值观。幼儿园教师言语的主要对象是幼儿,师幼互动的重要载体是言语。其言语承载什么样的"德品"将对幼小的心灵产生不同的影响,而幼儿巨大的可塑性将会使这种影响烙下更深的印记。因而对幼儿园教师在幼儿园保教现场的言语进行伦理考量,研究其"当"与"不当",思考其提升之道,也是幼儿园教师专业成长和创造优质保教的题中应有之义。

一、师幼互动中教师言语的"当"

所谓"当",就是"应当"和"恰当"。就伦理的角度来考量,"当"就是承担相应的职责,行为合乎一

---

① 张刚."德"与"言"——儒家言语观研究[J].人文杂志,2009(4):27.

定的伦理规范。什么样的教师言语是"当"的呢？应该是充满理解的、慈爱的、公正的、期待的和合乎规范的。

（一）言语应充满理解与慈爱

理解幼儿是做好幼儿教育工作的前提，而理解幼儿实属不易，因为成人总是处于成人自己的精神世界，而理解幼儿需要成人将自己置于幼儿的精神世界，去理解幼儿成长的需要和幼儿的处境。怎样才能更好地理解幼儿？

首先，教师需要具备扎实的关于儿童发展的心理学知识。比如，如果教师掌握幼儿注意发展规律与特点的知识，就能够理解为什么小班幼儿总是坐不住，对在集体教学中随意走动的幼儿就不会一味地批评与斥责，而是想办法通过有趣的情境和语言充分利用幼儿无意注意为主的特点。如果教师理解幼儿的"泛灵"心理，在幼儿将滚烫的水倒进盆栽里时，就不会一味指责，而是去了解幼儿是否怕植物太冷，想让它暖和一点。

其次，教师要站在幼儿的立场，去理解幼儿的心态。比如当看到幼儿将口水涂抹在椅子上的奇怪举动，站在教师的立场上去解读会出现批评幼儿不讲卫生的言语，而站在幼儿的立场上，教师会去询问幼儿这样做的原因，进而发现，原来幼儿是在用这个方法给自己的小椅子做记号。

最后，教师要倾听幼儿，鼓励幼儿提出不同的见解。比如，在幼儿发生冲突的时候，教师不是简单地出面制止，做出裁决，而是倾听幼儿讲述事情的来龙去脉，认同幼儿的情绪，并鼓励幼儿自己寻找令彼此满意的解决策略。

基于理解的语言，才能真正让幼儿感受到慈爱。教师要理解幼儿成长的需要，理解幼儿的处境，理解幼儿的思想。倾听幼儿，重视幼儿的反馈信息，不用成人的思路去理解幼儿，这些都是幼儿园教师的理解与慈爱。

师爱情感是幼儿园教师主体实践道德行为的肥沃土壤。幼儿园中最需要这种温暖的"正能量"，因为这其中包含着给予幼儿向真、向善、向美、向上的因子。

言语作为最重要的沟通载体，承载着言者的思想和丰富的情感。儒家言语观围绕言语与道德之间的关系展开，主张言语的价值不只在传达言者的思想，而在展现言者的德性，"知言"即"知德"。幼教现场的大多数教师都能言传身教、和风细雨，但个别教师在幼儿情绪激动、吵闹的状况下，不能很好地控制自己的情绪，于是就出现"看见你，我就烦！没见过像你这样的"这类不当的言语。"你画的什么啊？乱七八糟的""你蠢不蠢啊！"这类刺耳的言语刺伤了幼儿的自尊心，也给幼儿传递着"负能量"。要想让教师的言语有滋润幼儿心灵的力量，只有倾注爱与理解。

（二）言语应体现公正

公正是处理师幼关系时一条重要的伦理原则。关注全体幼儿、对所有幼儿一视同仁、公正评价每一位幼儿，这是幼儿园教师公正的基本内容。言语公正，是幼儿园教师践行公正原则的重要载体。

公正是幼儿信赖教师的基础，言语的公正能让幼儿感受到被支持和被信任，感受到老师爱我们每一个。教师要在选择幼儿参与活动、提问幼儿、评价幼儿等环节传递公正的讯息。比如：给幼儿均等的发言机会、互动机会等；辩证地看待幼儿的优缺点，公正客观地评价幼儿；幼儿犯错时要考虑到不同幼儿的动机和原因；不因个别幼儿的过错责备全体幼儿，进行捆绑式教育；不因幼儿的家庭背景等差异对幼儿存有偏见；处理幼幼冲突时不应急下结论，偏袒某一方。此外，幼儿园教师要遵循"差异补偿"的原则，因人而语。不同的幼儿有不同的性格特点，针对幼儿间的差异，教师要采取不同的言语策略。针对性格内向、孤僻、胆怯或者能力稍差、反应慢的幼儿，教师更应该使用柔和的鼓励性言语，如：

"你这一次比上一次进步多了,不着急,慢慢来。""不要着急,我们换一种方法试试,好不好?"

(三) 言语应饱含期待

期待是一种巨大的教育力量,幼儿园教师的言语应该是饱含期待的,充满激励的。一个好的教师,就是在责备孩子、表现对孩子的不满、发泄自己的愤怒的时候,他也时刻记着,不能让儿童"成为一个好人"的愿望的火花熄灭。

期待表现为对幼儿的倾听和肯定。创设师幼共同讨论的氛围,倾听孩子的异想天开,不时地给孩子以鼓励:"嗯,这想法不错,还有呢?"切记,幼儿园教师不能有"这孩子不行!"的论断,否定和埋怨里没有期待,只有消极性标签,这标签是一盆凉水,对孩子是一种伤害。

富有期待的言语能够促进幼儿的认知发展,激发幼儿的思维和创造力。当幼儿提问题时,教师要小心呵护幼儿的好奇心和求知欲,让鼓励的言语成为幼儿从教师身上获得的源源不断的成长动力,切忌说"你怎么这么多为什么呢? 没看我正忙着"。

此外,教师还应该警惕赞扬,赞扬虽也是积极的互动语,但一味地赞扬是有害的。当成人运用赞扬时,幼儿学会了依靠成人来判断对错,而不是运用自己的能力来判断是非。鼓励与赞扬的区别在于,鼓励注重的是过程,注重幼儿与自己的纵向比较,对幼儿做得好的方面以及小的进步及时给予肯定,让孩子有成功的体验,从而建立自信心。而赞扬注重的是结果以及与他人的比较。比如孩子帮助老师打扫卫生,运用鼓励,教师会这样说:"宝贝,你能够体会老师工作的辛苦,愿意帮老师分担,我很高兴,你真是懂事的孩子。"而运用赞扬老师会说:"你真是棒极了。"而幼儿对于自己哪里做得好并不知晓,只知道这样做会令成人高兴。鼓励幼儿能使幼儿知道继续努力的方向,而赞扬幼儿容易导致幼儿一味取悦别人。

(四) 言语应合乎规范

幼儿园教师是幼儿身边的重要他人,教师的每句话,都会对幼儿产生影响。通过日常的言语渗透,幼儿感知言语、模仿言语、记忆言语,最终习得言语经验,固化生成自身的言语。按照信息加工理论的观点,他人的语言输入和语言反馈是幼儿语言发展过程中的重要环节。

教师言语的规范包括语音、词汇、语法的规范和伦理层面上的规范。在语音方面,要求发音准确、吐字清楚、柔和悦耳;在词汇方面,要求不使用方言和儿语,不生造词汇;在语法方面,避免搭配不当、语句不通,等等。

言语在伦理层面的规范,主要是应符合幼儿园教师专业伦理规范的要求,其中包括:言语权利平等,言语评价公正;与幼儿交流时要蹲下来表示对幼儿的尊重;言语内容健康,不使用粗俗、讽刺侮辱的言语与幼儿交流;注重交流真诚,言由心生;不涉及幼儿及幼儿家庭的隐私,等等。

二、师幼互动中教师言语的"不当"

师幼互动中教师言语的"不当",其背后往往是教师缺乏足够的耐心、爱心和责任心,忽视相关的专业伦理规范,致使出言不逊、出口伤人,让幼小的心灵蒙受阴影。师幼互动中"不当"的教师言语主要包含以下类型。

(一) 讥讽的言语

讽刺的言语是指幼儿园教师在保教活动中,以正话反说或反话正说等形式对幼儿进行挖苦的一类言语。

情境一

公开课时间,凡凡小朋友难以投入到张老师精心组织的活动中,东张西望,做小动作,还"砰"的一声弄翻了小椅子。活动结束后,园长老师不悦地把凡凡叫进了办公室。待凡凡红着眼眶回到班级时,张老师说:"哟,我还以为园长叫你去给你糖吃呢!"

情景二

集体教学时间,美术课绘画中,几个小朋友叽叽喳喳地讨论着什么,老师吼道:"我看谁还在没完没了地说话呢? 有这么多话要讲,就请你们讲话!"小军像躺在小椅子上一样,发出叹息声,老师故意问他:"是不是很累啊,小军? 要不要回家休息一下再来!"

以上情境中,教师对幼儿的行为不满,用"反话正说"和"正话反说"的方式讽刺、挖苦幼儿。幼儿虽稚嫩,但已具备自我意识,具有自尊、自信等心理特征,教师的讽刺语实际上是对幼儿精神上的惩罚,这种语言对幼儿的负面影响是潜在的,也更为深远。

(二) 粗暴的言语

粗暴的言语是指幼儿园教师在保教活动中以暴躁、生硬的态度,武断、鲁莽地对幼儿进行责备、呵斥、警告等的一类言语。

情境三

集体教学时间,美术课绘画中,图图小朋友拿着彩笔不停地涂着。老师瞥了一眼:"图图,你画的什么画啊,简直是四不像!"

情境四

数学集体教学活动时间,讲授完内容之后,老师让幼儿完成练习册上的题,在进行检查时,教师连续呵斥数名幼儿:"XX,你在干嘛? 我要给你个大叉叉!""一模一样,你们两个人是抄的吧? 没动脑子!""你去给我画地图好了!"(气愤的摔掉幼儿的练习册)幼儿许是害怕,或是委屈,要哭了的模样,怯生生地看着老师,老师说:"别看我,我脸上又没花儿,我指哪里你就看!"

以上情境中,教师以粗暴的言语斥责幼儿。这一类言语在幼儿园保教现场中时常出现,其原因大多是诸如幼儿手工没有做好、舞蹈动作不规范、没有按教师要求行动等小事情。面临此类小事情教师情绪失控,主要原因在于:第一,教师没有尊重幼儿的能力水平、个别差异和主体地位;第二,教师对幼儿缺乏耐心,缺乏"静待花开"的情怀;第三,教师缺乏赏识幼儿的意识和智慧。这类言语对幼儿有什么样的影响呢? 从当下来看,幼儿会产生失落的、难过的情绪,长久地,会影响幼儿对自我能力的认可,幼儿不易形成自信品质,同时,为了逃避责备、呵斥,幼儿只有一味地服从教师,也会变得行为畏缩,缺乏自主性。

(三) 警告的言语

情境五

餐饮时间,幼儿都在安静吃饭。杰杰说:"老师,我已经吃饱了,吃不下了。"老师皱着眉头说:"你就吃一点米饭,怎么长个子?"转身面向全体幼儿说:"如果你们不听话,没有把饭菜都吃完,就不能得到贴纸了!"

情境六

午睡时间,几个小朋友在说话,老师大声说:"谁还说话,不好好睡觉,下午就不要跟我去玩沙了,待在这边补睡!"幼儿们都变得害怕老师,规矩多了。

情境七

自主游戏时间,星星经常和小朋友发生冲突,动辄对同伴实施身体攻击。"老师,星星又打小贝了。"老师生气地说:"不听话就到小班去!快点!"老师连拉带拽地把他送到小班,星星放声大哭。

以上三个情境中,都有"再xxx就不能xxx"的警告句式,这种句式在幼儿园教师管理幼儿中是不是很常见?这类言语可能短时奏效,但不能产生持久性效果,反而对幼儿的心理和行为产生负面影响。影响之一,警告句式惹幼儿从内心深处反感,滥施成人的权威,孩子只是忍气吞声而已。影响之二,幼儿由于害怕承担错误行为的后果,被迫做出合乎教师要求的行为。幼儿表面的服从并不能体现教师在常规教育方面的成果,因为幼儿并不是从内心深处真正意识到自己的错误行为。影响之三,这样的言语交流对师幼情感是一种隐性伤害,久而久之会使师幼关系逐步恶化。

(四)高控的言语

高控的言语是指幼儿园教师在保教活动中用命令的、不容商量的口吻要求幼儿执行任务的言语,教师欲控制幼儿的行为或控制幼儿的思维时常使用这一类言语。

情境八

老师拉起正在看动画片的豆豆,放到桌子和墙壁的间隙中,"把地上的本子捡起来吧!还有那些掉下去的笔一起捡上来!快点,豆豆!"豆豆似乎明白了,一件件捡起来。

情境九

观摩日将近,展示墙上的布置来不及完成,老师对云朵说:"朵朵,你不要睡午觉了,快点过来帮老师一起画画!"朵朵张了张嘴想说什么,最终还是在催促下走向老师。

情境十

美术课,主题是公园里的美景。"乐乐,怎么回事,上次不是和你说过了吗?太阳是红色的!怎么又画成绿色的了?"小云老师一拍桌子说:"快改过来,说过好几次了,怎么就知错不改呢!"

情境十一

作为知识代言人的教师经常在集体教学中主导着一切。教师更愿意听到小朋友异口同声"是"的回答。例如教师提问:"故事里的是不是一只骄傲的小公鸡啊?"小朋友们齐声回答是,教师就很满意。教师时刻控制活动的进程,打断幼儿的兴致:"你们别问了,现在时间不多了,我们要开始下一个环节的内容。"

上述四个情境中,教师要求幼儿帮忙做事,频频使用表示命令的祈使句,诸如:"把xx递给老师!""过来帮一下老师!""帮老师找一下xxx!"在约束纪律,强调常规时对幼儿发号施令:"不许说话!不许xxx!"言下之意要求幼儿必须服从;在教育活动中,希望将幼儿的思维控制在自己心中理想的答案上,只会提"是不是啊?好不好啊?要不要啊?"这类封闭性的问题。这些言语中不难看出,幼儿根本没有表达自己不同意愿的机会,何谈师幼间平等对话?这种高度控制的言语只会让幼儿不敢表达心声,渐渐失去个性。

(五)有失公平的言语

有失公正的言语是指幼儿园教师在保教活动中由于不能公正对待每一位幼儿而出现的言语偏爱,以个人喜好表扬或批评幼儿、不恰当地对某个幼儿进行横向对比的一类言语。

情境十二

冬冬平时很少说话,总是作为默默无闻的旁观者。今天他对蚂蚁王国故事的科学活动颇感兴趣。老师问:"小朋友们在什么地方发现蚂蚁?怎么捉到蚂蚁的呢?"冬冬显得很兴奋,流露出跃跃欲试的神情,举起了平时很少举起的小手。老师欣喜地让他回答。冬冬说:"我在树下面看到了蚂蚁,用叶子捉到了它。"老师不假思索地说:"哇,连冬冬小朋友都想到好办法了呢! 其他小朋友呢?"

诸如此类的评语还有:"丁丁,你看小安做得多棒!""看,小明多会回答问题!""小刚拍球多棒呀,你看看你这样儿,哎……"此外,漂亮又乖巧的幼儿总是教师青睐的对象,不管是回答问题还是帮助老师做事,他们总是享有"优先权"。

教师的不公正言语对幼儿产生的负面影响表现在:首先,不公正言语冷却了幼儿的求知热情与参与热情,让鼓足勇气的幼儿自信心受挫;其次,教师的偏心伤害了幼儿自尊心,只会让幼儿在同伴的比较中对自我的认识进行负强化。此外,幼儿心目中"好老师"的形象也会大打折扣。

(六) 恐吓侮辱的言语

恐吓侮辱的言语是指幼儿园教师在保教活动中恐吓幼儿,恶意中伤、侮辱幼儿人格,这是严重危害幼儿身心健康发展、逾越为师底线的一类言语。

情境十三

教师的训斥言语不绝于耳。A老师训斥一女童:"拉进去,拉到黑屋子里去! 闭嘴! 不想去黑屋子就不要哭!"B老师拽着一男童的衣领,边扯拽推搡边呵斥:"你还听不听话? 听不听话啊?"C老师大声呵斥:"谁要是不听话,就把你们交给那个老师,让她收拾你们!"

情境十四

豆豆是在同年龄段发展较迟缓的幼儿,总是惹老师生气。老师一着急就会狂轰乱炸式地扯着嗓子:"你耳朵带来没有啊?""你是笨蛋吗? 这么简单都不会?""你脑子进水了吧?""丢不丢脸啊?"诸如此类侮辱幼儿人格的言语竟然成为某些教师的习惯性言语。

情境十五

小明眼皮上有受伤的痕迹,经家长多次询问,得知是钱教师打的。张女士去幼儿园询问到底怎么回事,后来钱老师跟小明道歉了。次日,张女士从装在幼儿书包里的录音笔中听到钱老师对小明说的这样一番话:"你不是回家能讲得很嘛,让我跟你道歉,你再敢跟我讲一句! 你回家跟你爸妈讲呀,怎么不让我跟你道歉了? 让我跟你道歉,你胆子挺大的!"

此类恐吓幼儿、逾越底线的言语以"你再不乖,去黑屋子!""警察(或妖怪、人贩子)来抓不乖的小孩!""再说话,把你小嘴巴缝起来!""再乱动,把你手绑起来!"等形式呈现。此外,某些教师没有经过幼儿和家长同意,言语透露幼儿的隐私,也给幼儿带来极大的心理伤害。

这些情境中,教师在言语上逾越为师底线。在暴力的言语下,幼儿心里滋生了不安的土壤,萌发出恐惧,从长远来看,最终会演绎为人生的不幸。所以,幼儿园教师坚守底线是必须的,洞穿底线,不配为师。

三、教师言语的提升之道

明白了教师言语的"当"与"不当"及对幼小心灵带来的影响,我们就有必要探索教师自身言语的提升之道。言语行为涉及三个价值层次:一是言语工具层次上的对错问题,属于言语规范层次;二是言语行为的是非善恶问题,属于伦理层次;三是言语的美丑问题,属于审美层次。[①] 因此,教师言语的提升可以在三个向度上作努力:更合语法规范;更合伦理规范;更合审美情趣。就伦理考量,教师言语

① 王小溪.幼儿园教师专业伦理研究[D].长春:东北师范大学,2013:55.

素养的提升,也可遵循由外部制度约束到内发自我提高的路径。

(二)外在的强制约束

外在的强制约束主要指通过制度规约的形式,对教师的言语加以限制,从而规避幼儿园教师言语不规范现象的发生,可参考以下几个方面做出努力。

1. 制定教师言语规范条例

部分幼儿园教师在保教实践中不当言语频频,但是毫无羞愧、悔过之意,原因大致有以下几个方面:第一,教师没有意识到自己言语的不当之处;第二,意识到了自己言语的不当,但是没有意识到不当言语对幼儿带来的危害;第三,意识到了言语对幼儿的危害,但是缺乏为善的伦理情怀。

一些幼儿园制定的"教师用语'十倡导''十不准'""教师言语规范"之类的文件,在一定程度上可以缓解以上问题。制定"规范"彰显了幼儿园对教师言语的重视,也能够引起教师对言语的重视。"规范"或"不准""倡导"明确告诉教师言语的当与不当。教师在学习"言语规范"内容的过程中,逐渐增加言语的伦理意识。

> **延伸阅读**
>
> 具体规范内容的确定,可参照类似这样的《幼儿园教师言语十应十忌》:
>
> | 保教情境 | 应 说 | 忌 说 |
> | --- | --- | --- |
> | 孩子犯错 | 做错了不要紧,相信你一定会改正。 | 再犯错误,我们就不要你了! |
> | 孩子作业 | 别着急,你一定会学会的。 | 别人都会了,你怎么还不会,笨死了! |
> | 孩子提问 | 你真爱动脑筋,能发现这么多问题。 | 烦死了,就你问题多! |
> | 孩子挑食 | 每样菜都有营养,吃了身体好。 | 就你挑食! |
> | 孩子午睡 | 闭上眼睛,你一会就能睡着。 | 再不睡好,下午就不要起床。 |
> | 孩子尿裤 | 没关系,老师帮你换洗一下。 | 怎么又把大(小)便弄到身上了。 |
> | 孩子哭闹 | 别哭了,老师和小朋友都很喜欢你,我们一起玩吧。 | 不许哭,整天哭哭啼啼的,烦死了! |
> | 孩子拿伙伴东西 | 如果你喜欢别人的东西,可以跟他商量一下,请他借给你玩。 | 你怎么偷别人的东西,当小偷让警察把你抓起来! |
> | 孩子告状 | 发生什么事了,你自己能解决吗? | 就你事多,老来告状! |
> | 孩子家长讨教 | 我们一起分析原因,密切配合,共同教育您的孩子。 | 你家孩子又犯错误了,回去好好管管他! |

> **延伸阅读**
>
> 湖北省教育厅曾组织教师"十大美语、十条禁语"征集活动,遴选结果也可供幼儿园教师参考:①

---

① http://news.sina.com.cn/c/nd/2015-09-02/doc-ifxhkafi9758280.shtml.

十大禁语有：你不学可以，但不要影响其他人！就你事多，快点，我很忙！你父母是干啥的？没见过像你这样的学生！我真的受不了你了！我就知道，你改不了！你怎么越来越差了？不想听的可以睡觉！你要不想学就回去！我怎么一点都感觉不到你们年轻的朝气！

十大美语为：错了别怕，咱们再来一次！你是最棒的女孩！孩子，世界上总有一扇门为你而开！我相信你，你能做到的！过去不代表将来，相信自己一定可以！学生是你的孩子，也是我的孩子。教室是允许出错的地方。没有失败，只有暂时停止的成功。学习不怕起步晚，成才不怕起点低。宁可让你现在怨我一阵子，也不愿你今后恨我一辈子！

2. 建立教师相互监督制度

幼儿园教师具有协同管理班级的特点，意味着监督制约在幼儿园班级里更容易得到实现。然而在中国"和为贵"伦理思想的影响下，公众的督查、检举意识普遍较为薄弱，尤其是对相熟的人。在幼儿园里，如何应对同事的不当行为是典型的伦理两难问题。很多教师对同事的不当言语采取"睁只眼闭只眼"的态度，不予提醒和指正，使得对幼儿的伤害得不到及时的制止，教师的不当言语也愈演愈烈。基于此，幼儿园应努力营造一种开放的、积极的监督氛围，让幼儿园教师正确看待监督，认识到监督是促进教师进步的重要手段，而非不和睦的表现。鼓励教师之间、上下级之间相互监督，旨在帮助教师发现不足，促进改进。

（二）内发的自我提升

提升教师的言语素养的根本之道在于教师要有内发的自我提升的愿望，树立以下三个意识，有助于教师言语的自我提升。

1. 价值意识

价值意识也是一种责任意识和使命意识。从事幼儿教育，我们最主要的责任和使命是什么呢？幼儿期是人的一生中具有独特价值的重要时期，言语是师幼间沟通的重要载体。教师言语应遵循的核心价值观是以幼儿的发展为本，呵护幼儿的天性。

言为心声，恰当的言语是美丽心灵的表现。在幼儿教育岗位上的"美丽心灵"就是对孩子的爱，以及由这种爱生发出来的对孩子成长的责任。在这样的美丽心灵里，有对幼儿天性的科学认识，以及基于这样的认识发出的"心声"。以这样的心声为底蕴的言语一定能滋润幼儿的心灵，促进幼儿的发展。

2. 规范意识

教师的言语具有示范性，因此教师要有规范意识，自觉地提升言语品质。这就意味着要注重语音、词汇、语法规范，更要遵循伦理层面的规范。伦理层面上，教师言语应该遵循以幼儿发展为本的核心理念。具体包括：言语权利平等、言语内容健康、言语表达真诚、言语评价公正、不涉及个人隐私等。

言语权利平等要求教师能够尊重幼儿作为独立个体的言论自由权利和人格尊严。"听而后言"能够体现这一规范，也是改善语言的前提条件。"听"是指用心倾听，意味着用心体悟幼儿的心声。唯有教师静心倾听，与幼儿积极沟通，才能促进相互理解。若教师的言语没有被幼儿理解、幼儿的言语也没有被教师理解，师幼互动就不能建立在相互理解的基础上，容易出现"失效"。

言语内容健康意味着幼儿园教师不得使用讽刺侮辱等形式的言语指导幼儿。指导幼儿、约束纪律的言语离不开教师的巧妙机智和理性处理。不文明的言语往往有用词不当、语句不通、颠三倒四、内容不健康等特点。惟妙惟肖的童话化言语，往往能激起幼儿模仿的冲动。

言语表达真诚、言语评价公正也是以幼儿的发展为本理念体现的重要方面。在讲授、提问、评价过程中,讲授的言语最基本的要求就是浅显易懂;提问的言语根据维果斯基的"最近发展区"理论,教师需要在熟悉幼儿已有经验的基础上,提出能发展幼儿思维和创造性的开放性问题;评价幼儿的言语需公正和实事求是,秉承对事不对人的原则。幼儿正处在语意的发展学习阶段,教师应当采用具有趣味性和激励性的正面教育来达到指导幼儿的目的,警告语、反语等简单粗暴形式的言语是不恰当的。

3. 人文情怀意识

人文情怀是尊重"人",承认"人",以人与人之间相互尊重、宽容为基础的情怀。[①] 人文情怀归结为一个终极关怀,就是对"人"的关怀。早期教育,应该是一种关怀生命的人性教育、情感教育、人格教育,就是要做到尊重、保护、关爱,激发幼儿的生命状态。体现在师幼对话上,就是要建构自由和谐的师幼对话氛围,充分感受言语互动的乐趣,静待生命的绽放。

尊重幼儿放在首位,让言语中充溢人文情怀。尊重表现为承认与尊重幼儿的主体性,尊重幼儿的独立人格;表现为尊重幼儿发展的差异性和独特性;表现为尊重不同发展水平幼儿的已有经验与能力。一个轻轻的点头,一个善意的微笑,都可以辅助教师让幼儿感受到尊重和理解。

在尊重幼儿的前提下,对幼儿宽容。尊重幼儿犯错的权利,对待犯错的幼儿不烦不躁,耐心细致,控制教师自身的消极情绪和冲动行为;对待经常犯错的幼儿不耿耿于怀,不放弃信任,不贴标签;帮助犯错的幼儿找原因,提供相应的指导。在沟通的过程中,我们主张"对话教育"。对话教育,是指一种对人性没有压制的教育,是能够消除儿童的焦虑和压抑感,建立安全感,能够使儿童进行体验和发现的教育。[②] 教师要以幼儿发展为本,遵循正面教育的原则,消除犯错时幼儿的紧张和内疚感,帮助幼儿走出阴霾,建立安全感,让沟通解决问题。

此外,幼儿园教师应提升自己的文学素养,尤其是让儿童文学作品、让童话滋养心灵。遵循言语的规范可以保证不出错,但言语中的美感却来自于心灵,来自于文学的滋养。要有人文情怀,不可缺少文学情怀。

第二节 教师倾听

倾听是人际互动中的信息吸收。教育过程中教师特别需要追求有效倾听。有效倾听是对话中把感官、感情和智力调动起来,寻求其含义和理解的智力和感情的过程。也就是说,"倾听"的不仅是耳朵,还应有眼睛、脑和心的参与。人际互动中总是会涉及理智与情感,因而一定可作伦理评价。师幼互动中教师对幼儿的"倾听"是教师对幼儿信息吸收的过程,在这过程中就渗有是否理解与尊重,是否公正,是否具有人道等,这些皆具有伦理意味。这种意味不仅表现在价值层面,也表现在技术层面,即伦理承诺通过合理的伦理技巧去履行。

一、倾听的伦理价值

仔细品思"倾听"中的伦理价值,意在彰显教育细节中的伦理意味和提醒教育者不要忽略每个细

---

① 张维. 语文教材中朱自清散文的人文情怀分析[J]. 文教资料,2009(8):64.
② 张博. 走向对话的幼儿教育——后现代幼儿教育观[J]. 学前教育研究,2003(12):41.

节的教育意味。

（一）"倾听"中的理解与尊重

幼儿是具有独立人格的个体,时时刻刻通过各种方式表达着自己的愿望、需要和诉求,老师是适时、耐心予以"倾听",还是一味质问、责备,这涉及幼儿园教师在处理师幼关系时"当"与"不当"的问题,因而这是一个伦理问题。适时、耐心的倾听有利于理解当下情景中孩子的内心世界,也是尊重幼儿人格的表现。我们常常说幼儿教育的基础是"读懂"幼儿。这种"读懂"可以通过教科书,但更重要的是在现实的互动中"读",尤其是"倾听"。以尊重为前提的倾听才能获取幼儿真实的心声,才能谈得上对孩子的"懂",才能谈得上合适的教育。马斯诺的需要层次理论揭示了人类尊重的需要对人生的意义,这种意义同样适合于幼儿。孩子的需要不仅仅只是"吃""喝"这类生理性的需要,他们同样有"尊重"这类精神性的需要。只有在理解与尊重的环境中,孩子的人格发展才是健康的。视幼儿为"小人"而听而不闻,动不动以强制手段使之就范的所谓"教育",是反教育伦理的。但不幸的是,幼教现实中这样的例子还不在少数。

"倾听"中对幼儿的理解与尊重,主要包括:其一,"儿童有一百种语言",教师有义务在"倾听"中理解幼儿表达的意愿。世间所有民主的教育法律均赋予了幼儿这种表达的权力,规定了教师相应的义务。其二,幼儿要表达不同的见解,教师在"倾听"中要尊重,让幼儿充分表达不同看法。这种尊重是对幼儿当下和未来成长中"我爱我师我更爱真理"独立精神的鼓励。其三,幼儿也会"问难",问难存在于幼儿之间,也存在于师幼之间。尊重幼儿问难,教师"倾听"并直面问难,利于幼儿思维的飞翔,也是教师向幼儿学习的契机。

（二）"倾听"中的公正

公正的伦理要求是人类最基本的伦理原则之一。对于社会,公平与正义如阳光空气般重要。在我们盛行集体教学的幼儿园,教师的言行让孩子们感受到公正,对于培养热衷公正的未来公民,其意义不言自明。这就是其伦理价值! 在幼儿园,教师与幼儿是"一对多"的关系。幼儿园教师所要"倾听"的对象是全体幼儿。这要求教师既要关注大多数幼儿的所思所想,也要关注个别"特殊需要"幼儿的所作所为。按公正之"弱势补偿"的理念,幼儿园教师理应把"倾听"的天平向特殊幼儿更多倾斜。这是伦理的应有之义,也是教育的必然追求。

"倾听"中的公正,其价值体现在多个方面:其一,"倾听"中只关注"好"幼儿,而对顽皮淘气的幼儿充耳不闻,以为这可以使教学更加顺畅。错! 对少数的忽视反而更易导致这些幼儿的抵触心理,"破坏""捣乱"心理因此会得到强化。其二,"倾听"中的公正有利于教师威信的提高。幼儿更信服具有平等、公平意识的教师,虽然幼儿幼稚,但对此敏感着呢。教师在沟通中对人对己的不公正会大大影响教师在幼儿心目中的形象。其三,"倾听"中的公正有利于幼儿"倾诉"积极性的发挥。教师公正的"倾听"是幼儿积极"倾诉"的良好诱因。其四,幼儿园属于社会的雏形,"倾听"中的公正有利于幼儿树立"公正"的信念,最终利于社会公平的实现,这也是幼儿园教育的功德所在。

（三）"倾听"中的人道

"倾听"中忽视幼儿、无视幼儿,言行上给幼儿消极的反馈,这些不人道导致幼儿身心两方面受到伤害。教育与伦理的共同核心乃是"人"。作为一个独立的个体,每个幼儿都有在道义上被同情和关爱的人道需要。在"状况"发生之时,幼儿园教师具有人道、饱含仁慈的同情与爱才是打开幼儿心灵的钥匙。

同情和关爱的人道精神体现在"倾听"中,其价值主要表现在:其一,"倾听"中的同情是"爱"的前提。同情与"爱"的人道与幼儿教育有着天然的本质联系。其二,"倾听"中的同情心有利于"将心比心",使教师更好地理解幼儿的感受。其三,教师对幼儿的同情与关爱是重要的人道示范,"人道只能用人道才能教育和培养出来",[①]教师倾听中的人道直接构成幼儿德育的一部分。

情境一

彩虹幼儿园新来了一位小朋友——馨馨。馨馨很乖巧,但是从来不说话,也不在幼儿园午睡。馨馨的妈妈告诉老师,馨馨精神受过刺激。一年前,在另外一个幼儿园的时候馨馨还不是现在这个样子,她很活泼,喜欢说话,很讨老师和小朋友的喜欢。有一天午睡的时候,旁边的小朋友咬了馨馨一口,馨馨大声地向老师说:"老师,他咬我!"老师看了一眼,没有询问什么,只是冷冷地说:"不许闹了,快点睡觉。"从此以后连续几天的午睡,旁边的小朋友都会咬馨馨,馨馨再也不敢跟老师说了。过了一段时间,家长发现馨馨身上总有牙印,而且睡觉不安稳,夜间总是惊醒哭闹。妈妈耐心地询问馨馨牙印是怎么来的,馨馨才告诉妈妈这是小朋友咬的。问她为什么不告诉老师,馨馨只是低着头不说话。虽然经过家长的反映,老师把馨馨跟咬他的小朋友分开了,但是从此以后馨馨越来越沉默,睡觉惊醒哭闹的现象也越来越频繁。无奈之下,家长只能把她送到医院接受治疗。病情好转后,妈妈才把她送到了离家很近的彩虹幼儿园。但是馨馨还是不愿意跟小朋友说话,也无法在陌生的环境中入睡。医生说这种症状只能依靠周围的成人慢慢引导,随着年龄增大期待有所好转。

以上述情境为例,由于教师忽视倾听馨馨的表达,没有及时去理解馨馨的需求,导致馨馨在精神上受到较大的创伤。

二、幼教现场的"倾听"困境

(一)"倾听"中的理解困境

情境二

上午9点,早操时间。

孩子们在操场排好队,开始早操。

音音小朋友并未按老师的要求跟随音乐一起做操。

老师质问的语气:"音音,你怎么不做操呀?"

音音不语。

"你看别的小朋友都在干什么?"老师提高音量,小朋友们开始注意音音。

音音仍不语。

"现在是早操时间,大家都在做,你为什么不做呀?"

"我想回教室!"音音突然说。

"我们做完操才能回教室!"

老师与音音的对话引来更多小朋友关注。

音音张了张嘴,低头不语。

老师情绪激动,音音双眼下垂……

音音到底怎么啦?老师不明就里一味呵斥和责备,只是强调"大家都在做",为什么不蹲下身来倾

---

① 施修华,颜缘华. 教育伦理学[M]. 上海:上海科学普及出版社,1989:79.

听一下"这一个"孩子的心声呢。没有倾听就没有理解,没有理解就无法沟通,师幼之间有了鸿沟,教育也就难以实施。僵持下去的结果只能是成人的强制迫使孩子就范,走向"反教育"。

(二)"倾听"中的公正困境

情境三

上午 8 点 30 分,中班教学活动。

"春天到了,美丽的花儿开了。小朋友们说一说春天里都有什么花儿呀?"

小朋友兴趣很浓,纷纷举手回答。

"丁香花。"小宝高兴地率先回答。

"迎春花。"乐乐高兴地说。

老师微微点头。

……

一向淘气顽皮的欢欢举起小手,老师并未示意他回答。

欢欢情绪高涨,老师视而不见。

老师继续提问。

欢欢继续举手。

……无论欢欢手举多高,始终未被老师"关注"到。

在集体教学活动中,教师倾听的对象是幼儿整体。整体是由个体组成的,教师如何关注、倾听每一个体的声音和诉求,就涉及公正问题。公平与正义无疑是理想教育所应该追求的,然而在具体"倾听"过程中,幼儿园教师常常因多种原因顾此失彼,关注整体幼儿时忽视"倾听"幼儿个体,而一些"特殊"幼儿则有可能被有意忽视。

(三)"倾听"中的人道困境

情境四

上午 10 点,幼儿园室内自由活动。

忽然响起哭声,且声音越来越大。

老师发现点点小朋友手背上明显的抓痕,泛着血丝。

一看站在旁边涨红着脸的淘淘,老师"明白"了。

"点点,你怎么这么没出息!"点点哭得更厉害了。

"淘淘,你的指甲像刀啊!回家让你爸收拾你!"淘淘在惊恐中待着。

整个过程,老师"不由分说",只有数落。

同情、柔情、关爱,这是人道的普世价值。孩子稚嫩,特别需要成人呵护,特别需要成人把他当成"人"看待。教师对幼儿的"倾听"理应体现人道为基础的耐心、同情和关爱,并通过自己的言行向孩子传导这种精神。然而很多幼教现场师幼互动中老师的"不由分说",老师说教中的非人道误导,说明老师的人道缺失堪忧。

以上的情境表明,"倾听"作为师幼互动中的一个教育细节,理解其背后的伦理价值并以合乎伦理的方式来实施,实非易事。

三、"倾听"的伦理技巧

伦理的目的和承诺需要通过合乎伦理的方式去实践才能实现和兑现,这种"伦理的方式"就是伦理技巧。幼儿园教师的"倾听"所蕴含的伦理价值若没有相应的伦理技巧去实施,其价值也难以体现。

(一) 诚恳的倾听在于耐心等待其"倾诉"

"要真正地倾听,就应当抛弃所有偏见或至少将它放在一边。只要有接受的虚心,理解才非难事。然而不幸的是,多数人带着抗拒在听。"[①]所以诚恳的态度在"倾听"中至关重要。态度真诚了,耐心才有可能产生,这是掌握"倾听"技巧的先决条件。幼儿会在教师默默耐心的"倾听"中体会到教师包容、关怀的真诚态度,他的"倾诉"也会得到鼓励,师幼互动才会畅通无阻。单纯的幼儿会在倾诉中口无遮拦,可能会涉及家庭和个人的隐私,教师的"倾听"之诚还表现在履行保护幼儿隐私的义务。

"倾听"中常会发生错听。"错听是指教师对于幼儿声音的内涵和潜在意义未能准确把握,没有真正理解的倾听。"[②]"倾听"之诚就是要避免错听,其诀窍在于教师不要"以成人之心度幼儿之腹",耐心等待幼儿"倾诉",过程中尽量保持"听"的状态。教师要放慢自己的节奏,不要以自己的思考速度来衡量幼儿说话的速度,不要轻易去打断幼儿的诉说。要知道慢和词不达意正是幼儿的年龄特征,而对此的"不耐烦"正好反映教师的"不专业",尤其是伦理上的不专业。还要知道教师的"倾听"其结果不是为了立刻对幼儿作出评判、给幼儿发出指导和指令,也不是为了对幼儿说教和批评,等待中的"倾听"就是此时的教育。教育本就着眼于未来,所谓"慢教育"是也,所谓"静待花开"是也,此刻何必急于求成。

(二) 有效的倾听在于关注全体的基础上留心个别

倾听是有效的,其基础是尽可能倾听到、吸收到客观真实的幼儿信息。但幼教现场常常可以发现这样的情景,教师好似在"仔细倾听"着全体幼儿,但让教师真正关注到的是那些与自己预设的答案相符的内容,一旦对接上,直夸"真棒!"而对于那些与预设不符的内容,教师或不予回应,或费尽心思强行引导、请君入瓮。经常得不到教师的回应的幼儿会自尊心受伤;而顺着老师意图回答问题的幼儿久而久之会形成"奴性性格",成为一个丢掉个性、费尽心思去猜测别人想法的人。这两方面均不利于幼儿独立人格、创新能力的发展。所以教师的"倾听"要尽可能地客观,不能只从自己的预设出发,不能只关注自己的关注,否则就是"伪倾听"、无效倾听。

要在"倾听"中关注全体、留心个别,主要包括两个方面伦理技巧。一是教师的眼睛和耳朵是否朝向全体幼儿,"倾听"到了大多数幼儿的声音并给予了哪怕是十分简短的回应。这个"全体"和"大多数"教师要做到心中有数;二是要特别留意个别"非常"幼儿。这些非常幼儿既包括语言、思维发展稍慢的儿童,也包括个别心智发展较快,超出一般水平的幼儿,当然也包括一些通常意义上的"特殊幼儿"。所有幼儿都希望老师关注到自己的存在,所以教师要"眼观六路、耳听八方"。这是一种态度,也是一种经验技巧。

(三) 理解的倾听在于善用移情原则寻找共鸣

罗杰斯曾指出,"倾听的目的是要进入他人的知觉世界,而不是把他人嵌入自己的知觉世界"[③]移情就是要站在幼儿的角度去思考问题、设身处地理解幼儿的感受。幼儿的思维与情感与成人有较大差异,其身心发展处在快速裂变期,某些行为或者某些表达可能不为成人所理解。这就要求幼儿园

---

① [美]琳达·埃利诺,格伦娜·杰勒德. 对话: 变革之道[M]. 郭少文译. 北京: 教育科学出版社,2006: 83.
② 李政涛. 倾听者的教育——论教师对学生的倾听[J]. 教育科学,2001(11): 47—48.
③ 心理学百科全书编辑委员会编. 心理学百科全书[M]. 杭州: 浙江教育出版社,1994: 1924.

教师合理利用移情的原理去体会幼儿的感受,在此基础之上进行倾听。这既是幼儿园教师理解幼儿的必要条件,又是一种重要的伦理技巧。

善用移情、寻找共鸣,需要具备三个条件:其一,暂时抛掉教师身份,站在幼儿的立场去揣摩、理解其"倾诉",以幼儿的视角看待幼儿的处境。其二,教师要了解幼儿"倾诉"的基本要素。这些要素既包括导致幼儿倾诉的原因,也包括"倾听"幼儿言语中的"关键词"。其三,在"倾听"之中让幼儿感受到教师对其"倾诉"的重视,从而引发其共鸣。观察实例中提到的音音到底怎么啦?欢欢有什么感觉?点点和淘淘间发生了什么?如果教师能善用移情,以寻找共鸣的态度去"倾听",相信师幼间的沟通鸿沟就会缓缓逾越。

(四)专注的倾听在于积极及时反馈于幼儿

幼儿在倾诉,教师只是"嗯""啊"应付,这就是不用心不专注。倾听的"倾"就是用心专注的意思。对幼儿只问不答、只说不听或听而不闻的回应不是"倾听",只是"敷衍"。"倾听"是个过程,被"倾听"者、"倾听"的内容是不断变化的,这需要幼儿园教师紧随被"倾听"幼儿、紧跟被"倾听"的内容,保持"倾听"的用心专注。这包括两个方面的伦理技巧:一方面,教师在行为上要表现出对幼儿"倾诉"的观察,并有停留等待的时间;另一方面,教师在心理上要表现出对幼儿感情的倾注,眼神和表情是充满期待和鼓励的。这比前者更为重要。耳到情亦到,幼儿倾诉中的"关键处、潜台词、弦外音"[1]才能让教师捕捉到,理解才有可能实现。

教师还应该意识到,真正的"倾听"不仅是"听",还包括积极反馈。在某种程度上,幼儿对教师的"倾诉"的目的就在于获得教师的反馈。"倾听"中的反馈体现了教师对幼儿的接纳与尊重,积极及时的反馈是教师持续关注的信号,是对幼儿"倾诉"的最好鼓励,是幼儿完整"倾诉"的"产婆术"。人的发展具有阶段性的特点,每一阶段都有其存在的独特价值。幼儿的思维与语言发展处于较低阶段,在较短时间内并不能把想要表达的信息组织完整并表述清楚。当幼儿讲到关键之处时,教师适时的积极反馈(如肯定的眼神、点头、适当的语气、恰到好处的提示)能促进幼儿更好地把"倾诉"完成。

(五)投入的倾听在于善用表情与肢体

有研究者曾经指出:"当倾听成为一种关心情愫和理智投入的态度的时候,它并不局限于'耳朵'或听觉,而是弥漫于人的整个身心。我们由此会拥有'倾听的眼睛''倾听的身体'。"[2]人们平时所接收到的外部世界信息70%—80%均来自于视觉的信息。相比于其他阶段的教育,幼儿园教师有更多与受教育者(幼儿)进行肢体交流的必要和可能。

温和、鼓励的表情,合理的肢体动作,可以迅速消除幼儿的紧张情绪,也更利于幼儿与教师进行情感的交流。比如意识到幼儿渴望交流时教师关注的眼神,幼儿断断续续表达时教师轻轻的点头,幼儿胆怯时教师温暖的拥抱,这种肢体语言的参与可以极大拉近教师与幼儿的距离,起到"此时无声胜有声"的微妙效果。所以,一方面教师在运用表情和肢体语言"倾听"时,一定要让幼儿"看到",感受到。另一方面,善用表情和肢体动作还要求教师正确识别幼儿的各种身体语言(如皱眉、低头、摇头等)并以此来体察幼儿的内心。这种"预倾听"会使正式倾听更加有效,教师的表情和肢体语言也可以更加到位。

---

① 张华.研究性教学论[M].上海:华东师范大学出版社,2010:133—134.
② 同上。

第三节　教师宽容

幼儿教育太需要宽容了,而幼儿教育又太容易丢失宽容了。

一、宽容的内涵

《辞海》将宽容界定为"宽恕,能容人"。《大不列颠百科全书》解释为:"宽容(来源于拉丁字 tolerate):容许别人有行动和判断的自由,对不同于自己或传统观点的见解的耐心公正的容忍。"宽容作为幼儿园教师的一种品质,就其实质而言,是在师幼人格平等的基础上,教师对幼儿所表现出来的一切方面特别是成人看来很"异己"很"出格"的方面的接纳、包容和尊重。

为了进一步理解"宽容",我们不妨来分析一下幼儿园教师的宽容是什么和不是什么。

1. 宽容是什么

就教育态度而言,宽容是一种尊重。幼儿因为"幼稚"和"弱小"而常常会被成人认为无足轻重。所谓"长大成人"的说法,就有"长大之前不是人"的言下之意。因而在儿童观上,幼儿园教师特别需要站在这样的立场上:第一,我们必须将幼儿当"人"看,必须承认幼儿具有与成人一样的独立人格,而不是成人的附庸;第二,我们必须将幼儿当"幼儿"看,承认并尊重幼儿生活的独立价值,而不能仅仅将它看作是成人的预备;第三,幼儿在成长阶段,应当为其提供与身心发展相适应的生活,幼儿的个人权利、尊严应当受到保护。人生的各个阶段皆有其自身不可取代的价值,没有一个阶段仅仅是另一个阶段的准备。尤其幼儿期,原是身心生长最重要的阶段,也应是人生中最幸福的时光,教育所能成就的最大功德是给孩子一个幸福而又有意义的童年,以此为他们幸福而有意义的一生创造良好的基础。

就教育行为而言,宽容是一种倾听和等待。首先要倾听幼儿的心声,及时体察和探明他们的兴趣和需要,及时鼓励他们的思想闪耀。曾发生过这样的教学情景:黑板上画着小河、草地、大树,老师请小朋友把剪好的鸭子、兔子、猴子的图片放到适当的地方。有一个小朋友把兔子放到河里、鸭子放到草地上、猴子放在空中了,这引起了其他小朋友的哄笑。对此,教师没有简单地作出评判,而是宽容地让这个孩子给大家说说为什么。这位小朋友说:"兔子见鸭子在小河里很凉快,就跳下去了,鸭子见兔子不会游泳快要淹死了就跑上岸来喊救命,猴子就从树上跳下来了。"你看,如果老师不注意倾听孩子的解释而是跟着哄笑的小朋友一起批评这个"错误",那对这个小朋友的自由想象力是多么大的伤害。

其次,还要善于等待。当幼儿在活动中出现问题时,教师不必急于提供答案;当幼儿自己有结论时,教师不必急于作出评判;当幼儿间发生冲突时,教师不必急于介入和干预,而是给孩子充分提供探索的时间和空间,鼓励他们自己寻找,自己体验,自己去探索发现解决问题的方法。这就是瑞吉欧教学中的一个非常重要的理念:接住幼儿抛过来的球,并以某种形式推挡回给他们。这不仅对启发自主有利,也是对幼儿的极大尊重。有时教师不妨做"不思其解"状,然后问幼儿:"这个我可不知道,你认为是为什么呢?""你猜想的答案是什么呢?"当我们将问题抛还给幼儿,当他们开始积极思考、猜想的时候,他们又获得了一次挑战与发展的机会。

2. 宽容不是什么

宽容肯定不是苛刻。我们常能听到幼儿园教师对幼儿说这样的话,"给我,让我来!"或者"这个你还不能做,住手!"尽管幼儿确实幼稚,但是这种苛刻的谈话模式显示了教师对师幼人格平等的漠视和对幼儿巨大发展潜力的忽视,也不利于帮助幼儿树立正确的自我认知。更有甚者,为了"预设"活动的成功,教师常常牵着幼儿的鼻子走,一有预设外的言行就被视为"出格"而立刻进行控制,全然不顾幼儿的兴趣需要和情感体验,全然不知道幼儿教育中的随机生成为何物,把幼儿当成一个完全被动的接受者。

宽容也不是"让"。宽容和"让"有时的表现形式虽然差不多,但"让"的本意是:本来这事应该成人干的,这话应该成人说的,为了尊重幼儿,老师让一让。这在观念上还是把幼儿放在从属的"受教育"和"受管"的位置而没有把其当成活动的主体,还是蕴含着成人对幼儿的居高临下。笔者观摩过不少幼儿园教师精心设计的主题活动,常常发现老师"让"幼儿做这个做那个,表面上看来热热闹闹,幼儿积极性被"调动"起来了,但这种调动是"被操纵""受控制"的结果,与宽容没有共同之处。其实幼儿本来就应该是活动的主体,他们都有主观能动性、创造性,不是"让"的结果。"让"的实质还是把幼儿当作了被动的客体,忽视了幼儿的主体地位,那就是一种不宽容。

宽容当然也不是不讲"规矩"。蒙台梭利这样认为:"孩子们的自由,就其限度而言,应在维护集体利益范围之内,就其行为方式而言,应具有我们一般所认为的良好教养。因此,只要孩子冒犯或干扰他人,有不礼貌或粗野行为,就应该加以制止。至于其余的一切——即有益于儿童身心的各种表现——不管是什么行为,以什么形式表现出来,教师不仅允许,而且还必须进行观察。这是关键所在。"[①]宽容就是给予更多的自由,但这种自由不能损害集体和他人,所以需要纪律和常规,对于社会来说,就需要法律和道德。所以,宽容是要讲规矩的。只有讲规矩的宽容才能给孩子们真正的自由。

二、宽容的根据

为什么说幼儿教育中太需要宽容了?

1. 幼儿教育中特别需要正确认识和包容幼儿的"错误"

首先是所谓幼儿"易犯错"。犯错常常成为成人对幼儿进行惩罚而不宽容的理由,也是幼儿园里易于丢失宽容的原因。我们需要分析一下幼儿为什么容易犯错。这里有一个视角问题。在成人看来,所谓的"错"大都是幼儿的言行不符合成人的规矩,幼儿表现得不听话,不"乖";而在处于"自我中心"阶段、主体意识已经有了一定发展的学前期幼儿看来,想玩,想表现自己,想满足自己,是"理所当然"的。教师要求他们长时间地坐着或等待轮流玩,他们往往很难做到。教师有要求而幼儿做不到,教师会认为幼儿犯了错;而幼儿的"做不到"不是他们要抗拒教师的要求,而是他们"很难"达到教师的要求。教师面对这种"忤逆"如果采用强制手段迫使幼儿遵从成人世界的规范,从而达到控制幼儿言行的目的,这时,犯错的其实不是幼儿而是教师。

其次是幼儿"犯错"的多种情形。美国明尼苏达大学的丹·加特莱(Dan Gartrell)博士分析了儿童错误行为的三种水平。[②] 第一种水平是尝试水平,第二种水平是社会习惯水平,第三种水平是情感需要水平。尝试水平是错误行为最温和的形式。在这一水平,幼儿表现出某种行为是在试图学习如何行动,是在试验周围环境对自己行为的反应。教师在班里经常会看到有的小朋友一边犯错误,如拿别人的玩具,一边用眼睛偷看教师。这时教师必须严肃认真地作出反应,告诉他应该把玩具还给别人。教师虽不能过于严厉,但也不能放任,因为教师的任何笑意会让幼儿获得错误的信息,认为教师并不反对他拿别人的玩具。这就是说,宽容并不是不讲"规矩"。在社会习惯水平,幼儿学习或表现出

---

① 蒙台梭利. 蒙台梭利幼儿教育科学方法[M]. 任代文译,北京:人民教育出版社,2001:112.

② Dan Gartrell. *A Guidance Approach to Discipline* [M]. Delmar Publishers, 3 Columbia Circle, Albany, NY, 1994:37.

某种行为是因为他们错误地认为这样做是对的,因为他们看到同伴这样在做,或在某种场合他们曾观察学习到类似行为。例如,有的幼儿说脏话,他并不觉得自己是在说脏话,因为他爸爸生气的时候常说这些话。这时教师不能因此而惩罚幼儿,而要告诉他应该用其他词或其他方法来表达自己的愤怒。幼儿和成人一样也有丰富的情感世界,当幼儿在生活中遇到不如意、不顺心的事情时,他们常以激烈的方式对外界作出反应,以宣泄自己的情绪。因而在情感需要水平,教师应把注意力放在理解幼儿压力感的真正来源以及如何帮助幼儿对压力作出正确的反应上,而不应把注意力放在幼儿说的脏话和做的错事上,去惩罚幼儿。当某个捣蛋鬼天天做着恶作剧,令你心烦的时候,其实是这个捣蛋鬼正在表示需要你的理解和关注。如果老师不分青红皂白地去制止,那个捣蛋鬼的行为只会变本加厉。

其三是"错"与幼儿成长的关系。其实成人大可不必纠缠于幼儿活动的具体结果,不必过多地受限于对与错,应将之视为过程中的一种生命活力,其意义是在未来的可持续发展中。

有一封幼儿家长的来信也许会对我们提升这一认识有所启迪:

> 每次都盼望着阅读"家园联系册",但今天看完老师们的来信,心情十分沉重。……从另一个角度来看,吃饭不好似乎也受先天不足的限制,给各位老师确实增添了很多的麻烦。除歉意之外,请各位老师能给予更多帮助。同时,诚挚地请求各位老师在吃饭的问题上给孩子少一点批评。或许我的观点并不正确,但我认为:对孩子将来一生的成长来说,足够的自信、健康的心态才是最为重要的。如果从小因先天的因素,如吃饭慢之类,而习惯于做"最后一名",习惯于被批评,或许有些不值。是否可以多给孩子一些鼓励,多创造一些机会让他不至于每一次吃饭都是最后一名。那样,对孩子的将来会不会更有益处呢?

2. 幼儿教育需要纵情发展孩子的天性

当下中国幼儿教育的现状告诉我们,这种"纵情发展"还很遥远。"功利性的社会背景、强加给孩子们的过度竞争、城市化进程和独生子女问题,都在导致幼儿的交往互动被剥夺、幼儿的生活被成人异化。"[①]提前正规化的早期教育、各种名目的特长教育,使得最适合幼儿天性的自由自在的"玩"在幼儿教育中几乎成了奢望。"幼儿园的游戏也日益趋向正规化、科学化、模式化,或者就变异成了游戏课程、游戏教学,这样的游戏是成人费尽心思猜测、估计、预设的,既非自发也未必自然。显然,也迷失了'玩'的根本性意义。"[②]可以认为,这样的幼儿教育正在剥夺幼儿的自由。如果说被成人严格设计控制的所谓"玩"之中也在培养幼儿的创造力,它也很可能是缺乏自由、缺乏自然天性、缺乏幼儿的独特个性的创造力,是成人化的或依照成人意志制造出来的创造力,是"被操纵"的创造力。这种创造力的培养是一个虚妄的假命题。幼儿教育的这种现状凸显了幼儿教育和幼儿园教师宽容的缺失。造成这种缺失的原因,可能是由于我们太"好心"了,以至于我们想用自己的手推着幼儿"成长",甚至想代替幼儿"成长";可能是由于我们太想把活动搞得井井有条、环节分明了,所以只好把孩子纳入我们设计的程序。

生物学家曾通过动物实验证明:[③]如果强迫动物去不断地改变行为方式,在它应变不过来的时候,就会坚决拒绝,甚至以自戕来抗拒。幼儿也同样,让幼儿接受不符合他们发展水平和学习方式的教育,是对幼儿神经系统的摧残,幼儿的神经系统会产生一种自我保护性抑制,导致幼儿对学习及其

---

① 张博. 论幼儿交往生活的缺失[J]. 南京师范大学学报(社会科学),2000(6):54—56.
② 侯春在. 自由游戏与解放幼儿的创造力[J]. 教育评论,2003(1):52—54.
③ 王慧敏. 纵情发展孩子的天性[N]. 人民日报,2006-10-26(13).

他活动产生厌倦情绪和消极心理。看看我们周围，有许多孩子出现"问题"，不也是老师或家长"强迫"所致吗？无休止的指令和一项项的目标，孩子生活在这样的环境下，能茁壮成长吗？即使不会"崩溃"，恐也很难大有作为。只有纵情发展孩子们的天性，才能培养出大胆创新、勇敢质疑的头脑。所以，特别需要呼唤幼儿教育中的宽容。

三、宽容品质的修炼

在幼儿教育中，把成人世界的东西搬到幼儿脑瓜里，幼儿不会什么便教什么，幼儿不能做什么便偏要他做什么。这种做法简单易行：幼儿园教师不用去了解幼儿的发展情况，不用去遵循幼儿教育的规律，只要凭自己愿意"教"就是了，而且看起来"很负责"。这当然是一种"可怕的负责"。所以对于幼儿园教师来说，拥有宽容品质并非易事。

1. 深化对幼儿的认识

你能否从幼儿的眼睛里读出愿望？你能否用不同的语言方式让幼儿感受关注？你能否使幼儿觉得你的精神脉搏与他们一起欢跳？鲁迅在《我们现在怎样做父亲》一文中认为，要教育儿童必须要理解儿童，"开宗第一便是理解……孩子的世界，与成人截然不同；倘不先行理解，一味蛮做，便大碍于孩子的发达；所以一切设施，都应该以孩子为本位。"[①]幼儿天真活泼，喜欢游戏，有丰富的想象力，他们的境地与成人是不相同的，鲁迅说："孩子是可以敬服的，常常想到星月以上的境界，想到地面下的情形，想到花卉的用处，想到昆虫的言语；他想飞上天空，他想潜入蚁穴。"[②]所以他主张教育者应该理解儿童的心理特点而发展它，而不可用成人的思想和要求去压制和摧残它。

幼儿期最重要的特征是什么？学者李季湄有这样一段精彩描述：幼儿期是对人的一生有着重要影响的时期，也是易被成人忽视、幼儿自己却全然不知其价值、全然不能把握其进程的时期；幼儿期是一个充满活力的、蕴藏着巨大发展潜力和可塑性的生命阶段，又是一个非常脆弱、非常容易被错误定向的时期；幼儿期是一个稚嫩的、需要成人精心照顾和保护的时期；然而又是其自理、自立、迈向独立的需要日益增长的时期。[③] 这些生命阶段的特性使幼儿园教师的作用和责任不仅不比其他任何阶段逊色，反而显得更为重大。它更需要教师对生命的热爱、珍惜和敬畏，更需要教师懂得愉快的童年生活对于生命发展的独特价值，更需要具备由此而生发的宽容品质。

2. 深化对自身的认识

宽容是通过对待他人的言行折射出自身的品质的。它蕴涵着幼儿园教师对自我的肯定和超越，它也表达了教师对自身的真正尊重与信任。它所反映的是一种教师的成熟。教师对幼儿的宽容往往首先是基于对宽容品质本身的执着追求和对幼儿教育规律的把握的自信，基于对幼儿的真诚的期待和无限的希望。它也是一种幼儿园教师的超然的精神品质。所以，透过宽容的态度和行为，幼儿园教师可以了解自身的素养状况。

意识到自身的不足是产生宽容的一个基础。在基督教传统中，谦卑是极重要的美德，骄傲则是一种罪恶。谦卑可使人能够站在比较中立、客观的角度理性地看待人和事，在看到社会和别人的不足的同时更看到自己的不足，看到错误的同时更强调自己在这样的错误中应承担的责任，认为自己并不比自己批评的对象更强，自己也有很多的缺点，或者说当别人表现出不足甚至丑的一面的时候，我们不

---

① 鲁迅.我们现在怎样做父亲,鲁迅全集第一卷[M].北京：人民文学出版社,1973：252.
② 鲁迅.看图识字,鲁迅全集第六卷[M].北京：人民文学出版社,1973：29.
③ 李季湄.幼儿园教育指导纲要：牵引幼儿教育[N].中国教育报,2001－9－12(4).

只是看到这种现象,同时还能看出其背后是人性的局限、脆弱。所以,我们才能饶恕人的不完善但又相信和鼓励人向善,这样我们才可以产生出对人类普遍的爱和宽容。

3. 深化对世界差异性的认识

世上本没有两片完全相同的树叶。个体生命的独特性和丰富性正是这个世界存在和发展的基本条件。多样化的、充满着差异的社会,是一个开放的、富有生机的社会,因而正是一个社会在多大程度上具有现代性资质的重大标志。有了这样的世界观看幼儿,幼儿园教师就能发现和欣赏幼儿的多元智能和多彩秉性,就能尊重由于家庭背景、生活条件、心理个性等的不同而造成的差异,就能摒弃用同一个标准同一种模式去评价幼儿和要求幼儿,就能"自觉地意识到,允许个性与差异的存在,允许不同的观念,允许人性的丰富与复杂,正是使世界保持活力与希望的秘诀"。[①] 由此,幼儿园教师的宽容品质才能有丰富的内涵和底蕴作支撑。

第四节 教师公正

公正是一个重要的伦理范畴。从专业视野看幼儿教育,整个保教过程都充满伦理的意味,也就是蕴含着公正与否的意味。公正是教育的永恒追求,是美好教育的题中应有之义。从更大的视野来说,公正是社会发展的重要目标,"是人类社会具有永恒价值的基本理念和基本行为准则"[②]。幼儿教育应该天然地蕴含对公正的美好追求。"教师的公正是指教师在自己的教学活动中对待不同利益关系所表现出来的公平正义。"[③]幼儿园教师应该是践行公正的天使。在幼儿园领域内,教师公正则主要是指幼儿园教师在自己保教活动的过程中所展现出来的公平正义。分析表明,在幼儿园践行公正受制诸多,这使得幼儿园教师公正成为一种艰难的必选。

一、幼儿园教师的公正使命

鉴于幼儿教育的特殊性,幼儿园教师是否具有公正品质关系到幼儿园能否提供一种好的幼儿教育。作为基础教育的奠基阶段,幼儿教育担负着一代新人良好品格的最初形成,没有公正的教师就难有公正的幼儿,将来也难有公正的社会。幼儿园教师此刻公正的保教行为影响着幼儿以后的美好人生和以后美好的社会。因此,幼儿园里践行公正纵然艰难,也是幼儿园教师的必选。

(一) 应然教育的题中之义

"教育应当促进每个人的全面发展",[④]这是世界各国形成共识的一种教育理想,教育将使每个人的能力、潜能获得提升。强调"每个人",而不是一部分人。教育公平是社会公平的基础,是社会整体公平的起点。教育能够改善人的生存状态,这其中内含着对每个人的公正,以此才能实现人类整体发展的理想。所以我们说公正是应然教育的必含之义。

一方面,应然的教育理想与教育的本质决定了公正是其追求的首要目标。"教育是人类以传承文

---

① 贺来. 宽容意识[M]. 长春:吉林教育出版社,2001:30.
② 李义胜. 试析教师的伦理智慧[J]. 阜阳师范学院学报(社会科学版),2011(3):135.
③ 檀传宝. 论教师的公正[J]. 现代教育论丛,2001(5):13—17.
④ 联合国教科文组织总部中文科译. 教育——财富蕴藏其中[M]. 北京:教育科学出版社,1996:85.

化精神和知识技能为手段,培养、建构人的主体素质,发展人的主体性,完善其本质的一种社会实践。"①公正是引人向上的教育推卸不掉的责任。另一方面,每一个幼儿都有获得平等的教育起点、教育过程和教育结果的权利。要达到每个人真正意义上的平等也必然要求教育中的公正。在幼儿教育范畴内也必然要求幼儿园教师的公正。幼儿园教师的公正是营造美好的幼儿教育的基础。幼儿园里若有不公正的教育,这是反文化、反教育的。

(二)教师发展的内在需求

公正不仅仅是对教师的伦理要求,更应该成为教师的内在品性。

公正具有主体价值。你是公正的教师,因为你对"每一位"幼儿都同样地关注;你是不公正的教师,因为你对"某一个"或"某几个"幼儿特别关注了,而对"某些"幼儿有所忽略。这些孩子们都能感觉到。不仅孩子们能感觉到,孩子的家长们也能感觉到,同行们也能感觉到。这就会影响你在孩子、家长、同行心目中的形象,这就涉及教师的主体价值了。如果教师在保教过程中公正得当,那么在呵护和引导幼儿的过程中自身也会获得成就感与满足感,自己也会感受到主体价值的实现。

伦理是帮助人们处理相互之间的利益关系的。教师的公正品性使教师在保教过程中获得人际关系的和谐、圆满,幼儿园教师就能更好地体会到自我的价值,更容易获得心理的满足。这可以从这样两个方面来看。首先,幼儿园教师的魅力和权威来自公正。"公正是人格的脊梁",②教师的魅力可能来自于你的外在形象,容貌姣好,声音甜美,举止优雅,笑容可掬,在孩子们中间有亲和力;也可能来自于你的能力和学识:你的故事总是讲得很有吸引力,你在家长会上或幼教论坛上讲话总是思路清晰、见解独到。这些固然是魅力的来源。但还有一个被称为"脊梁"的要素,若这个缺失了,整个身子就直不起来。比如你对孩子的公正的态度,在与幼儿互动或家长交流的过程中你所流露出来的那种对不同孩子的不同教育态度,将会使你的形象、能力和学识大打折扣。笔者曾经在课堂上让大学生回顾自己的受教育生涯,说一说最不喜欢的老师。其中就有同学说到,最不喜欢的是幼儿园时的老师,还举了令她印象深刻的事例——老师总是把大家的点心偷偷地让几个她喜欢的小朋友吃掉。再则,幼儿园教师的自我价值是在履行公正使命的过程得以实现的。幼儿园教师在扮演着一种规定的社会角色,这种角色是有使命的。我们面对的小天使,他们未来的人生很大程度上受到我们的奠基,而他们的未来也就是社会的未来。公正的幼儿教育就是未来的好社会,幼儿园教师应该早早地意识到这一点,并在这个努力追求中成就自己。

(三)幼儿成长的促进因素

公正具有工具价值。在幼儿园这个特殊的教育领域中,教育对象都是幼稚、脆弱但又是敏感、具有无限发展潜力的幼儿。教师尽力呵护和引导孩子,这是教师的职责所在。在这种呵护和引导中,教师身上的那种品性如公正,是随时随地在流露的。不用教师开口教导,你的一个眼神一个手势,都会被敏感的孩子捕捉到,都在影响着孩子的成长。这就是教师品性的工具价值。教师公正的品性潜移默化地引导着幼儿公正人格的形成,这就是公正所具有的工具价值。

幼儿园教师的公正主要指的是教师对待幼儿的公正。在幼儿园,只有公正才能养成公正。教师是幼儿成长过程中的"重要他人",这一重要人物的榜样示范促进了幼儿公正观念的强化、利于幼儿优良品格的形成。

---

① 张治平.教育本质新探[J].西南师范大学学报(哲学社会科学版),1997(5):92—97.

② 檀传宝.论教师的公正[J].现代教育论丛,2001(5):13—17.

首先,公正激励着幼儿,让幼儿的积极主动性获得更大发挥。不论是对于幼儿个体还是整体,当发现教师对待所有幼儿均"一视同仁""爱无差等"之时自会意识到这种公平、平等。相反地,如果教师对待不同的幼儿采取不同的态度、偏向于某一儿童,则其他幼儿的积极性会大打折扣。因为幼儿知道即使不断取得进步也不一定得到教师的认可。其次,公正塑造着幼儿,让幼儿良好的人格得以养成。如前所述,公正是人格的重要组成部分。"除了智者,任何人都不能使别人成为智慧的人;除了能言善辩者,任何人都不能使别人成为能言善辩者;除了道德的笃敬宗教者,任何人都不能使别人成为有道德的和笃敬宗教的人。"[1]我们渴望我们的幼儿成长为一个正义的人,以此也只有教师的公正才能塑造幼儿的公正。其三,公正引导着幼儿,让幼儿公正的信念得以树立。幼儿完全把教师看成这个世界上"完美"的代表。这份"美好"必然包括公正。教师如果能在自己的保教活动中体现并且传达给幼儿这种正义的"美好",幼儿会不自觉地养成公正的信念。久而久之,这种公正的信念会化成人格的组成部分。

二、公正在当下实现的艰难

在真实的幼儿园保教情境之中,各种有失教师公正的现象时有发生。幼儿园教师并非不想公正,而是受制于种种制约与限制。具体来说,受制于哪些因素呢?

(一)受制于主观的保教经验、教育能力

教师发自内心的公正行为与教师个人自身素养极为相关。这种素养不仅仅是品性方面的,也是经验和能力方面的。只有品性方面的素质与教育能力有完美的组合才能做到得心应手,否则会显得心有余而力不足。在幼儿园保教过程中,教师是最主要的教育资源。教师这一资源的发挥又影响着对其他教育资源的理解与运用。由于保教经验的限制,幼儿园教师给幼儿的关注和精力也会有限,对其他教育资源的理解与运用也有限。结果,即使心中有公正的意识,无奈在处理一些教育事件之时自己的保教经验、教育能力有限,从而导致不公正的发生,如保教方式过于简单、对幼儿的关照顾此失彼、处理突发事件过于粗暴、不了解幼儿的年龄特点与发展规律、教学内容枯燥乏味,等等。

情境一

午睡起床后,男孩子们迅速吃完点心陆续进入各区域开始游戏了,老师在给最后几个女孩子梳头。这时,弯弯跑过来告诉老师:"老师你看,他们把象棋弄到地上了。"老师回头看了一下益智区,象棋盒子被打翻,棋子滚得到处都是。老师又扫视了一眼在益智区里游戏的孩子,最后将目光锁定在瞳瞳身上。厉声对他呵斥道:"又是你干的吧?还不赶快捡起来?就你最捣乱!"

到底是谁打翻了象棋盒子?似乎并不重要,因为教师无意查证,也没有幼儿站出来说明事情的原委,也没有人在意瞳瞳是否受了委屈。或者"肇事者"在沾沾自喜,或许教师恰好"锁定"对了,但这种随意的处理方式合适吗?教师基于长期交往以来对幼儿的"了解",给瞳瞳贴上了"捣蛋鬼"的标签,本就是一种不公正的师幼关系。瞳瞳将深深感受到"我在老师心里是一个坏孩子"。如果处理依据只是教师的主观经验,其危害可想而知。

(二)受制于较大的班级规模、有限的教育资源

教师与幼儿的关系是一和许多的关系。一般说来,教师面对的幼儿数越少,公正相对容易实现。

---

① 王球. 教师伦理学[M]. 南京:江苏教育出版社,2010:14.

但现实的情况是,按正常的标准,一名教师要同时面向全班二十多个孩子;若按不正常配比,这就不好说了,一个班超过四十、五十也有,当然还有更夸张的。在师幼比悬殊、教育资源相对匮乏的情况下,就难免出现相关的弊端,因为在照顾全体与关注个别之间先天地存在着冲突。

教育公正要建立在对每一个幼儿全面了解的基础上,但幼儿数越多,这种了解越困难。教师很难在较短时间内认清每一个孩子的特点,而想要根据每一个孩子的特点施以不同的教育更是难上加难。当幼儿需要公正地对待之时,教师很难对这种关系进行及时调解。这种一与多之间比例的不协调构成了第一层矛盾。而除教师外的其他教育资源的相对匮乏在中国的幼儿园也普遍存在,这与幼儿园保教需要获取更多教育资源的渴望构成了第二层矛盾。所以,提到公正,非幼儿园教师不愿为也,而是条件所限不能为也。在两层矛盾面前,教师不得已作出一些妥协。正所谓"鱼和熊掌不可兼得",受制于班级规模与教育资源的有限性,幼儿园教师只能试着左右权衡,公正就在这种权衡中不可得兼。

(三)受制于负面的文化环境、社会体制和复杂教育氛围

幼儿园教育不是在某个封闭的环境中进行,社会大环境对其有千丝万缕的影响。从某种程度来说,幼儿园教师的公正困境实际上也是"骨感"的社会现实和"丰满"的教育理想相互碰撞而产生矛盾的结果。"我国正处于从传统社会走向现代的历史进程中,现代社会的固有特征不可避免地影响到社会生活的方方面面",[①]与西方文化取向不同,我们的传统文化更加强调秩序、集中和规范。既然强调整体的秩序与规范,那么个人的利益诉求就难以得到满足。过分强调幼儿秩序与规范也是对幼儿的一种控制。这种控制必然限制每个幼儿获得应有的公正对待。其次,许多负面的社会因素也导致幼儿园教师公正意识的缺乏。幼儿园是一个雏形的社会,是一个大社会中的微系统,如果一个社会整体的公正意识受到种种冲击,幼儿园这一微系统也不可避免地受到影响。随着商品经济的发展,工具理性被更多地认可,在幼儿园教育中应有的"教育爱""教育公正"被放逐!整个社会应有的价值观被无形扭曲,教育的这片稀缺的"绿洲"也难免受到波及。再次,在保教过程中教师总是倾向于选择那些能力较强、能够配合老师更好完成保教任务的幼儿进行更多交往,给予更多机会。这是教师惰性引发的一种负面氛围,这种教育氛围的倾向必然会导致教师对其他处于弱势、表现并不积极幼儿不公正的现象。

三、幼儿园教师公正的实现之路

践行幼儿园教师公正,提升幼儿教育质量,明知艰难却仍必须去选择,必须去努力召回。这是教育本质赋予幼儿园教师的使命!公正的实现需要幼儿园教师个人、行业与园方以及社会共同作出努力。

(一)教师个人努力提升专业素养,形成公正习惯

一般来说,公正品质的形成要经过由公正认识到公正认同;由公正观念到公正信念;由公正行为到公正习惯的发展过程。所以在我们看来公正最有可能形成的方式首先是幼儿园教师个人公正意识的觉醒。这种意识的形成需要靠教师个人的努力。这是第一个方面。其次,提升专业素养是幼儿园教师实施公正的前提条件,这种专业素养的提升包括实践智慧的生成。"教师知识的形成具有经验

---

① 李辉. 高校教师职业角色的现状性困惑及其出路[J]. 中山大学学报社会科学版,2007(6):116—118.

性、现场性，它更多来源于教师的教育实践活动与教育现场。"①教育实践智慧能帮助幼儿园教师对保教过程的掌控更合乎专业的水准，更能照顾到每一个孩子。也就是说，专业素养的提高必然会降低教师不公正行为的发生率。第三，现实的经验告诉我们：只是简单把公正的伦理规范停留在空泛的号召性口号上，却不与每位幼儿园教师本身的实际体验、现实公正水平等因素联系起来，是很难走进内心的。所以必须把公正的理念分解为具体的行为，变成可操作的程序和规范（所谓伦理技巧是也）。幼儿园教师在长期的保教过程不断坚持公正程序和规范，久而久之，公正就会成为教师的"第二本能"，则最终幼儿园教师公正则会成为教师的一种直觉天性。这是我们最期望看到的。

最能体现教师"公正习惯"的，在保教现场表现在：专业性克服自然性。对幼儿一视同仁是专业性要求，对"可爱"的孩子更多的爱是自然性。教师对待所有幼儿都"一碗水端平"，给每个幼儿提供同样的机会，不因为哪个幼儿的"优秀""好看""可爱""乖"、家长"意思意思"了一下，就配置更多的教学资源，给予更多的关照。恰恰相反，越是弱势，越是家庭贫穷，越要给予更多的关照和补偿。这就是专业性克服自然性。

（二）行业与园方共同营造公正环境

幼儿园教师作为一个行业，总是需要一定的制度。制度的完善既需要外部他律的健全，更需要内部自律的觉醒。这需要行业与园方共同努力。公正的呼吁是对追求合理价值的表达，属于一个伦理范畴。要保证幼儿园教师公正就必须在内部营造一个优良的伦理氛围，这就是行业自律。幼儿园教师的专业伦理的完善能够使幼儿园教师具备相应的伦理精神，这种伦理的要求中最首要和最基本的一条就是教师公正。但仅仅强调公正还不够，还需要与之配套的操作程序和规范，这就需要完善幼儿园教师专业伦理规范。这是行业需要努力的。

幼儿园健全制度，按规则办事，执行行业制定的专业伦理规范，可以形成强大的制度力量和舆论力量，这对幼儿园教师公正品性、公正习惯的形成会产生巨大影响。首先，要让公正精神成为幼儿园的园风。幼儿园教师在这样公正的集体中更易把自己教师的公正渗透到具体的保教行为之中，也会更有归属感、成就感。其次，要把幼儿园建成一个道德学习型的组织。促进幼儿园教师专业素质的提高、专业伦理的发展。这样一个学习型组织的建立利于富于反思的幼儿园教师的成长。教师在反思过程中完善自己的教育理念、丰富自己的保教经验。再次，要把公正作为制度和规范制定的基本原则。公正的制度和规则是对每个人自由和权利的尊重。此原则的建立使幼儿园教师的行为更加有底气。假使这种制度和规则能成为一种理性的精神融入幼儿园，那么公正将在潜移默化中成为教师的一种稳定性格从而外化为公正习惯。

（三）增加投入，政府合理分配教育资源

在一定程度上可以说幼儿园教师的不公正是由于教育资源总量的不足和分配的不均衡造成的（教育资源也包括教师，且教师是最为活跃的教育资源）。当幼儿园的教育资源达到丰富之后，必然会大大缓解教师公正的困境，试想当每个儿童对教育资源的需求都能得到满足的时候，教师不公正的现象也会得到缓解。而幼儿教育领域内教育资源的现状是总量既不充裕、分配也不均衡。"幼儿教育是重要的社会公益事业，必须坚持政府主导。"②不论是对幼儿教育资源总量的增加还是对教育资源的合理分配，政府均应有较大作为。这体现的是一个社会分配资源时公平、平等的精神。尤其需要注意的

---

① 姜勇. 论教师专业发展的后现代转向[J]. 比较教育研究, 2005(5): 67—70.
② 王海英. 当下学前教育投入不合理的表现、原因及其均衡策略[J]. 幼儿教育(教育科学), 2012(1): 5—9.

是,幼儿教育属于历史上重视不够、欠账较多而其重要性被日益显现的行业,政府在一个时期内给予特别的政策倾斜也是明智的。"为了平等地对待所有人,提供真正平等的机会,社会必须更多地注意那些天赋较低和出生不利的社会地位的人们……遵循这一原则,较大的资源可能要花费在智力较差而非比较高的人们身上,至少在某一阶段,比方说早期学校教育期间是这样。"①我们欣喜地看到,这几年来各级政府这方面还是作出了很多努力的。

四、保教现场案例与分析

(一)案例

多多是一个特别懵懂、特别有攻击性的孩子,老师觉得带他比带二三十个孩子还累。王老师在多多身上花费更多的精力。此问题发生后班里其他孩子的家长愤愤不平,纷纷向园长和班主任要求多多小朋友转园。可其家长不同意转园,并认为自己孩子并没有你们说的这么糟糕。幼儿园王老师在此时犯了难,既不知道应不应该让多多转园,也不知道怎么给其他幼儿的家长回复。

(二)案例分析

类似的难题在幼儿园保教中还有许多。

如前所述,师幼是一对多的关系,而包括教师在内的教育资源是有限的。如果从大多数家长及大多数幼儿的角度来看,多多应该选择尽快转园,因为如果多多继续待在幼儿园则会占用更多的教育资源,会吸引班主任王老师更多的注意与关注时间,对大多数幼儿来说似乎有点不公平。而如果从多多本人以及多多家长的角度出发,多多小朋友则不应该转园。因为多多也有接受适宜教育的权利。对多多转园的要求是对其教育权利的剥夺。全美幼教协会的《伦理规范与承诺声明》在"对幼儿的伦理责任"中也有这样的原则:"支持每个儿童在一个融合环境中游戏和学习的权利,满足正常或是残疾儿童的需要。"②理智地想一想,让多多转园不合规范也不能解决所有问题,多多小朋友也应该得到适宜的教育。可老师牵涉的精力太多对其他孩子也确实不公平,这该如何向其他家长解释呢?这是一个涉及公正问题的伦理两难。

(三)解困策略

1. 坚定公正立场,把握教育底线

"公正"是教师应该把握的伦理原则,不伤害幼儿是教育的底线。每一位幼儿都有均等的受教育的权利。多多的受教育权利应该得到公正的保护,所有幼儿的权利都应该得到保护,"无论如何,我们不能伤害儿童",我们不能因为某个幼儿的"特殊"而使他受到伤害,这就是教育的底线。这是解决此困的出发点。

2. 合理分配教育资源,适当进行弱势补偿

因为配置给多多的教育资源(主要指教师的时间和精力)太多了,所以才会招致一些家长的反对。如果想要合理分配教育资源,教师需要对每一位幼儿进行深入的了解,提前作好预案。再则,对待特殊幼儿应该特殊对待。对于弱势幼儿应该适当进行补偿。案例中多多因懵懂、有攻击性,是比较特殊的幼儿。对这样的幼儿多增加些关注,让他融合到伙伴集体中,也符合公正的"弱势补偿"原则。

---

① [美]约翰·罗尔斯. 正义论[M]. 何怀宏等译. 北京:中国社会科学出版社,1998:96.
② 参见本书第六章第一节.

3. 提升保教素养,增强实践智慧

对待多多这样的小朋友,幼儿园教师的保教素养特别表现在对特殊孩子的解读和实践应对上。由于大多数幼儿园教师缺少特殊教育的知识和技能,因而遇到此类情境时常常束手无策,这大大提升了保教工作的盲目性,自己的保教时间和精力分配自然就不可能合理了。所以,加强特殊教育的知识培训和实践应对的经验交流是非常必要的。

4. 争取更多支持和家长配合

主班教师可多向园方争取尽量减少班级规模,尤其是有特殊孩子的班级,至少不能超过主管部门规定的标准,或者争取园方给班级增加人手。当然,这些要求是难以实现的。其次,王老师可多与同行交流,共同探讨如何解决类似多多的问题。或者有条件的话申请参加相关的研讨和培训活动,提升应对这类保教问题的知识和能力。还有,邀请多多父母参与进来,共同寻找多多问题的原因,共同寻找合理的对策。对其他家长,要争取更多谅解,要让家长们知道虽然多多让老师付出了更多的时间和精力,但并不会影响对每个孩子的照顾。孩子们也会在这个过程中学到与比较特殊的小伙伴的相处之道,这对孩子的社会性发展也是有益的。

🍃 思考与实践 🍃

1. 师幼互动中,幼儿园教师得当的言语和不当的言语分别具有哪些特点?

2. 可通过哪些途径提高幼儿园教师的言语素养?

3. 观察幼儿园的一日活动,详细记录幼儿园教师师幼互动中的言语,并对言语的"当"与"不当"进行分析。

4. 倾听具有哪些伦理价值? 幼教现场中,幼儿园教师的倾听存在哪些困境?

5. 幼儿园教师如何提高自身的倾听能力?

6. 列举幼儿园教师具有倾听困境的实例,对导致困境的原因进行分析,并帮助教师提出提升倾听能力的策略。

7. 为什么幼儿园教师尤其需要宽容的品质?

8. 幼儿园教师可从哪些方面努力促进自己宽容品质的提升?

9. 幼儿园教师公正使命的实现受哪些因素的制约?

10. 可通过哪些途径促进幼儿园教师公正的实现?

04 升华篇

第八章

专业伦理的内化：从制度养成到个人践行

学习目标

1. 理解"制度养成""职场熏陶"和"个人践行"的含义。
2. 探寻幼儿园教师将外在他律性的伦理规范转化为内在自律性的伦理自觉的有效途径。
3. 发现自身专业伦理的内化程度，提高自身的专业伦理内化水平。

　　专业伦理规范对幼儿园教师个体来说是一种"他律"。他律是一种外在的东西，只是强调"你应当""你必须"；只有个体意识到"我应当""我必须"时，才会产生自觉行为，才是靠谱的。所以，他律要有效地发挥作用必须要转化成"自律"。这种转化是通过哪些途径实现的呢？我们认为有三条基本途径：一是制度养成；二是职场熏陶；三是个人践行。

第一节　制度养成

　　专业伦理规范要转化为教师的自觉行动，制度起着十分重要的作用。那么，制度是如何促进这种转化的，其内在机制是什么？

一、制度及其在专业伦理养成中的作用

（一）制度及其特点

　　人类的社会生活是离不开制度的。制度是指社会中用于调节人们生产、生活和利益的规则体系。有了这个规则体系，社会才能有序运行。按照马克思主义唯物史观的观点，社会结构分为基础结构和上层结构，相应的，维系不同社会结构的社会制度也分为两大类：本源制度和派生制度。

　　本源制度指在人类社会初期就形成的，并在以后的社会生活中发挥着基本作用，维系着社会基础结构的制度。派生制度是指后来出现的、在本源制度的基础上形成并发展起来的、维系社会上层结构的制度。它包括政治制度、法律制度、文化制度和宗教制度等。教育制度属于文化制度的重要组成部分。

制度有哪些主要特点呢?

首先是价值性。价值目标是制度的灵魂,价值灵魂承载于社会的主导意识形态上;反过来说,价值要素可用来阐释制度的目标与功能。当代中国社会有"制度自信",就是其制度是建筑在社会主义核心价值观的基础上的;反过来也可以说,核心价值观可以阐释当代中国制度体系的目标与功能。

其次是规范性。制度通常通过法规的形式将社会生活的某些规定加以固化,鼓励合乎规范的行为,对偏离规范的行为给予惩戒,调适角色关系,消除社会运行障碍,建立正常社会秩序。制度的这种规范功能通常是通过两个逻辑实现的:一是法律的强制逻辑,即所谓"必须",保障着制度的客观性和有效性;二是伦理的价值逻辑,即所谓"应当",赋予制度价值性和合理性的内涵。制度既是必须的又是应当的,制度的推行就是合理合情的。

再次是引导性。制度是一种人们有目的建构的存在物,肯定蕴含着制定者的价值判断,这种蕴含着的价值取向通过制度的执行,调节、影响建制内人们的行为,为人们的行为提供思想和行为模式,引导人们适应社会生活。制度一经制定颁布,就对某一岗位上的或从事某一项工作的人员起指导和约束作用,成为人们行动的准则和依据。制度通过目标、评价、奖罚等机制鞭策和激励群体成员。

还有是持久性。制度一旦形成总是相对稳定的,而制度越稳定,制度中的规定便会随着制度的执行演变成一种强大的影响力,演变成社会生活的惯性。

(二)制度在专业伦理养成中的作用

这里的"专业伦理养成"指的是:专业伦理规范对业内每一个个体来说是外在的他律,他律要有效地发挥作用就必须转化为个体的自律,内化为个体的自觉行为。此所谓"养成"。

1. 用制度强制力保障"软规范"落实

制度的实施往往得到法律的保证和组织的维护。制度具有很强的操作性,对违反制度的行为具有很强的惩罚性。如果有成员违反了制度,就会被强制剥夺某些权益。比如 2018 年 11 月教育部印发《新时代幼儿园教师职业行为十项准则》,同步印发了《幼儿园教师违反职业道德行为处理办法》,明确指出若违反《十项准则》规定的内容,将进行相应的处理。在制度的贯彻与执行中,人们自觉或不自觉地遵从制度,养成制度中规定或提倡的言行,从而逐渐把制度的规定内化为自身素养的一部分。所以,制度的执行有助于提升人们的某些内在素养。

"专业伦理规范"从某种程度上来说是一种"软规范"。"软规范"要人们认同并内化为自觉行为,这是一个艰难的过程。专业伦理的一些原则尤其是"底线"的规定如果仅仅依靠舆论的力量而没有制度的强制力保障,其落实多半是要落空的。借助制度的执行力,把专业伦理规范落实中的某些环节如对规范的认知、实践中的践行等加以强制规定,这对专业伦理作为行业规范转化为个人素养是非常有效的。就教师职业来说,若有制度的介入,要求教师守住底线就变得比较刚性,因为一旦发现条件不符,或者中期考核不符,即使进入了教师队伍也要清除出去。这样就迫使从业者起码要守住底线。

2. 用制度持久力引导正面舆论

制度的稳定性会产生持续性力量。就教师职业来说,从职前培养到入职考核再到评价监督,如果制度能一以贯之地坚持一些基本的取向,如资质取向、良好的保教实践档案取向等,这些取向对每一个教师都会产生持续的作用,对准备进入的、即将进入的、已经进入的都会有长远的正面影响。

3. 用"准制度"实施专业伦理规范

严格说来,专业伦理规范本身不属于一项制度,但其具有很强的制度依赖性。这一方面是指所谓"软规范"要发挥作用需要相关的非伦理的制度的促进。另一方面是指专业伦理规范本身具有"准制度"和"准法典"的意义。专业伦理规范就其产生来说有两个途径:专业团体建立在行业共识基础上的创制和政府创制。由于专业共识需要长期的专业积累和演化，这对不成熟的行业来说，政府介入创制就成为必然。这也是为什么中国大陆的"教师道德规范"的制定往往是政府行为并且缺乏专业支撑的道理了。专业伦理就功能来说，不管是专业团体制定的还是政府制定的，都需要成文的规范并有赖于集体的力量加以实施，这就有了准制度和准法典的意义。道德是依靠舆论的力量来维系和发挥作用的，但仅依靠舆论的力量而没有集体的、准制度的力量，专业伦理规范是难以实施的。

二、幼儿园教师专业伦理养成中的相关制度

幼儿园教师专业伦理的养成也离不开相关教育制度的推进。教育制度属于派生制度中文化制度的重要组成部分，是推动教育活动有序运行和发展的规则体系。教育制度有促进人的社会化的功能，也有人的培养和选拔的功能，还有确定人知识、技能水平的功能（文凭）。这些功能对幼儿园教师专业伦理的养成肯定会发生作用。哪些"相关制度"对其养成起着重要作用呢？我们认为主要是四项。

1. 幼儿园教师教育制度

幼儿园教师教育制度，指的是幼儿园教师的职前培养制度和职后培训制度。

职前培养制度，主要是关于学历层次、培养年限的制度，还包括培养目标、培养模式、课程设置等方面的制度。职后培训制度，主要是指在职学习、研修的目标、内容、时间、方式等方面的制度。

"专业"的重要特征之一是"长期的训练"，因而合理的幼儿园教师教育制度保证幼儿园教师在职前职后都持续地受到"教化"，专业素养包括专业伦理素养持续地得到提高。

我国的幼儿园教师教育制度在不断完善中。"教师教育是大学的使命"已经基本涵盖幼儿园教师，随着"三级师范"向"两级师范"完成过渡，幼儿园教师培养的学历层次明显提高了。随着国家学前教育发展行动计划的推行，职后教育也日益规范和多元。就课程内容来说，专业伦理要素也开始受到重视。

2. 幼儿园教师准入和聘用制度

教师准入和聘用制度，主要指教师资格证书制度以及教师招聘和录用制度。

"国标、省考、县聘、校用"，这是目前我国中小学、幼儿园教师准入和聘用制度的基本特征。

"国标"是指国家颁布的教师专业标准以及以此标准而制定的教师资格考试标准。就幼儿园教师来说，我国已经有了《幼儿园教师专业标准（试行）》和《幼儿园教师资格考试标准》。

"省考"是指依据国家标准由省考试院组织的教师资格考试。

"县聘"是指教师的聘用由县区级教育人事部门决定并签约和颁发聘书。

"校用"是指教师的最后任用由用人单位——教育机构实体管理。在幼儿园，则是"园用"。这个制度自 2011 年起在浙江、湖北开始试点，现在已向全国推开。[①] 从此，教师这个职业将打破"终身制"，教师资格将定期注册认证，教师资格考试"门槛"也有了提高。

教师资格是国家对专门从事教育、教学工作人员的基本要求，它规定着欲从业者的专业水平、教育水平、道德水平和身体素质等基本标准。教师资格证书制度全面实施后，只有依法取得教师资格者，方有可能被教育行政部门依法批准举办的各级各类学校和其他教育机构聘任为教师。教师资格一经取得，非依法律规定不得丧失和撤销（只有按照《中华人民共和国教师法》第十四条、《中华人民共和国教师资格条例》第十九条规定才可能）。具有教师资格的人员依照法定聘任程序被学校或者其他教育机构正式聘任后，方为教师，享有教师的权利和义务。

---

① 教育部将建立"国标、省考、县聘、校用"的教师准入和管理制度，http://roll.sohu.com/20110907/n318624638.shtml.

教师职业证书制度是推进教师专业化的重要标志。教师专业化是教育发展的世界性趋势。同时,教师资格证书制度还推动了教师培养模式发生变革。

3. 幼儿园教师考核评价制度

教师的考核评价一般在"校用""园用"这个层级上进行。

幼儿园教师考核评价制度主要指园级层面依据一定的目标、内容和方式对教师个人进行的某个阶段保教工作的综合考量与评定。

考核评价一般遵循的原则是:

发展性原则,即关注教师发展的要求,将教师的参与、变化和发展过程作为评价的重要组成部分,使评价过程成为教师主动、终身发展提高的过程。

全面性原则,即既重视教师专业知识和专业能力的发展,也重视教师的专业伦理的提高。所谓"德、能、勤、绩"综合考量;既要评估教师的工作业绩,又要重视教师的工作过程;既要体现教师的群体协作,共性发展,又要尊重教师的工作环境和个体差异。

多元性原则,即评价的主体是多元化的,突出教师的主体地位,建立以教师自评为主,园长、同事、幼儿家长,甚至幼儿共同参与的,多向沟通的教师评价机制;评价方法、途径也是多样化的,即建立以园为本,以教研为基础的教师岗位工作评价方式,把形成性评价与终结性评价相结合,定性评价与定量评价相结合。

这样的考核评价对幼儿园教师专业伦理的养成势必会产生积极影响。

当然,为突出专业伦理素养对幼儿园教师的重要性,配合幼儿园教师专业伦理规范的实施或本园教师专业伦理守则类规定的实施,单独建立一套保障专业伦理规范实施的考核、评价和奖惩机制也是必要的。

4. 园本规章制度

政府或专业团体制定的专业伦理守则具有普遍的指导作用,面向的是整个行业。而园所层次的伦理守则或行为规范是教师日常工作直接接触到的规范,其惩处力度和效果被教师直面感触,有时甚至关系教师的经济收入和教职、荣誉的获得,戒律作用更直接。园所规章制度和教师行为守则是园本的,紧密联系本园的实际发展需要,针对本园教师整体水平,针对社区和家庭的需求,因而对幼儿园教师专业伦理的养成来说,园本规章制度具有更直接有效的特点。

三、制度养成的机制

这些"相关制度"是如何在幼儿园教师专业伦理养成中发挥作用的呢?

(一)教师教育制度:教化机制

教师的职前培养和职后培训是个长时间持续的过程,这一制度对幼儿园教师专业伦理的养成是通过"教化"来实现的。

个人道德品质的形成从来是需要教化的。人是环境和教育的产物,道德生活的无数事实告诉我们,同样一个人,生活在不同的道德环境里,其道德素质会发生不同的变化。社会生活环境和传统文化对人们的道德素质的影响表现在两个方面:一种是潜移默化的熏陶,这是一种无意识的行为。另一种是对人们进行长期的道德教育,这是一种有意识的行为。一般把这种有意识地将具体的外在伦理规范要求通过一定的形式,如交谈、课程、宣讲、艺术表演等形式,灌输到人们的观念之中,使之形成正确的道德意识,产生良好的道德行为的过程称之为教化。

在教育领域里，教化的本意是用教育者的行为和所教内容来感化和驯化教育对象。要培养教育者的美德和善行就必须对其实行教育教化机制。幼儿园教师专业伦理素质的养成当然也需要这种教化机制。

教师教育制度的教化机制是通过专业伦理要素在教师教育过程中的嵌入来实现的。这种嵌入有三个途径：课程嵌入、实践嵌入、学分嵌入。在这方面，台湾地区做得比较好，值得借鉴。[①] 教化首先需要课程嵌入。把幼儿园教师专业伦理课程是否列入专业必修课程，是否有合适的内容和教学方式，这是课程嵌入需要解决的两大问题；实践嵌入指的是教化过程中需要与教育实践反思相结合。专业伦理规范是针对专业活动现场的，是可操作的，因而必须围绕保教中的伦理问题来展开，让专业伦理原则在保教实践中转化成专业伦理技巧。如果职前教育和职后培训的过程中只是从理论到理论，最终是会教而不化的；学分嵌入指的是专业伦理的学习要用相应的学分来给予刚性的规定，推进教育管理部门对这门课的重视，也以此提升学员学习专业伦理的积极性。

（二）准入与聘用制度：门槛机制

门槛机制是一种基本条件机制，这种机制把不符合条件的人挡在门外。

教师资格考试制度设置的是一种资格门槛。

持有教师资格证书，只是说明取得了一种资格，要正式进入教育机构工作，还必须经过招聘录用这道门槛。这两个门槛的关系是：资格考试门槛具有通识性和基本性，代表的是从事这一行的普遍性、基本性要求，说明的是持证者具备从业的起码条件；招聘录用门槛则体现具体性和独特性，代表某个教育机构对加盟者的更具实践性的、与本部门的独特要求相对应的要求。

准入与聘用制度要能起到对从业者的专业伦理养成的作用，其关键点在哪里呢？那就是作为门槛的条件中应该有专业伦理的要素，并且确实能真实地反映应考、应聘者跨越这道门槛是因为具备了专业伦理的起码要件。

现在的问题是，在现行的我国的幼儿园教师资格证考试安排中，笔试和面试两个环节都很难全面了解和评估应考者的伦理素养。这是两个方面的原因造成的：一是题目的设置问题，不管是笔试题还是面试题，如何设置合理的题目能"考出"应考者的伦理素养来，这本身是一个难题。而这几年国家教师资格考虽然有伦理的成分，但大都以机械记忆为主；二是即使"考出"了伦理素养，充其量也只是表明应考者伦理认知方面的素养，而伦理素养更重要的应该体现在认同上，更体现在行为上，可行为考查仅靠短时间的笔试和面试显然是没法实施的。

这个难题不破解，准入门槛与招聘门槛虽然有了，但伦理方面不符合基本条件的仍然有可能挤进门来。国外的一些做法值得借鉴，如在笔试、面试中增加伦理问题情境的分析；在笔试、面试外增加对应考者的生活、学习和从业经历考核，发现"劣迹"则实行一票否决。到底如何完善，这是有待于进一步思考和研讨的。

（三）考核评价制度：助推机制

考核评价制度通过考核的目标、内容、方式以及考核结果的使用等环节"助推"考核对象伦理素养的提升。助推机制很关键的一点是，各环节的设置是否科学合理。也就是说，是否把伦理要素纳入考核评价的目标，是否作为考核评价的重要内容，是否用合适的方式考核出了对象的真实的伦理表现，更为重要的是，考核结果是否利于"托底"（守住专业伦理底线）和"励优"（鼓励追求专业伦理的理想目

---

① 参见本书第四章第二节。

标），这关系到考核评价制度作为一种助推机制，是否真能发挥专业伦理养成的助推作用。

从现实的情况来看，这也是一种需要研讨和完善的机制。

有两个原因往往造成考核评价中的"伦理缺位"。一是由于考核评价的所谓"科学取向"。一谈考核评价，似乎只有量化才是科学的，多少人数、多少奖状、多少分数，等等，这些都是可量化的，考核评价简单有效，所谓业绩一目了然。这样的考核评价很容易让伦理边缘化；二是专业伦理规范本身的不完善。历来我们所强调的"师德"是完美的、"高大上"的，但同时也是抽象的，不具操作性的。专业伦理要在保教现场发挥专业作用，需要一个很具操作性的类似于全美幼教协会所制定的《伦理规范与承诺声明》，但我们目前尚没有这样一个合理的文本，这对考核评价来说也是一个难题。

（四）园本规章制度：同伴机制

园本规章制度因为有园本的特点：与本园实际紧密结合，针对性强，直接见效。而其中最显力量的是同伴机制。园本规章制度的制定和执行是在一个有限的合作团队内部，其成员都是同事，这就容易产生同伴间的相互支持效应和相互比较效应。某个幼儿园教师执行了规章制度，有了体验，就可在同伴中分享，在同伴研讨中集体反思，这是促进专业伦理养成和内化的很有效的途径。作为专业人员，幼儿园教师需要感受到集体的力量，在承担更大的园本责任过程中，他们需要同伴的合作，同样需要在与同伴的竞争中取长补短。这是团队发展的需要，也是个人发展的需要。这个机制要产生效应，幼儿园管理者的伦理决策水平至关重要，这一方面是要制定合理的园本规章制度并切实执行落实，另一方面是要把握在规章制度执行过程中同伴间合作又竞争的度。

第二节 职场熏陶

一、职场熏陶释义

（一）什么是职场熏陶

职场，是职业的场所，是由特定的物质形态、制度形态、人际形态、文化形态等要素组成的工作场所。比如幼儿园教师这个职业，其场所包括：由教室、活动场地、玩具教具等组成的物质形态；由国家、地方教育行政部门制定的教育政策法规，由行业制定幼儿教育若干指导性意见，由幼儿园自定的保教程序、保教职责、教师行为规范、奖罚规定等一系列规则组成的制度形态；由管理人员、一线教师、保育员、后勤服务人员等组成的、各司其职密切合作的人际形态；由幼儿园的办园传统和办园理念、幼儿园的环境和课程中透出的价值取向、幼儿园的保教实践和研究、幼儿园在家园合作、社区沟通中的独特经验等组成的文化形态。幼儿园教师在这样的职业场所中工作，耳濡目染，必然会受到这个场所的熏陶，时间愈久，影响愈大。

熏陶，是指人因长期生活于某种形态中，其思想、行为受到潜移默化的影响。熏陶的结果往往是思想、品行、习惯受周边濡染而渐趋同化。

幼儿园教师的职场熏陶指的是幼儿园教师在幼儿园保教活动的氛围、文化中慢慢形成与其职业角色身份相称的较为稳定的情感、观念、人格、行为习惯的过程。

我们在这里所讨论的"职场熏陶"，特指幼儿园教师在幼教职场中的角色定位和专业伦理规范的内化、伦理素养的提升。

外在的规范转化成内在的自觉，需要有个过程。首先是认知的问题，然后是认同的问题，接着是在意志层面坚定不移的问题，最后才是落实于行动的问题。所谓"知、情、意、行"是也。我们在大学学前教育专业学习时，也许已经学过幼儿园教师专业伦理规范，但那充其量解决了一个"知"的问题，我们知道有这么一个规范，我们知道有这样一些条文，但我们是否在情感上认同，是否能在保教实践中坚定不移地执行，这还是一个未知数。这个任务需要在职场完成。职场与大学学习不同的地方，就是其熏陶作用，是来自于实践的感染与启示。

（二）职场熏陶作用的表现

1. 产生职业兴趣

"知之不如好之，好之不如乐之。"爱因斯坦强调兴趣是最好的老师，它远远胜过责任感。所以说，兴趣是我们初入职场最有意义的一步。

"我越来越喜欢孩子了！"

"我对幼儿教育越来越感兴趣了！"

从事幼儿教育职业生涯的初期我们就能获得这样的情感体验，那是要接受祝贺的。

这肯定与职场的熏陶有关。我们原来的幼教是从书本上获得的，是抽象的、概念化的，即使我们在大学里也去幼儿园实习过，但作为当事人、担当者的角色是在实习中很难体验到的。职场之所以有深入的体验，因为我们完全以主人的姿态出现了，职场带给我们的体验是深刻而丰富的。而在这些体验中，"越来越喜欢"，是最有价值的体验。在与孩子的互动中，在孩子一声声"老师"的呼唤中，在孩子对老师的需要和信赖中，我们体验了喜悦；在创设环境的过程中，在集体教学的过程中，在游戏中，在与家长的互动中，我们体验到了自己的专业能力有用武之地，变得越来越自信了，这也是"喜欢"的源泉。

只有喜欢这个环境并认为在这个环境里可以有一番作为，我们对这一行的"规矩"的履行才会有积极的态度。职业兴趣，就这样开启了进入"规矩"认同的大门。

2. 形成职业认同

认同是一种带有情感色彩的认知。兴趣有了，认同感随之产生，或者说，它就是伴随着兴趣而产生的。

职业认同是指从业者对外在的职业规范、职业要求不仅有认知，而且从情感上承认它、接受它，并逐步内化为自己的需要，从而自觉地表现在职业行动中。就教育者来说，也就是教育者理解某种教育观念，理解教育行业提出的各种"应当"，并接纳它作为自己从事教育工作的依据，自觉在教育实践中遵循它。幼儿园教师专业伦理规范，就是幼儿园教师从事保教工作的各种"应当"，理解这种"应当"，并从内心里觉得这确实是"应当"的，在保教中真正履行这种"应当"而不只是口头上承认实际上应付。

这种职业认同不是凭空产生的，而是职场熏陶的结果。教师在职场中逐渐感受到幼儿园教育的对社会发展的重要意义，感受到了自己的言行对幼儿的深远影响，在这样的过程中，从业者从对职业的部分认同到全部认同，真正融入了这个职业。这条认同的路非常重要，走过了这条路，职业生涯变成一个自觉而自由的过程，职业的幸福感也有了最坚实的基础。有些从业者也许在职初就很快走完了这条路；有些从业者也许整个职业生涯都走不完这条路。也因为此，职业人生是不一样的。

3. 巩固职业理想

人有对明天的憧憬才会有今天的动力，这是理想的力量。

职业理想是人们对职业活动和职业成就的超前反映,或者可称为对职业明天的憧憬。你的职业理想是什么?每个从业者都会有自己的职业理想,只是差异很大。这与人的价值观、职业期待、职业目标密切相关。职业理想的树立和巩固也离不开职场的熏陶,因为理想是源于现实的。在职场中,教师有了关于孩子、关于家长、关于幼儿园环境的真切体验,在这些体验中我们悟到了这个职业的价值,还有了对自己专业能力的检验以及由此而产生的专业自信,在这个基础上,教师产生高于现实的理想目标,产生对明天的期盼。这种期盼会照耀现实,从而让从业者有更多的现实的动力。

职业理想不是因为现实职场顺风顺水才产生的,恰恰相反,现实有困惑、有矛盾,只是我们没有在困惑或矛盾面前退缩,而是直面现实,在解决困惑和矛盾的过程中获得专业自信,我们才有了"明天会做得更好"的憧憬。比如深感自己随机教育的能力不足的教师,将"能够灵活应对幼儿"作为自己的职业理想。这就是职场熏陶的力量。

4. 提升伦理素养

专业伦理素养让我们在职场中表现出"更专业"的一面。

就广义来说,上述的职业兴趣、职业认同、职业理想也就是"伦理素养"。兴趣既然胜过责任感,那么责任感若提升到兴趣层面,人们履行责任就是一种"喜欢",那就是最好的伦理素养了;认同与价值观有关,对职业认同就说明认同了这个职业的核心价值观,这也是重要的伦理素养;理想能照耀现实,能让人产生持久追求的动力,所以职业理想当然也是重要的伦理素养。所以职场熏陶,就是从提升伦理素养的意义上来说的。

就狭义来说,专业伦理素养是指专业伦理规范在专业活动中运用的自觉意识和自觉行为。幼儿园教师专业伦理规范是由一系列保教过程中的"应当"和"必须"所组成的,是针对保教现场的,是具体可操作的。但这样的行业规范对幼儿园教师个体来说若要转化成自觉意识和自觉行为,还是需要回到保教现场。因为没有实践没有运用,我们对专业伦理规范的理解就只停留在认知层面,停留在条文层面,就不知道它对保教工作实际指导的有用性;没有保教实践,我们就无法体会这些"理想目标"(应当)、"原则"(必须)类的规定在保教过程所能起到的专业引领作用,就不知道它对保教工作的有效性。专业伦理规范在保教现场的运用让我们经历了这样一个过程:起初,可能是一种不自觉被迫地遵从,但是在处理具体的幼儿、家长的事务中,我们逐渐感受、认同规范中的种种规定,保证我们有效地完成了工作并体现我们的"专业"。逐渐地,规范成为我们工作时的依据和准则,并渐渐内化成我们对保教现场的伦理敏感和处理保教事务的伦理思维和行为模式,从而提升了我们的伦理素养。这是职场熏陶最核心的理解。

二、幼教职场与幼儿园教师的角色定位

明白自己是谁,应该承担什么,这是角色定位的意思。所谓伦理规范的内化,其实就是明白自己的角色担当,这是伦理素养的另一个角度的诠释。

教师的角色定位通常来自两个层面的影响,一是社会对教育职场的期待和对教师角色的期盼;二是教师在教育职场的自我期盼。在这两个层面期盼的交织和协调中,教师慢慢完成自身身份的角色定位。这种角色定位对角色担当来说意义重大。

(一) 角色的社会定位

角色定位是指个体在某一群体或社会中找到某一个确定的社会位置以及这一位置所代表的权利和义务、责任和担当。幼儿园教师角色作为一种社会规定性,是某种意义载体,它不仅标定了幼儿园

教师在社会中的位置,同时也标定了幼儿园教师所应表达的内涵。对个体来讲,幼儿园教师意味着一个先在的已经被框定的意义世界,包含着价值、观念、态度、规范、义务、责任等要义。

角色定位标定了教师是其所是,是教师思想、行为和做事的一种凭据。角色身份给个体在内部搭建了一个认同的框架,给个体在外部标定了可参照的规范。角色定位对个体的存在是一个本体性质的规定。对是否符合角色的行为,人们常常是以某种行为不符合角色来表达,如,你的这种行为不像个教师,教师不是你这个样子做事的,等等。角色感强烈的教师和身份意识明晰的教师一定会知道,哪些事是教师绝对不应该做的,在自身就有一个清晰的界限,在行为上不会跨越边界而做出与教师身份不符的事情。这是角色定位的意义。

幼儿园教师的角色定位与幼儿园职场紧密联系。一方面,幼儿园教师通过职场了解和体验社会对幼儿教育的期待和对幼儿园教师的期盼。政府的幼教政策法规,包括幼儿教育的发展规划、资金投入、教师待遇以及幼儿教育的各种指导性意见;社会各界对幼儿教育的支持;家长对孩子教育的重视等,都会对身处其中的幼儿园教师产生影响,从而更清楚自己作为幼教职场的一员应该承担什么和作些什么样的努力。另一方面,幼儿园独特的物质形态、制度形态、人际形态和文化形态等构成幼儿园的独特职场,在这个职场,幼儿园教师作为个体活动于其中。就自身来说,幼儿园教师受着这个职场的熏陶,但从另一个角度来说,其也是职场的一部分,也在某种程度上熏陶着别人。幼儿园的整体职场对幼儿园教师的个人素养产生影响,同时,幼儿园教师个人在职场中的活动和表现又反映了幼儿园整体职场状态,两者密不可分、相辅相成。在这紧密联系的关系中,如果每个幼儿园教师都能明白自己的角色定位并自觉担当起使命和任务,这对幼儿园职场整体环境的改良来说就是一个重要的基础。

（二）角色的自我定位

如果说,角色的社会定位解决的问题侧重于"我应该怎么样",那么,角色的自我定位解决的问题则侧重于"我可以怎么样"。

置身于幼教职场,幼儿园教师一方面可以直接体验幼儿园教师职业的工作内容,幼儿园教师作为专业的知识要求、技能要求、伦理规范要求、保教经验要求等。另一方面,幼儿园教师可以在职场更进一步了解自己,自己的个性特点、知识能力、观念习惯等是否符合职业的专业要求;了解自己的现状和职业的理想目标的差距,同时也需要结合保教实践仔细地反思与专业伦理规范方面的差距。每个幼儿园教师都可以有自己的职业目标和理想,并根据自己的现实条件确定达到理想目标的方案。可以说,这就是幼儿园教师在职场中的自我定位。

幼儿园教师的自我定位本质上是一种理想与现实的自我调控的行为。这是职业生涯规划的重要环节,是教师成长的重要推动力量。做好这种自我调控,取决于三个条件:一是幼儿园教师要有明晰的理想目标并对实现理想有坚定的意志力;二是幼儿园教师需要对幼教职业有理性的认识和判断,并对自身的条件,包括从事幼教职业的优点和弱点有清醒的认识;三是幼儿园教师需要认真体验职场中的人和事并产生积极的情感体验,从内心深处承认它、接受它。

角色的自我定位涉及到一个关键问题,就是如何理解幼儿园教师成就、成长和"理想"的问题。[①]《幼儿园教育指导纲要(试行)》指出幼儿园应为幼儿提供健康、丰富的生活和活动环境,满足他们多方面发展的需要,使他们在快乐的童年生活中获得有益于身心发展的经验。幼儿园的教育内容是全面的、启蒙性的,要为幼儿一生的发展打好基础。所以说我们幼儿园教师的主要任务是满足幼儿

---

① 这部分由蔡伟玲撰写。

多方面发展的需要,帮助他们养成各种生活和学习的好习惯,为他今后的学习、生活打好基础;所以,在我们的教师生涯中一定不会有培养了谁谁谁考进了知名大学,谁谁谁获得了多大的成就,谁谁谁获得了什么比赛大奖;我们的成就一定不是所谓的大、高、显著,所以,我们的教师要甘于成就的平凡。1988年,75位诺贝尔奖获奖者在巴黎聚会。在会议期间,有记者问一位诺贝尔获奖者,你在哪所大学哪个实验室学到了你认为最主要的东西?这位白发苍苍的获奖者说是在幼儿园。他说我在幼儿园学到了:把自己的东西分一半给小伙伴;不是自己的东西不要拿;东西要放整齐;吃饭前要洗手;午饭后要休息;做错了事要表示歉意;学习要多思考;要仔细观察大自然。从根本上说,我学到的全部东西就这些。这位诺奖获得者所说的就是我们幼儿园教师的成就,它平凡、朴素,却让人一辈子受益。

幼教职场的工作不是很容易获得积极的情感体验的,实际的情形可能刚好相反:常常会有消极的情感体验。每日在班级中,重复着那些环节,琐碎事务多,成就体验少,所谓的"成长"会遥不可及。理想应该怎么去定位呢?获得优秀教师的称号?教学比赛获奖?评到高一级的教师职称?固然这些可以是"理想"的重要内容,但我们更多的"理想"应该定位在教育教学实践智慧的获得上:原本你的话孩子不听现在听了;你有办法让孩子安静听你课了;那个不睡觉的孩子现在肯睡了;那个挑食的孩子现在肯吃胡萝卜了;那个哭闹着不肯来幼儿园的孩子现在每天高兴地来了——这些都是你的进步,你的成长!要在点滴和细微的进步处看到成长,大的成长在于点滴的进步,不要仰望,采取平视和俯视,让我们看到脚踏实地的成长,"不积跬步无以至千里",享受每一小步的成长带来的点滴惊喜,我们会离"理想"更近,更能感受成长的幸福。

这样的自我定位是践行幼儿园教师专业伦理规范的良好前提。

三、幼教职场与幼儿园教师专业伦理素养的提升

幼儿园教师专业伦理素养的提升必然是在保教活动过程之中实现的。

(一)职场中的专业伦理认知

外在的专业伦理规范要转化为内在的个人德性,首要的环节是解决对外在规范的认知。

虽然在职前教育、资格准入和聘用考试、考核中已经或多或少获得了一些关于专业伦理规范的认知,但初入职场,仍然需要学习。这一方面是因为进入职场更需要操作性强的专业伦理规范,另一方面是因为各个不同的幼儿园还有自己园本化的对教师行为规矩的要求。所以,入职第一步,应该认真学习行业制定的或园方制定的专业伦理规范,使自己规矩明晰。有的幼儿园还要求每个加盟的教师像入党宣誓一样对伦理操守作出承诺,这也是一种强化认知的必要环节。

(二)职场中的专业伦理敏感

全美幼教协会在《伦理规范与承诺声明》的序言中第一句话就是:幼儿园教师每天的决定都蕴含着道德和伦理的意味。可是,能觉察到这种意味吗?这是需要专业伦理敏感的。所谓"专业伦理敏感"是指保教人员在充分的专业伦理认知的基础上对保教活动特定情境中所蕴含的伦理价值与潜在的伦理问题的领悟和解释能力。其中"领悟"涉及对"有没有"伦理问题的觉察与感悟,"解释"涉及对"是什么""怎么样"的伦理问题的说明。伦理敏感包含伦理觉察、后果意识、道德情感三个核心成分。

伦理觉察指专业人员对情境中具有伦理意味信息的觉察,即意识到这个情境中是否具有伦理信

息或存在伦理问题；如面对教师的行为，能够做出"这是一个单纯的认知和技能上的过失，还是伦理上的错误"的判断。当然，有的时候，认知、技能和伦理是相互交织的。后果意识指对该情境可能会引起的后果的预测，如这个情境会对情境关涉者带来何种影响，是正向的还是负向的？道德情感是由该情境中伦理问题引起的道德情绪体验，是熟视无睹还是幸灾乐祸或是深感同情？

> **延伸思考**
>
> 　　有一位教师在保教中经常号召全班幼儿不和有"过失"的孩子来往，作为同事看到这种情景怎么办？在一次课间休息的时候，一位幼儿将另一位幼儿打哭了，上课时，教师在没有调查原因的前提下，就把那位"打人"的幼儿拉到讲台前，对其他幼儿说："今天某某不乖，大家羞一羞他。"于是孩子们用手比划着羞那犯了错误的幼儿，接着，教师又大声地对小朋友们发出号召："大家不要他了，叫他出去！"接着，所有的幼儿都一齐叫道"出去，出去！我们不要你了！"最后，把那孩子赶出了活动室。

　　具有伦理觉察意识的老师能够意识到这显然是一个有伦理意味的场景。而场景中的教师显然没有意识到自己的言行有伦理风险，缺乏起码的专业伦理觉察意识。熟记规矩有助于教师伦理觉察。若熟记规矩，就会想到"无论如何，我们不能伤害幼儿""我们应该尊重每个幼儿的独特性""我们不能剥夺幼儿参与活动和同伴交往的权利""同事间的交往应该提升保教专业工作的有效性"，等等。预测到这样的情境可能使"打人"的幼儿精神受到伤害，破坏幼儿的自信、自尊，"羞犯错幼儿"的幼儿接受了错误的社会交往行为引导，可能也不利于幼儿良好品质的发展，这即是后果意识。显然，案例中的教师没有感受到自己行为可能带来的不良影响。而面临这样一个情境，感受到"打人"幼儿的难过、同情"打人"的幼儿，对教师的做法感到气愤等即是道德情感。面临情境，若能产生这样一系列的反应，表明我们具备良好的专业伦理敏感。

（三）职场中的专业伦理与专业知识、技能的融合

　　专业伦理、专业知识、专业技能，合成为专业人员的三大专业素养。在保教现场，在实际应对的过程中，其实没有单独的专业伦理规范的应用问题或单独的专业知识、专业技能的应用问题，职场就是综合的专业水平的展示，尤其是对幼儿园职场来说，其教育的基础性、综合性特点更决定了教师专业水平的展示是一个综合的过程。

　　与保教实践最直接相关的是专业技能。专业技能要建筑在专业知识的基础上其技能才是理智性的，其行为才能说出个所以然来；专业伦理要建筑在专业知识的基础上，并且也需要通过伦理技巧在实践中发挥作用，这样，专业伦理才具有专业的特征。三大要素形成合力，共同在保教实践中发挥作用。幼儿园教师在保教中的专业伦理决策首先是一种专业的决策，专业决策所需的专业知识、专业技能是教师自觉意识的基础。在伦理决策中，对行为后果的预测，对行为的反思，这些都需要教师专业知识的积淀。在行为过程中，伦理有时起到价值观导向的作用，有时起到"规范"和"程序"的作用。只有职场，才能有这种融合；也只有这种融合，才能促进幼儿园教师真正的专业成长。

第三节 个人践行

一、个人践行释义

（一）何为个人践行

"个人践行"是由他律转化成自律最重要的环节。

"自律"可以是行业、团体的行为。比如幼儿教育协会制定幼儿园教师专业伦理规范，比如幼儿园作为一个教育机构制定的本园教师行为准则，这对于社会来说，是幼教团体的自律，昭示着幼教团体对自己成员的行为的约束，以此彰显团体的尊严。

自律更多情况下指的是个体的自觉行为。对个体来说，团体的规范就是他律。所谓从他律到自律，本意就是指社会的、团体的规范通过某些途径转化为个体的自觉行为，内化为自律。

如前所述，这个"内化"的过程可以通过"制度养成""职场熏陶"等。但制度养成是一种外力的"嵌入"，制度作为一种带有刚性的力量迫使制度内的成员和制度外想进入的人员服从制度的安排，在这种服从中慢慢"养成"制度所希望的素质。而职场熏陶是一种氛围的同化，是近距离的耳濡目染、潜移默化。虽然没有制度那么刚性，有点"随风潜入夜"的意味，但毕竟是"潜入"的。只有个人践行是自觉自愿的，是发自内心的，是没有外力强加的，这对他律的内化来说才是最靠谱的途径。

"践行"是实行、履行的意思，这个"行"有"照着做"的意思，是"我要照着做"，着眼的是自身的行为取向。所以"践行"本身就带有伦理的意味，如唐时韩愈的《唐故秘书少监赠绛州刺史独孤府君墓志铭》中的"宪公躬孝践行，笃实而辨于文"、宋时曾巩的《拟代廷试进士策问》中的"故小大之事……侧身践行，兢兢业业，不敢自逸，为天下先，而俗未加厚""躬孝践行""侧身践行"，皆在伦理的意义上说的。当代人说"践行社会主义核心价值观""践行诺言"等，也是在伦理的意义上说的。当我们在这样的语境中理解"践行"时，均有"我要照着做"的意思。

"践行"前面为何要加上"个人"二字？原因有二：一是相对于"制度养成""职场熏陶"而言的，这二者强调的是社会层面、从业者所在机构层面对外在伦理规范内化的促进，而"个人践行"强调的是"个人"层面通过履行规范而内化。三者分别属于不同的层面；二是专业伦理规范通常是行业自定的规范，对整个社会来说这是行业"自律"，但相对于行业内的每一个"个人"来说，是外在"他律"。"个人践行"强调的就是从业者个人对行业制定的专业伦理规范他律的践行。

（二）个人践行有何特点

1. 自主选择

个人践行是"我要照着做"，突出"我要"，这是自主选择。个体根据自我的"内心呼唤"对行为选择作出理性判断，根据生命价值的自我理解选择人生的方向，并在此基础上采取行动，这是自我选择。这是在深思熟虑基础上的主动选择，不是外在强迫力量的促使。

如此说来，专业伦理规范要进入"个人践行"的环节，就先要让规范成为践行者的"内心呼唤"，践行者对规范不仅是认知的，同时又是认同的。而个人不可能先天具备这种认知和认同，那就需要经历一个习得的过程。在这个习得的过程中，"制度养成""职场熏陶"就成为必不可少的环节。

2. 自我满足

"我要照着做"不仅是一种理性的判断，还包含情感的需要。"践行"在本质上是一种自我满足，是一种需要的满足。需要什么？按马斯洛的需要层次理论，人的最高需要是自我实现的需要，自我实现需要的满足是人生最大的满足。如此说来，硬邦邦的规范若能转化成个体情感的需要，那就能最大限度地内化成个体的自觉。

这是一个真正的由外在的"应当""必须"转化成"我要"的过程。事实上，道德多少年来说教够多了，调子唱得够高了，个人表态类的戏也演得够像模像样了，但始终教而不化，而且还分裂成无数的双重人格，人前一套人后一套，会上一套会下一套，表决心一套内心想的又是一套。为什么？就是因为这不是"我的需要"，这与生命价值的实现无关。

3. 自觉行为

自觉行为是建筑在理性判断、情感需要基础上的行为。

"自觉行为"是专业成熟的标志。在教师成长的不同阶段，由于对职责的认识、认同水平不同，产生的情感体验不同，由此影响的教育行为效果也不同。这种不同可以分为四种境界，表明专业的成熟程度：

一是下意识行为。有的教师由于没有意识到自己的角色与职责，其行为往往是非自觉的、是"下意识"的，是在外界偶然刺激或自身冲动情况下做出的盲目被动的行为。

二是应付性行为。有的教师本来可以做得很好，但其行为多是出于应付检查，而不是出自内心的需要，其日常表现为不愿意或者非自觉、自主、自愿的行为。

三是刻意性行为。有的教师虽然意识到自己的职责，但没有完全接纳、内化，因此行为带有一定的表演性、刻意性、约束性。

四是自觉性行为。有的教师在将职业要求与自身追求联系起来产生主体积极体验的基础上，进一步将外在的要求内化为自己的需要，教育实践中出现大量能为自己意识到的自觉有效的教育行为，工作带有很强的动力性，表现为自觉、主动，经常探索，主动反思，永不满足。

自觉行为往往是一种自由的行为。践行者有目的性，同时这种目的性又是以对规律性的认识为基础的，是康德说的"合目的性和合规律性"的统一。目的性是指践行者有期待，规律性是指践行者对现实到期待的过程中的各种要素间的必然联系已经有了清醒的把握。就如幼儿园教师期待通过自主游戏促进孩子身心发展，这是其目的性。而如何实现这个目的呢？这里涉及到好多要素：有对孩子不同年龄段的身心发展特点的认识，有对游戏活动的组织规律的认识，有对教师在游戏中应该扮演的角色的合理定位，有对场地、器材、时间的调控，等等。这些要素间的合理搭配、综合运筹是有把握的，就是其合规律性。活动既合目的性又合规律性，其开展就会得心应手、左右逢源，这就是幼儿园教师在保教中的自由的状态。

自觉行为往往是一种有意志力的行为。践行者认同前方的目标又知道脚下的道路，就不怕行进过程中的困难。在落实专业伦理规范的过程中，幼儿园教师是否具有自觉行为，看面对保教中遇到的难题时的表现就可以判断了。比如下雨了，原定的户外活动没法正常开展了，孩子们待在室内一片乱哄哄。怎么办？有同事建议让孩子看动画片。对啊，一看动画片，孩子们就安静了，难题不就解决了吗？这是一种"图省事"的思维。可省事是省事了，对孩子的发展是有利的吗？如果这样来考虑问题，然后采取更有利于孩子的方式解决这个难题，并对这个问题上暴露出来的一些日常活动管理上的缺陷进行有效弥补，这就是一位有自觉行为的教师。图省事的教师面对保教中的难题只想如何快速方便解决，至于价值性考量、行为"应当"考量显然还是不够的。其实，图省事的结果对孩子的成长不利,对教师自身的成长也不利,因为失去了一次探讨保教中有效策略的机会。对孩子的好多粗暴的、简单化的、成人式的语言或行为,教师常常也是为了图省事,但这种"省事"换来的是更多的麻烦,因为你会发现孩子更加不听你了,更不愿意配合你了,你会在保教中遇到更多的"对手"。为什么会这样?真诚要用真诚来换取,尊重要用尊重来换取,你对孩子表现出什么,孩子也会对你表现出什么,千万不要以为孩子小成人是可以随意对付的。师幼关系也同样符合基本的人际关系的规律或者叫道德律,而且还因为孩子更为敏感而表现得更为直接。

专业伦理规范最终见诸每一位幼儿园教师的自觉行为,那才是最佳境界。

二、个人践行与规范内化

(一) 规范内化有赖于个人践行

所谓规范内化就是外在规范在从业者个人层面的形成。专业伦理规范公诸于世后,能否重塑或提升整个行业的专业形象,完全取决于行业内的成员能否将专业伦理守则的精神与规范当成"金科玉律"融入到个人的实际工作中,提升专业服务品质。虽然行政层面或专业组织可以强制规定成员必须遵守伦理规范,但在充满不确定的、特别需要幼儿园教师的内在品性起作用的保教现场,靠制度类的外力强制,其作用总是有限的。

内化后的伦理会使人们对于某些现象的处理在不假思索情况之下却仍能作出合乎伦理的行为,即所谓的"随心所欲而不逾矩也"。[①] 伦理规范在个人层面能真正内化,那么,即使有违背伦理的意识或行为,个人也会有罪恶感,这种罪恶感就是一种来自内心的惩罚,会促使个人自觉纠正行为。

专业伦理在个人层面的内化,可以通过前述的"制度养成"和"职场熏陶"等途径将专业伦理规范的相关核心价值及规范体系融入个人的价值体系和行为要求中,进而产生自律的效果。最后的落实是在个体层面,所以"个人践行"对于规范内化是最重要的途径。"经验"是有机体(人)与环境相互作用的结果,这是杜威的观点,也是普遍的共识。也就是说,经验来源于"做",或说"实践",只有在充分的实践的基础上,面临一个伦理情境,教师才可依赖于日常工作经验和道德体验的积累,根据直觉便做出反应。

(二) 规范内化在个人践行中

我们怎么知道伦理规范在个人层面的内化? 还是要看个人践行的情况。

1. 专业伦理的自律意识

自律意识是指将他律内化为自觉要求,在没有任何监督的情况下,主体也能自觉地遵循规范的要求以约束自己的言行。在保教中,幼儿园教师常能作"这对孩子的成长有利吗?""这是否可能构成对孩子的伤害?""这对孩子合适吗?"这样的拷问,并且尽可能地让自己的保教服务做得更好,更符合规范的要求。这就是一种个人践行中的自律意识。自律意识的形成是"他律"内化的重要标志。

自律意识是一种自主意识。它不是被动地照着做,而是自信这样做才是对的,才是最好的。因为幼儿园教师的自律意识并非朝夕养成,而是在保教实践中反复践行专业伦理规范,在践行的过程中与自己的原则、价值观不断碰撞、交融,不断体验、感悟、反思,慢慢地化他律为自觉要求,从而形成自律

---

① 陈连孟.幼儿教师专业伦理形成研究[D].西南大学硕士论文,2013:43.

意识的。一个有自律意识的人必定是自足的、自主的人，必定有"自我"在场，他能综合各种实际情况进行理性的判断，会自己选择，而非人云亦云，不会盲目跟随外在的力量或屈服于强迫，他愿意主动行动，并能为行动的后果负责。

自律意识一旦形成，在个人践行的过程中往往不会因受到质疑而轻易改变方向。在日常保教工作中遭遇伦理问题，尤其是伦理两难问题时，幼儿园教师能够主动运用专业伦理规范，自主决策，并能够用专业伦理规范为自己的行为选择作合理性辩护。

2. 专业伦理的现场敏感

"伦理敏感"一词应该纳入幼儿园教师的专业视野中。保教现场充满伦理意味的问题，可是置身于其中的幼儿园教师觉察到、警觉到并很快找到应对的方法了吗？这是专业伦理的现场敏感。

个人践行中所谓"我要照着做"，需要两个前提：一是"照着什么"也就是专业伦理规范的精神和条款烂熟于心；二是对保教现场的伦理现象有足够的敏感。我们通过各种途径理解专业伦理知识，熟悉其规范，其目的是要在专业活动现场灵活运用伦理规范，根据教育情境迅速作出伦理判断并采取机智的措施，有效提升专业行为的伦理性和伦理行为的专业性。

专业伦理的现场敏感，这是幼儿园教师专业性的突出表现。它来自于在理解伦理知识、解读伦理规范的过程中直面内心对幼儿教育的专业承诺，审视自己的专业信念，将外在的伦理规范与内心的价值观念不断互相碰撞和融合；也来自于个人践行过程中以专业伦理的眼光审察保教现场，不断发现和合理解决其中带有伦理意味的问题，如午睡中的伦理问题、特殊孩子教育中的伦理问题，等等。

3. 专业伦理的行为习惯

个人践行促使幼儿园教师伦理行为习惯的养成；而个人践行中更多地表现出"伦理习惯"，则表明规范内化达到了一个理想境界。当外在的专业伦理规范转化成个人的伦理习惯时，"内化"达到了某种深度。

前面我们提到，习惯是人在一定情境中所形成的相对稳定的、自动化的一种行为方式。习惯往往呈现三个特点：一是习惯是一种行为方式；二是这种行为已经自动化，无需用意识去控制；三是这种行为反复出现。个人践行中表现出行为习惯的特性，可以说是外在规范与个人的内在需求、个人的价值取向已经尝试融合。习惯就是规范在个体身上的积淀，是规范的个体化表现。事实上，在许多幼儿园教师身上，我们经常可以看到这种"伦理习惯"。比如"无论如何我们不能伤害幼儿"，这是一条原则底线，其实许多幼儿园教师在执行这一条上已经完全"自动化"了。不是因为强迫自己记住这一条而不伤害幼儿的，而是因为内心的认同而在行为上"习惯成自然"了。优秀的幼儿园教师的重要特征是教育行为是灵活而流畅的，随心所欲而不逾"矩"也，因为"矩"已经烂熟于心成习惯，也就是说，优秀已经成为习惯。

三、个人践行如何行

个人践行是"我要照着做"，照着规范做，照着承诺做。这是一个相互促进的过程：因为对规范的认知、认同而践行，因为践行而促使规范的进一步内化。这样的"行"如何更有效？这里需要培训研修、同伴碰撞，也需要个人反思。

培训研修是获得新知的途径。幼儿园教师专业伦理规范不是一成不变的，我们对于这个规范的认识也不是一成不变的，更重要的是，保教现场本身就是丰富多彩的，这就决定了我们需要经常通过培训进修更新我们关于幼儿园教师专业伦理的知识。

　　个人践行会碰到大量的保教现场的伦理困惑,这些案例非常有价值。在同行中分享这些案例既可以让我们找到更好的应对方法,还可以举一反三提升我们的专业伦理素养。同行分享可以是在同一个教研组里,也可以在当地片区的教研活动中,也可以是与园长、教研员、幼儿教育专家的对话。同行的专业碰撞是教师专业成长的重要途径。专业伦理本身就是一种"对话伦理","我要照着做"也不是盲目地照着做,只有在践行中不断地对话和碰撞才能让我们做得更专业。可惜这种对话和碰撞目前在幼儿教育界还做得还很不够。

　　行后反思,边行边思,当然是使行更有效的途径。伦理的问题虽然在保教现场比比皆是,但幼儿园教师还需要一双发现的眼睛,还需要一个解读的头脑,还需要迅速找到合理的应对方案。这是需要积累的。

　　写保教日记是这种积累的好办法之一,记录原始过程,记录遇到的困惑,记录应对方案,记录事后反思,这对专业伦理的内化也是有效的促进。

1. 记录原始过程

　　详细回顾事件的每一个细节,忠实记录当下发生的点点滴滴。

　　比如,有一位幼儿园老师就是这样记录了当天发生在班里的事件:①

　　早上小弛和爸爸一同来到班级。昨天小弛将同伴小雨的裙子给弄破了,还让小雨跌倒,腿部擦伤,小雨回家告诉妈妈,妈妈给老师打电话说,为什么老师没有第一时间告诉她班上的小弛伤害了自己的女儿,同时提出请求可不可以让小弛尽量少参加集体活动或者找个人专门看着小弛,不要让他去伤害其他小孩。这学期才刚开始两个月已经发生多起小弛攻击班上小朋友的事件,情节都较为严重,几乎每天老师都收到家长的投诉。

　　当小弛爸爸再次听到小弛攻击班上的同伴时,觉得十分丢脸,很严厉地批评小弛说:"你怎么总是在幼儿园闯祸,你要是再闯祸看我回去怎么治你。"老师给了小弛爸爸小雨母亲的电话号码,希望小弛爸爸予以道歉,小弛爸爸走的时候告诉老师:"如果小弛在班上再有欺负别的小朋友的事情,一定要告诉我,我回去好好管管他,太不听话了。"

　　结果当天活动的时候小弛又攻击了班上的另一个同伴小乐。小乐的奶奶下午接小孩的时候问:"是谁伤害了小乐?"

2. 记录遇到的困惑

　　此案例中老师需要解决哪些问题? 老师需要对谁尽义务、尽何种义务?

　　为了其他孩子的安全,老师是否应该采纳小雨母亲的要求?

　　老师应不应该告诉小乐的奶奶是小弛伤害了小乐?

　　老师应该告诉小弛爸爸小弛又在幼儿园欺负班上的小朋友吗?

3. 记录困惑的解析

　　事件涉及哪些人的利益? 他们各自的诉求是什么? (略)

　　解决问题的思路:

　　寻找核心价值观——

　　重视并促进儿童和他们家庭之间的联系。

　　尊重每个个体(包括儿童、家庭成员和团体成员)的尊严、价值和独特性。

　　在信任和尊重的关系环境中,才可以让儿童和成人充分实现他们的全部潜能。

　　寻找各个诉求者的应对依据——

---

① 本案例由朱倩倩提供。

（应对小弛。理想目标：支持每个儿童在一个融合环境中游戏和学习的权利,满足正常或是残疾儿童的需要。原则：无论如何,我们不能伤害儿童。）

（应对小弛的父亲。理想目标：要尊重家庭养育孩子的价值观和家庭为自己孩子做决定的权利。要与家庭分享孩子教育和发展的信息,以帮助家庭了解和掌握儿童早期教育专业的最新信息。）

（应对小雨母亲、小乐奶奶。原则：当我们意识到情境威胁到儿童的健康、安全或是幸福时,我们有责任来保护儿童或是通知家长或是其他可以保护儿童的人。我们应该告知家庭孩子可能受伤和出现意外事故的情况,可能导致孩子受到传染性疾病感染的情况,以及一些可能引发孩子情绪波动的情况。）

4. 记录应对策略

应对小弛——小弛需要参加集体活动,这是他的权利。孩子需要体会游戏带来的快乐,在集体游戏中获得身心的发展,同伴关系的发展。

小弛在班里攻击小伙伴,老师首先应引导小弛向大家道歉,希望获得原谅,并对小弛攻击性行为进行持续的关注。另一方面,老师应和家长沟通,家园合作探究小弛发生攻击性行为的原因。

应对小弛的父亲——小弛的父亲想知道小弛在幼儿园的情况。虽然告知小弛父亲之后小弛可能会遭受父亲的惩罚,但是家长有权利知道孩子在成长过程中面临的处境,有义务帮助孩子解决正在遭遇的问题。

老师在告诉小弛父亲的同时可以分享一些处于该年龄段孩子发展方面的知识,增进对孩子的了解,帮助家长树立正确的儿童观、教育观和掌握恰当的教育方法。

应对小雨母亲、小乐奶奶——老师需要告诉小乐的奶奶,小乐的奶奶也应该知道是谁攻击了小乐,同时也希望家长谅解在幼儿园孩子间互动难免会有冲突。如果小乐奶奶(小雨母亲)执意要找小弛家长,可以在老师的协调下家长间共同商讨,达成共识。

5. 记录事后反思

幼儿园教师每天要应对的事件中都有伦理意味。

保教中的每一个事件都是不一样的,都是生动有趣的。

这个事件的合理解决一是有赖于对事件的冷静分析,二是对于专业伦理规范的熟练把握。

这个事件还有更好的应对方案吗？

思考与实践

1. 幼儿园教师可通过哪些途径实现外在伦理规范向内在伦理自觉的转化？你认为最有效的途径是什么？

2. 反思自己的职业理想,并谈谈自己的职业理想对内化专业伦理具有什么样的影响？

3. 从伦理的角度撰写一篇保教日记。要求详细记录伦理事件的原始过程和其中的伦理困惑,并对伦理困境进行解析,寻找应对策略。

第九章

专业伦理的超越：从生命关怀到善的诉求

学习目标

1. 了解"生命关怀"和"善的诉求"的基本涵义。
2. 理解"生命关怀""善的诉求"之于专业伦理的超越。

专业伦理的完善指的是其向两个方向的发展：一是专业伦理作为规范文本在指导专业活动的过程中更好地发挥了规范和匡正的作用，就如全美幼教协会每隔一段时间吸收来自幼教一线的信息，对幼儿园教师伦理规范进行的补充和调整，使之更具有专业的引导功能；二是专业伦理作为专业的基本要素逐渐被更体现教育本质的生命关怀和善的诉求所超越，也就是专业的功能性特征迈向教育承担起促进人的完善的使命。后者正是本章要讨论的。

第一节　生命关怀

一、何为生命关怀

生命关怀就是指要充分关注人的生命，关注人的生存状况和生存意义，关注人的成长和完善，并由此而产生对一切生命的尊重和热爱。对生命的尊重和关怀是最美好的人性体现。

要充分关注人的生命，就要充分理解生命的特性。生命有哪些特性？

其一，生命的有限性。

新陈代谢，生命的规律。每个生命的个体无论贵贱、无论伟岸和渺小，都会生老病死。

上帝这样安排，为生命的丰富性留下了无限可能性；也为有一种叫"人"的生物有可能以生命的有限性为前提思考生命意义的无限性。因为在生物进化的过程中，"人"拥有了思想，让其有可能成为追求无限的有限者。

其二，生命的价值性。

试想，如果人的生命是无限的，不知终点的，将会怎样？到处都是，又永恒存在，这是很可怕的，人们也就不会去珍惜。我们珍藏着的照片，都是因为照片留下了我们特定时空的特定瞬间，这些瞬间因再也不会出现而弥足珍贵。生命有限，我们都会离开这个世界，这才迫使我们更要珍惜生命，更要把握人生的意义。这就是孔夫子的"未知死，焉知生"的涵义吧。

人之所以能把握和珍惜，是因为人是有意识的生命，能够反思、调控自己的生命存在和活动，人的生命存在才具有了超越生物性生命而追求价值的、文化的、精神的生命的可能性。也正因为人的生命有着动物所不可比拟的优越性与独特性，人的生命活动、创造力才具有了无限伸展的广度和深度，才具有了生命意义发生的根基。

其三，生命的节奏性。

人从自己的哭声里来到这个世界，到别人的哭声里离开这个世界。其中的每一个阶段都有独特的价值。这也就是卢梭所说的"在万物的秩序中，人类有它的地位；在人生的秩序中，童年有它的地位"。每一个生命片段都是生命之流不可分割的组成部分，生命的每一瞬间都应该是为自己的独立价值所充实的生命。所以，为了成年而牺牲童年是极为悲惨的。即使到了人生的晚年，也应该为生命的厚重、丰富、透彻而喜唱黄昏曲。

生命的节奏性对幼儿教育的启示就是，要珍视幼儿期的独特价值。我们不能以为了未来的名义而牺牲孩子的当下。如果童年的生命特性得不到成人的呵护和尊崇，就没有美好的未来。

其四，生命的完整性。

人的生命虽然有年龄、性别、民族、成熟度、可能性等不同形式，但作为生命的自我存在是向着完整的。内在的身心的和谐发展和外在的物质的、能量的、信息的联结、交换相依相生，生命在这种联结、交换中不断汲取生命资源而不断更新自我、面向未来。

所谓"完整儿童"，不是"健康＋语言＋社会＋科学＋艺术"等等的拼盘，更不是在"特色"的名义下单科独进，而是保护生活的完整性、原本性，充分珍视童年价值和童年成长规律，给孩子以充分自由的选择机会，使教育向着对童年生命来说最适宜的可能性的方向生长，让孩子成为最好的自己。

其五，生命的创造性。

兰德曼指出："人不仅可以而且必须具有创造性。创造性绝不局限于少数人的活动，它作为一种必然性，植根于人本身的存在结构中。"[①]人是一个创造性的存在。人既是通过创造去把握人生活其中的光怪陆离、变幻莫测的客观世界，以寻求人在大自然中的位置；又是通过创造去发现生命的意义、追求生命的价值，以实现人对自己生命的认识、把握和超越。所以，创造性是人的生命的本质，是生命的目的，也是人性的召唤。生命的创造性就成为人具有至高无上尊严的激动人心的证明。[②]

生命关怀，就是在对上述生命特性有充分意识基础上的对生命的尊重、热爱和推进其完善的努力。

二、幼儿教育应充满生命关怀

（一）教育本就是促进生命生长

正如苏霍姆林斯基所言："在教师的劳动中，最核心的是把自己的学生视为活生生的人。"教育应当以引导学生成人为第一要务，以发展人性、培养人格、改善人生为根本目的，最大程度地促进学生人

---

① ［德］米切尔·兰德曼.哲学人类学［M］.上海：上海译文出版社，1988：47.
② 张梅.生命关怀——学校教育的本真追求［D］.芜湖：安徽师范大学硕士论文，2006：9—12.

性美好、人格健全、人生幸福。这是教育的价值所在,也是教育的本质所在。目中无人的教育,不仅不人道,还容易使教育走向自己的对立面,甚至还会使教育失去存在的意义。

延伸阅读

杜威在《我的教育信条》中说:"一切教育都是通过个人参与人类的社会意识而进行的。这个过程几乎是出生时就在无意识中开始了。它不断地发展个人的能力,熏染他的意识,形成他的习惯,锻炼他的思想,并激发他的感情和情绪。由于这种不知不觉的教育,个人便渐渐分享人类曾经积累下来的智慧和道德的财富。他就成为一个固有文化资本的继承者。世界上最形式的、最专门的教育确是不能离开这个普遍的过程。教育只有按照某种特定的方向,把这个过程组织起来或者区别开来。"[1]

在这里,杜威把教育分为两类,一类是和别人共同生活中得到的教育,这是一种自然发生的、无意识的教育,说它是教育,其实就是生活,生活本身具有教育的作用。在生活中,人的能力、意识、习惯、思想、情感等不断地得到了发展,发展是生活过程的必然。所以,生长就是生活的特征。另一类教育则是"最形式的、最专门的教育",即正规的学校教育。虽然正规的学校教育和一般的生活中的教育有着区别,但它"不能离开这个普遍的过程",即促进人的成长和发展这一点。所以,无论是宽泛的生活,还是正规的学校教育,生长是其必然的结果,这一结果不是外加的,而是内在的,是生活和教育本身具有的东西。因此,杜威认为,生长是生活的特征,教育就是不断生长,"生长和教育完全是一体的"。[2]

(二) 幼儿更需要生命关怀

《幼儿园教育指导纲要(试行)》指出:"幼儿园必须把保护幼儿的生命和促进幼儿的健康放在工作的首位。"[3]

就生命特性来说,幼儿的生命正处于生长的奠基阶段、起点阶段和可塑性极强的阶段,所以特别需要成人珍视和敬畏其价值;幼儿的生命是稚嫩和脆弱的,所以特别需要成人的关心与呵护;幼儿的生命生长是有规律的,所以特别需要成人的科学解读与真心尊重;幼儿的生命又是非常具有开放性和创造性的,所以特别需要成人提供丰富而自由的平台。

"我从哪里来,要到哪里去?"成人要对幼儿的这种发问保持敬畏。幼儿阶段是特别需要体会生命的意义的。不管是在幼儿园还是在家里,幼儿都需要对生命的价值和意义有丰富的体验,尽管幼儿不可能从成人世界的哲学意义上理解生命的内涵,但是需要体会到每一个生命的宝贵、生命赋予每个人的意义和尊严。幼儿教育的意义就在于让幼儿在集体环境中感受到自己的生命和别人的生命都受到细心地呵护和关怀,感受到生命是有趣的、自由的、令人满意的、真实的,从而热爱和关心每一个生命。

能体现生命关怀的幼儿教育是这样的:

其一,它既关怀幼儿的自然生命,也关怀幼儿的精神生命。

人的生命是自然生命与精神生命的统一,是身体与心灵的和谐。幼儿教育需要关注孩子的身体

---

① 赵祥麟,王承绪编译.杜威教育论著选[M].上海:华东师范大学出版社,1981:1.
② 赵祥麟,王承绪编译.杜威教育论著选[M].上海:华东师范大学出版社,1981:333.
③ 教育部基础教育司组织编写.幼儿园教育指导纲要(试行)解读[M].南京:江苏教育出版社,2002:31.

安全和健康，同时还要特别呵护孩子的个性、自尊和自信。关怀幼儿的精神生命，重在把幼儿当成"人"，正如陈鹤琴先生提出的："儿童不是'小人'，儿童的心理与成人的心理不同，儿童时期不仅作为成人之预备，亦具他的本身的价值，我们应当尊重儿童的人格，爱护他的烂漫天真。"①

我们看到，幼儿园里并不都能真正这样做。时至今日，幼儿园教师体罚和变相体罚幼儿的事件仍有发生，威胁、训斥、讽刺、嘲笑、冷漠、孤立幼儿等精神伤害屡禁不止。这样的教育现象，忽视了生命的存在，淡忘了生命的成长；既伤害了幼儿的自然生命，又伤害了幼儿的精神生命。这就是幼儿园里关怀生命的缺失。

其二，它既是对幼儿未来生命的关怀，也是对幼儿当下生命的关怀。

好的幼儿教育是着眼于未来的，但绝不在未来的名义下让孩子牺牲当下；好的幼儿教育是珍惜当下的，但绝不以当下的名义让孩子没有未来。当下给孩子们提供的是合乎生命生长天性的、丰富和自由的教育，他们就会有美好的未来。

工业化社会把人的整体生命仅仅变为行为功能的增加，把人当作了无生命的机器加工品，这种对生命原生状态的忽视和对急功近利思想的追逐已在不知不觉中下放到了幼儿教育领域。"不要让孩子输在起跑线上"的口号成了这种思想的代表。幼儿在短视的教育中被放逐掉了，幼儿生命的原生态被"神童方案""天才少年""二岁识字两千、六岁博览群书"的"诱惑"给扭曲了。而幼儿教育自身也在"左思右潮"的涨落之中迷失了方向。这种以明天的幸福为诱饵的教育，剥夺的是童真和童趣，抹杀的是儿童生活的独立价值，这不是好的幼儿教育。

其三，它既是对幼儿群体生命的关怀，也是对幼儿个体生命的关怀。

幼儿教育是静待花开的。每一个孩子都是一个花蕾，每一个花蕾都渴望绽放自己的美丽；每一个孩子都是一个花朵，每一个花朵不可能同时开放；每一个孩子都是一朵鲜花，所有的鲜花不会是同一种颜色。幼儿教育既要从幼儿群体的共性特征出发，也要关注幼儿个体的个性特点。在这方面，幼儿园里特别要处理好"规则"和"特殊"的关系，往往是为了执行群体规则而惩罚个别特殊的孩子，这是对幼儿园教师生命关怀品质和能力的考验。

（三）从专业伦理到生命关怀是一种超越

幼儿教育绝不是一种简单的专业技术行为，而是一种深切的对弱小生命的关怀。如果说幼教专业伦理只是从专业的"标准"层面提出的"必须"，那么，生命关怀则是一种从幼儿教育的本质出发的"应该"，它的温情性也许很难确定某个标准界线，但却是对标准的超越。

1. 从群体规范到个体关怀

幼儿园教师专业伦理是从群体角度提出的行为规范，关注的是不同群体之间（幼儿教师群体与幼儿、家长、同事、社区等群体）的伦理问题，考虑的是群体利益的协调，而对个体差异需求的关照是不够的，对温情的关照更是不够的；而关怀伦理引导教师关注群体时又要关注个体幼儿的需求，强调个体之间、生命与生命之间充满人性温情的关系，这对标准化的、硬邦邦的专业伦理规范是一种超越。

诚然，幼儿园教师需要行业的普遍规范，需要专业伦理规范的认知和践行，这是必须的，但只解决底线和标准问题。而从生命关怀出发思考人与人之间的关怀性，尤其个体间生命与生命的关系，引导孩子体验生命的价值和尊严，实现对生活的意义和幸福的追求，这是一种超越底线和标准的更高境界，是幼儿园教师专业追求的理想状态，这是真正对幼儿教育本质的回归。

---

① 北京市教育科学研究所编. 陈鹤琴教育文集(下卷)[M]. 北京：北京出版社，1985：8.

2. 从普遍原则到人性细节

专业伦理是一种规范伦理,能够规范专业人员的行为方向,引领专业群体的价值取向。但是关注普遍性的道德原则、规范和实际的实践效果,往往容易忽略细节和具体后果,被视为一种"去人性化"的设计,忽视对人本身的关怀。因此,专业伦理规范便很有可能无法实现预期的伦理目标,专业内部人员并不能据此提高道德判断力,无法获得伦理成熟,只可能导致冰冷地服从和忠诚。

生命关怀关注具体的人而非仅仅某个人类群体,所以会对人的需要更敏感,这种对需要的敏感比任何伦理规范法则更能指导人们的伦理实践,知道在具体的实践脉络中该如何做。关怀伦理对专业伦理的关照在于超越外在的普遍原则的约束力,以内部的动力进行道德实践。

3. 从功利服从到自身关照

虽然专业伦理为解决伦理问题提供一种高效率、专业性、规范性的依据,但是也容易导致一个重要的问题:盲目地服从专业伦理规范,却忘记思考为什么要这么做,忘记生命存在的意义,从而有可能导致失去坚持的长远理想。伦理的"人性化"应该体现在不回避教师自身的利益,反而应将自身利益置于不可或缺的地位,帮助教师形成健康的"牺牲观",避免教师功利性的盲目服从,真正地关怀生命价值。"真正的教育必然是以师生生命的共同发展为旨归的。"①幼教伦理应当体现对生命本身的关怀,包括对幼儿生命的关怀和对教师自身生命的关怀,提升幼儿园教师的生存境界而不仅仅把自身当成一种工具性存在,从而实现幼儿教育的目的。

三、保教现场的生命关怀

直面幼教现场,幼儿园教师的生命关怀现状如何呢?怎样才能提升幼儿园教师的生命关怀素养?

> **延伸阅读**
>
> 有一个研究者在谈到何以对幼儿园的生命关怀教育产生探讨的兴趣时,说了这样一件亲身经历的事:②
>
> 我没有读过幼儿园,因此一直对幼儿园的生活充满着美好的想象,想那该是一个充满欢乐的自由无虑的天堂,是一个生命得到呵护和滋养而萌芽成长的美丽花园。直到我的侄子和外甥女上幼儿园,我内心这种美好的向往被打上了重重的问号。
>
> 我的侄子在农村,五岁时上学前班,印象中一直是调皮淘气的孩子,一个假期我回去,发现那孩子变得异常不爱说话不爱动了。他的妈妈说看来老师就是比父母厉害。我觉得不对头,询问起孩子的幼儿园生活。孩子低头闷闷不乐地说,不想上学,说老师说他是草包。我一下子就觉得愤怒了,但还是问了原因,孩子说不知道,问他知不知道什么是草包,也说不知,只是说老师骂他连1+1等于多少都不知道,就知道捣蛋,所以就点着他的脑袋叫他草包。
>
> 我的外甥女在我们小县城,不到3岁我姐姐就四处打听,为她选择了县城里公认为最好的幼儿园,理由是"老师管得严",在那所幼儿园里的孩子能背好多首诗。后来春节回去,外甥女

---

① 张文质.生命化教育的责任与梦想[M].上海:华东师范大学出版社,2006:126.
② 刘小红.幼儿教育生命价值取向研究[D].重庆:西南大学,2008:9.

兴冲冲地拉着我看她的奖状和贴着小红花的、标明"语文 100 分，数学 99 分"的成绩单，并拿出好几张的试卷，说是寒假作业。我夸奖孩子的同时被这成绩单和包括组词甚至造句的试卷迷惑了：我的外甥女是提前读了小学吗？

我们在这个案例里看到了什么、想到了什么呢？

（一）保教现场生命关怀的缺失

1. 关怀意识缺失和关怀理解片面

比以上案例更严重的，是近年来屡屡发生的幼儿园教师"虐童"事件。虽然这只是一些个案，不能代表整个幼儿园教师群体的状况，但是不能否认有部分幼儿园教师关怀意识的缺失。

有一部分教师虽然有关怀意识，但是他们对关怀的理解是否准确呢？据有关调查显示：教师对关怀的理解存在片面性，教师单纯地认为对幼儿"好"就是关怀幼儿，缺乏对幼儿生命特性的理解，缺乏对"好"的理性判断和行为上的温和态度；有的教师还认为关怀幼儿就是为了让幼儿学习到更多的知识"本领"，带有重成绩和出成果的功利性，甚至只是在家长或领导面前"做秀"；还有教师认为对幼儿生活上的照顾就是关怀。案例中，在家长看来，也许老师让孩子"变得异常不爱说话不爱动了"就是老师厉害，"老师管得严"就是好老师，而有些幼儿园教师对"好"的理解也就停留在这个水平上。

由于职前培养和职后培训对生命关怀的忽略，幼儿园教师对关怀的理解往往是基于个体的经验，多元、片面，行为上更是问题多多。

在幼教实践过程中，有很多类似的场景会出现，教师可能为了使教育活动按照预先设计的流程和时间安排顺利地完成，而忽视一些看似不重要的细节，而恰恰是这些被忽视的细节中体现着对幼儿的关怀，同时也考验着教师的关怀行为。幼教现场处处都是关怀的土壤，即使是一朵对成人来说微不足道的"小红花"，对幼儿来说都是莫大的鼓舞和认可。而现实情况是怎样的呢？有多少教师能真正地将关怀融入到幼儿教育和生活的每一处细节中呢？而为什么会出现这样的关怀缺失呢？这当然跟幼儿园教师对关怀的理解不到位有关。因此，我们需要在关怀意识和对其正确的理解上付出努力。

2. 关怀能力不足

这主要表现在以下几个方面：

一是自身情感资源缺损。研究表明，幼儿园教师的情感资源被过度消耗的程度最严重。分析职业倦怠与人格特征的关系后发现，情绪衰竭程度越高的幼儿园教师，表现出越低的友善性、严谨性和外倾性。研究还表明，能力不足，保教工作不能从容应对，这容易引起情绪的衰竭，而情绪衰竭反过来加剧保教的不顺畅，如此会形成恶性循环。因此，职业倦怠的出现与能力不足直接相关，能力不足加剧了工作中的疲惫状态。一旦对工作缺乏热情，对幼儿的关爱也会丢失，关怀能力从何而来？

二是关注范围有限。我国现有幼儿园教师合格人数远不能满足适龄儿童入园接受教育的需要，学前教育规模保持较大幅度增长与幼儿园教师"供不应求"之间的矛盾导致师幼比例大，幼儿园教师的关注范围很有限，教师关怀表现出无力感。这就意味着，幼儿将长时间维持在一个受关怀程度很低的水平上。要想解决这个问题，除了社会增加学前教育的资源供给，就幼儿园内部来说，必须从增强幼儿园教师的关怀能力,有效解决关注范围有限的问题。

三是关怀方式不当。在幼儿教育实践过程中许多教师会面临这样的困惑:他们声称自己是热爱孩子的,自认为对幼儿的关怀并不少,每天全部的精力和时间都花在幼儿身上了,觉得自己在关怀幼儿这件事上做得很好,不存在什么问题。我们可以这样反问,难道幼儿感受不到教师的关怀时,会大声地告诉教师"老师,我需要您的关心"吗?事实上,幼儿身上反映出来的一些问题,比如上述案例中的男孩"不想上学",女孩津津乐道于"我的成绩"而不是"我的老师""我的小伙伴",这些可以倒过来证明教师的关怀方式是有问题的。还比如幼儿自理能力差,是不是与周边成人包括教师的过度关怀有关?幼儿常常对自己的过错进行错误归因,是否与成人在孩子摔跤时狠狠地埋怨绊脚石有关?幼儿有任性与攻击性行为,是否与成人的过度溺爱、缺乏规矩教育有关?幼儿身上反映的问题,根子在成人身上,这些问题在提醒教师,我们的关怀方式是否有问题。

(二)幼儿园教师关怀素养的提升

1. 强化尊重生命的意识

对生命关怀思想的认识和认同是践行关怀的前提。教师应该认识到每一个生命的意义和价值,关怀幼儿的生命,就是要保持对幼小生命的敬畏,保护儿童的天性,儿童首先是一个具有完整人格的生命体,是一个具有生命尊严和基本权利的人,他们拥有自己的想法和感情,同时,还需要把儿童当作儿童,儿童就需要科学的引导和细心的呵护,每一个幼儿作为生命个体都值得被尊重和保护。无论幼儿出现什么问题,教师首先应该出于对生命的敬畏和关怀,而不是出于其他任何目的,由衷地为满足幼儿的需要付出努力。

2. 通过反思建立关怀关系

建立关怀关系,其标志是关怀者与被关怀者双方都接受和认可这种关怀。恰当的关怀应该能够引起积极行为的转变,这实际上涉及到了生命关怀实践效果的评价。诺丁斯的关怀教育具有独特的评价观,她不建议教师本人承担评价之责,因为评价的形式会割裂教师与学生之间的关怀关系,如果不得不进行评价,合理的做法便是将评价的责任转嫁给专职评价员,因为评价实际上是对教师和学生的双重评价。但是诺丁斯又指出,其实连这种专职评价都是不必要的,因为生命关怀本身自然就注重学生对自身的正确认识和评价,并且教师的关怀通常就是给予学生最有益的评价。所以,通过"反思"而不是"评价"更能建立关怀关系。[1]

而在幼儿教育中,师幼之间关怀关系的建立更需要慎用"评价"。幼儿园教师需要的是在师幼互动中不断反思自己的关怀行为是否为孩子所认可,是否为自己带来充实的生命体验,在师幼两相悦中建立关怀关系。

3. 平等和善于发现对方的需要

平等是一个专业伦理规范的话题,但在关怀视野中的平等,是出自内心情感的生命与生命的平等,师幼双方不是形式上的平等而是实质上的平等,这里没有硬邦邦的"必须平等",而是温情脉脉的我和你。

发现对方的需要并从需要出发实施自己合适的教育行为,这在标准化的规范里更是没有的。保教现场的生命关怀实践涉及到与幼儿、家长、社区、同事等关系,幼儿园教师在与这些群体的交流中要仔细发现各自的需要,并以此建立起生命关怀的关系。而这,更是专业伦理所不能及的。

---

[1] 王林. 超越专业:幼儿园教师发展的关怀取向[D],金华:浙江师范大学,2015:48.

4. 提高生命关怀的能力

生命关怀的能力是一种基于对生命特性的正确认识而产生的对生命的尊重和爱的能力以及促进生命生长的能力。在幼儿教育中，这体现着教师实施生命关怀最重要的能力。面对幼儿各种不同的需要，幼儿园教师需要掌握一定的关怀教育理论，并依据丰富的专业知识和专业技能采取恰当的关怀策略，从而提高关怀行为的合理性和有效性。关怀能力在保教实践中得以提升，又将付诸保教实践，在这个过程中，生命的生长不只是幼儿，还有我们自己。

第二节　善的诉求

一、"善"的真谛

（一）什么是善

"善"是宗教、哲学、伦理学等学科都要涉及的一个基本范畴。

汉语中的"善"，从吉从羊，有"吉祥、美好、善良"之意。在古希腊，人们对善的认识同我们的祖先基本是一致的，善不仅有好、优越、合理、有益的意思，还有幸福的含义。

在西方哲学史上，对善的探讨始于苏格拉底，他建立了一种知识即道德的伦理思想体系，其中心是探讨人生的目的和善德。他强调人们只有探求普遍的、绝对的善的概念，把握善的概念的真知识，才是人们最高的生活目的和至善的美德。苏格拉底认为，一个人要有道德就必须有道德的知识，一切不道德的行为都是无知的结果。他认为德性是善在人身上的具体表现，它是人的本性。善由神平均分配给了每一个人，因而人人都具有德性。然而人并不是生来就符合人的本性，只有在理性的指导下认识自己的德性，才能使之展现出来，成为现实的真正的善。为此苏格拉底道出了"未经审查的人生是没有价值的"[①]的至理名言。苏格拉底认为人生应该追求好的生活，而好生活并非荣华富贵的、物质优厚的生活，也决非声名显赫的、位高权重的生活，而是合乎道义的正当的善的生活。他说："生活得好、生活得美、生活得正当是同一回事。"[②]

柏拉图继承了他老师的思想，对善进行了较苏格拉底更为深入的思考。他认为理性在人的灵魂中占据主导地位，并且通过意志对欲望进行节制，这就是个人之善；理想国中的统治阶级、武士阶级、生产阶级各安本分，共同促进国家正义的实现，这就是社会之善。

亚里士多德对"善"的解释具有更直接的教育意义。他认为一个事物的善在于它特有性质的实现。人的特殊本质不单纯是肉体的存在，因此，人的至善是全面而习惯地行使那种使人成为人的职能。人成为人、区别于动物的重要特征是什么呢？亚里士多德提出了一个重要的概念叫"人的未完成性"。[③] 正是由于"未完成性"的存在，使人具有动物无法比拟的可塑性和受教育性。因此，要实现人的"善"，即充分凸显人的特殊本质，就是一个长期的、永无止境的过程。所以，《学会生存》的作者们高呼培养完人的口号，为什么要培养完人？一者是因为现实中的人是不完善的，二者因为人具有多方面的

---

① 柏拉图. 苏格拉底的申辩[M]. 严群译. 北京：商务印书馆，1983：76.
② 柏拉图. 苏格拉底的申辩[M]. 严群译. 北京：商务印书馆，1983：104.
③ [美]梯利. 西方哲学史[M]. 葛利译. 北京：商务印书馆，1995：94.

可能性,人的教育不是一次完成的。"我们可以说,人永远不会变成一个成人,他的生存是一个无止境的完善过程和学习过程。人和其他生物的不同点主要就是由于他的未完成性。"①

先贤们揭示了:善是好的生活,无论个人之善还是社会之善,都是过正当和正义的生活,这是人之为人的特殊本质,而要凸显这种本质,人就需要不断地学习和接受教育。

(二) 什么是教育之善

这里的"教育之善"有两个含义:一是人应该通过教育才能向善;二是教育应该有"善的诉求"。这二者是相互交织着的,人应该通过教育才能向善,而教育有善的诉求才能引导人们向善。

1. 人应该通过教育才能向善

从人性的基本观点来看,孔子讲"性相近,习相远"。认为人的本性即善与恶的潜在性并没有太大的差别。不能由天生的属性来判断人的善与恶,但经过后天的学习,则善与恶、智与愚就大相径庭了。他主张人人都必须接受教育,"有教无类",正是要使人进德修业而至仁。在他看来,善是一种体现人的本质的生活方式。仁的境界就是士人君子进德修身的最高目标。简言之,善是人的普遍理想,是人生应该追求实现的根本价值。但由于一般人受着人性弱点和求利之心的支配,使之不能尽力于品德的发展。通过教育可以使人确立高尚的价值观,从而向善。

孟子认为人皆有善端,是因为人皆有不忍人之心。何谓不忍人之心?他举例说今有人见孺子落井而去救他,并不是为了要去结交孩子的父母,或者邀誉于乡党,或不喜欢听孩子落井的哀哭之声,而是因为人皆有恻隐之心、辞让之心、羞恶之心和是非之心。因此,人心之好仁义,犹如口好味、耳好声、目好色一样,是人本来就具有的特质。虽说本来就有,但后天环境会扭曲人性,所以孟子重视教育,主张修身养性。他说:"凡四端于我者,知皆扩而充之矣。若火之始然,泉之始达。"②只有通过教育扩之充之,通过主体自为和主体意识自觉以成就主体的人格精神,方能有德成圣、保有天下。

苏格拉底的"知识即道德""未经省察的人生没有价值",也强调了与孔子、孟子类似的观点。善由神平均分配给了每一个人,因而人人都具有德性,然而人并不是生来就符合人的本性,只有在理性的指导下认识自己的德性,才能使之展现出来,成为现实的真正的善。而这种知识的获得和对人生的省察就是接受教育。

亚里士多德提出的"人的未完成性"是人必须接受教育也可能接受教育的重要依据。正是由于"未完成性"的存在,使人具有动物无法比拟的可塑性和受教育性。因此,要实现人的"善",即充分凸显人的特殊本质,这是一个长期的、永无止境的学习和受教育的过程。

2. 教育应该有善的诉求

不是什么样的教育都能引导人们向善,教育应该有善的诉求才能引导人们向善。

什么样的教育称得上有善的诉求?学者金生鈜这样认为:教育是为人创造的独特的实践,或者说,教育是为人而存在的,教育与人性的教化相关,与人的精神的优秀相关。如果不是,教育怎么叫做人性培育的事业?因此,教育的过程是人的经验、能力以及完整的人格精神得以生成和丰富的过程。教育帮助和促进人的精神的圆满发展,也就是说,教育行动自身的终极善就是促进人的心灵的丰盈和健全,也就是说,人的精神的健全成长,灵魂的提升净化,德性的优秀卓越是教育的终极目的。而这个终极目的,也叫"终极善"。③

---

① 联合国教科文组织. 学会生存——教育世界的今天和明天[M]. 北京:教育科学出版社,1996.
② 孟子·公孙丑下。
③ 金生鈜. 教育的终极价值与教师的良知[J]. 教师教育研究,2012(7):2—3.

当教育以"应试""升学""升官""赚钱"等为最终目标的时候，教育就偏离、失去了"善"的诉求，这种教育难以促进人的精神的优秀和人格的完善，就没有了"教育之善"。以此来思考幼儿教育中表现出来的"小学化""知识化""特长化"等现象，不仅有悖幼儿的身心发展规律，就"教育之善"来说，这种功利性目标取向让幼儿教育丢失善的诉求，这对孩子的全面、健全的精神发育和人格成长显然是不利的。幼儿园教师要展示自己的"教育良知"，就应该让自己的教育观念和行为朝向善。

二、善的诉求之于专业伦理规范的超越

比较"专业伦理规范"和"善的诉求"，什么是教育或教师更理想的状态？

（一）善的诉求与教育规约是不同的境界

教育是"使儿童为善的活动"。卢梭在《爱弥儿》中写道："只有受过恰当教育之后，人才能成为一个人。"什么是"恰当的教育"？他从"天赋人权"论出发，认为教育应该适应儿童的自然发展，依据儿童的年龄特征实施教育，反对封建经院教育中的不平等关系，尖锐地批评了严厉的纪律、残酷的体罚对儿童个性的压抑，认为按照自然本性发展起来的儿童才能成为新时代所需要的人。他针对惩罚的恶果，提出了"自然后果"的理论，认为儿童的自由只能受事物的限制，儿童由于与自然的接触，在破坏自然的后果中，自然会逐渐懂得服从自然法则。比如打碎了窗子上的玻璃冷风就会吹进来，儿童以后就不会再打碎玻璃了。在卢梭看来，这种"自然后果"比硬邦邦的严厉的纪律等教育规约对孩子的成长更有利。而"自然后果"法体现的则是教育不仅有善的目的，而且以善的方式进行。

教师的成长离不开教育职场。当教育实际上以"实用""分数""技能"为取向的时候，教育和教师都被"工具化"了，教师的培养和培训会更多地注重专业知识和技能的训练，所谓教育理念，也只是唯权威是从，唯行政指令是从。专业伦理的强调虽说是一种进步，但更多地侧重"守住底线"和顾及行业声誉。长此以往，教师在教育中找不到自主性，找不到幸福感。何不让教育回归生活，让孩子自由一点，让教育与生活实践世界结合得紧密一点，教师也在这种教育生活中张扬自己的个性，让职业生活充满生机。就如在幼儿教育中孩子们自主游戏，教师则是旁观者、协助者、无形的引导者。这样的教师是不是更有自主性，更有成就感，因为孩子们找到了有价值的乐趣，就不需要他们喊破嗓子维持纪律，教师在保教中就能更从容，更有教育效能感。那就是教育的善的诉求的境界。

（二）从专业伦理到善的诉求的升华

专业伦理是作为教师专业化的一个重要组成部分兴起的。为什么专业化的过程中需要专业伦理？这有两个原因：

一是专业自主。"专业自主"是专业化的重要标志之一，所谓隔行如隔山，我的地盘我作主，这对提高效率来说是必须的。但也因自主性太强而有可能导致权力滥用，因而需要制约，需要行业自律，需要行业的服务标准以赢得声誉，专业伦理就应运而生。

二是技术标准。拥有一整套理智性的专门技术是专业化的重要标志之一。专业化的背景是"专门化"和"高效化"，为了达到专业化，就需要一整套技术标准，包括专业知识的标准和专业技能的标准，还有就是专业伦理的标准。伦理在专业化的语境中也必须标准化、技能化、可操作。全美幼教协会幼儿园教师《伦理规范与承诺声明》的主要制定者就是这样定义的：一个人的伦理素养，也就是能够让一个人做出负责任的专业决定的那些知识和技能，是一位称职的儿童早期阶段教育工作者最应该

具备的基本素养之一。① 这段话的中心词是：知识和技能。所以伦理的前面冠以"专业"二字。

专业伦理以成文规范的形式出现，制定、颁布和组织实施它的或者是专业组织，或者是政府相关部门，就其功能来说，有准制度和法典意义的效力。

不管是从兴起的角度还是功能的角度，专业伦理都具有"工具性特征"，本质上是把教育专业作为一种常规式的按照规范和程序运作的过程。这种专业伦理越具有专业的、操作性的特征，越需要践行者获得规范的知识和从事精细的实践，这就越具有工具性的特征。尽管看起来践行者在伦理上更"专业"了，但这是外来的要求，这不是践行者通过反思性的实践对教育本质的领悟，不是发自内心的对教育善的追求。

工具价值需要服从终极价值。教育的终极价值就是终极善，就是教育对于善的诉求。只有超越工具理性的束缚，教育的所有参与者才能获得一种解放，才能在教育中体会价值感。如同在幼儿教育中，我们要蹲下来，我们要尊重孩子，我们的言语要忌什么，我们在解决两难的时候要遵循什么程序，等等，我们固然很需要这些，这些方面做得好了能证明我们在专业伦理方面的训练有素。但是，这些都是"要"我们如何如何，是外来的要求，是行业对每个从业者的要求。我们内心的追求呢？如果我们内心意识到教育中的师幼互动是人性与人性的互动，是彼此的发现、彼此的推动，彼此对幸福生活的向往，是彼此的激发从而都走向人性的完美，那么，一旦超越功利，一切都会变得非常美妙。

教育是伦理的事业，它不仅应有伦理的目的，而且还应该以伦理的方式进行。这里的伦理就是一种"善"，而不仅仅是一种技术和经验，它着眼于人的可能性和潜在性，促进人的精神人格的完善，展示人性的完美。而教育本身又是一个大的系统，人的潜能的未定性和多方面的可能性，决定了实现人之至善的人类需求的多样性，教育需要将知识的传授、能力的培养和人格、情感、意志、责任、人生智慧、生活境界等整合在一起，形成一种教育生态。因此，超越性与生态性都是教育之善不可或缺的重要内涵。

所以，专业伦理规范应该升华为善的诉求。不是不要专业伦理规范，而是工具价值要服从终极价值。教师专业化是当今时代的要求，通过专业化达成专门职业的一般标准，包括专业伦理的一般标准，这也是必须的。但教育就本质来说，不能仅仅停留在标准层面，不能停留在技术和工具层面，而需要追求更高的教育之善。这就是所谓"超越"。

三、"教育之善"何以诉求

（一）警惕幼儿教育中"善"的缺失

幼儿教育之善，意味着幼儿教育在人之初的教育起点上追求人性的完美，意味着幼儿教育不仅促进了孩子身体的健康发育，还促进了孩子人格精神的健康发育，意味着幼儿教育保证了孩子们过幸福的童年生活和教师们过幸福的教育生活。

康有为在《大同书》里曾设想未来的好的幼儿教育应该从母亲怀孕的时候开始就要远离喧嚣的尘世，孩子应该在鸟语花香、青山绿水中成长，不让红尘所污染。当然，这种乌托邦不要说康有为的年代无法实现，即使在今天也难以变成现实。但虽不能至，然心向往之。幼儿教育应该为孩子们创造更好的成长空间，而"幼儿教育之善"就是最好的精神空间。

然而，环顾当今的幼儿教育现实，我们可以看到这种善的缺失还是比比皆是：

---

① ［美］Stephanie Feeney, Nancy K. Freeman. 幼儿教保人员专业伦理［M］. 张福松等译. 台中：五南图书出版有限公司，2007：第一版序言.

"虐童事件"频发不仅洞穿了幼儿园教师专业伦理规范的底线,而且洞穿了作为人的底线,是最大的不善。

幼儿园里的"小学化""知识化""才艺化"倾向证明当今幼儿教育领域的工具性和急功近利的功利化严重。

幼儿教育中的成人化取向。

幼儿教育中的商业化忽悠和幼儿园办园中商业化取向。

幼儿园教师专业化过程中,包括幼儿园教师教育中的技术理性至上。

各地打造所谓"幼儿教育名师"中的技术取向。

（二）幼儿园教师需要教育哲学的滋养

"幼儿教育之善"不是一个实质性的目标,不是通过教育研讨或教育培训就可实现的一个确定的、可测量的具体目标。不可计划、不可算度、不可设计,如何把握？这是一个需要思和悟的话题,在思与悟的过程中,幼儿园教师特别需要教育哲学的滋养。

"技术派"属于工具倾向,而教育哲学思度的是教育的价值取向。幼儿所需要的教师不应该是机器,不是一些仅仅会模仿和复述,会照搬和操作,会唱歌和跳舞的人。幼儿需要的是富于探索精神的、会思考又充满人文情怀的人,需要那些不断努力去更理解自己、理解幼教、理解幼儿世界的人,需要那些把幼儿教育与现在和未来的世界联系起来的人。"有弄性而非方品",率真而又善良,充满着对幸福生活的向往。这样的幼儿园教师需要教育哲学的滋养。就如从人的"未完成性"中思考教育的意义,思考教育与人性向善的关系。

（三）先守牢底线再追求卓越

记住幼儿教育之善是什么,这是容易做到的;悟到"幼儿教育之善"之可贵并努力践行,这是不容易做到的。这就是为什么卓越的幼儿园教师不多的原因。不多是现状,但这个行业的使命决定了需要越来越多的卓越的幼儿园教师。

幼儿园教师的成长,还是先需要"达标",而后追求"卓越";先在专业层面做到合格,守住底线,行为有据,但这同时要提升格局,抬头仰望星空,思考和践行教育之善;守住底线是"必须",追求卓越是"应当"。

❧ 思考与实践 ❧

1. 生命关怀在幼儿教育中应体现在哪些方面？
2. 举例说明保教现场生命关怀的缺失并分析其原因。
3. 谈谈对"善的诉求高于规约"的理解。
4. 谈谈对"先守牢底线再追求卓越"的理解。

图书在版编目(CIP)数据

幼儿园教师专业伦理/步社民,姬生凯,李园园著.—上海:复旦大学出版社,2019.11
(2023.1 重印)
普通高等学校学前教育专业系列教材
ISBN 978-7-309-14569-4

Ⅰ.①幼…　Ⅱ.①步…②姬…③李…　Ⅲ.①幼教人员-师德-幼儿师范学校-教材
Ⅳ.①G615

中国版本图书馆 CIP 数据核字(2019)第 173659 号

幼儿园教师专业伦理
步社民　姬生凯　李园园　著
责任编辑/谢少卿

复旦大学出版社有限公司出版发行
上海市国权路 579 号　邮编:200433
网址:fupnet@ fudanpress.com　http://www.fudanpress.com
门市零售:86-21-65102580　团体订购:86-21-65104505
出版部电话:86-21-65642845
浙江临安曙光印务有限公司

开本 890×1240　1/16　印张 13　字数 339 千
2019 年 11 月第 1 版
2023 年 1 月第 1 版第 3 次印刷

ISBN 978-7-309-14569-4/G·2020
定价:45.00 元